国家社会科学基金重点项目优秀成果

激励机制错位与企业全要素生产率研究

RESEARCH ON DISLOCATION OF INCENTIVE MECHANISM AND ENTERPRISE TOTAL FACTOR PRODUCTIVITY

盛明泉 著

科学出版社

北京

内 容 简 介

本书汇集了数篇关于激励机制错位与企业全要素生产率的研究，并依据“问题提出—现象测度—传导路径—治理思路—对策启示”这一逻辑对文章内容重新排列组合。基于对微观层面全要素生产率的热切关注，本书不仅创造性地提出从激励机制错位角度探寻提升路径，还拓展性地探讨了管理者特征、企业内部战略环境、外部制度环境的影响效应，较为全面系统地展现了企业全要素生产率的研究脉络。

本书对于宏观层面政策制定的相关部门、致力于提升生产效率的企业、关注激励机制与企业发展的研究者而言，均具有较好的思考意义与参考价值。当然，就其内容的可读性而言，亦适用于想要获取相关知识的其他读者。

图书在版编目（CIP）数据

激励机制错位与企业全要素生产率研究 / 盛明泉著. —北京：科学出版社，2021.10

ISBN 978-7-03-069716-5

Ⅰ. ①激… Ⅱ. ①盛… Ⅲ. ①企业管理-激励机制-研究 ②企业管理-全要素生产率-研究 Ⅳ. ①F272.92 ②F272.3

中国版本图书馆 CIP 数据核字（2021）第 181662 号

责任编辑：陈会迎 / 责任校对：贾娜娜

责任印制：霍 兵 / 封面设计：无极书装

科 学 出 版 社 出版

北京东黄城根北街 16 号

邮政编码：100717

http://www.sciencep.com

北京通州皇家印刷厂印刷

科学出版社发行 各地新华书店经销

*

2021 年 10 月第 一 版 开本：720 × 1000 1/16

2021 年 10 月第一次印刷 印张：14

字数：280 000

定价：188.00 元

（如有印装质量问题，我社负责调换）

本书获得国家社会科学基金重点项目“激励机制错位与企业全要素生产率研究”（18AJY014）、安徽省学科（专业）拔尖人才学术资助项目“激励机制设计与企业全要素生产率提升研究”（gxbjZD17）、安徽高校自然科学研究重大项目“企业全要素生产率提升视域下的激励机制优化研究”（KJ2018ZD043）的资助。

作 者 简 介

盛明泉，1964 年 1 月生，管理学博士（后），博士生导师（兼），安徽财经大学资深（二级）教授、学术委员会副主任委员、公司治理与资本效率研究院院长，安徽省学科（专业）拔尖人才，安徽省学术和技术带头人，安徽省教学名师。中国注册会计师协会教育培训委员会委员，中国商业会计学会常务理事，财政部“资深注册会计师”。曾任安徽财经大学科研处处长、会计学院院长，中国会计学会第七届理事会理事。现任安徽建工、安凯客车、凯盛科技等上市公司独立董事。

主要研究方向：公司治理与资本配置效率，先后在《经济研究》《管理世界》《会计研究》《财贸经济》《经济管理》《经济评论》《管理学报》等期刊发表学术论文 100 余篇，代表作《高管激励与资本结构动态调整》。主持或参与完成国家级、省部级科研项目 30 余项，其中主持的国家社会科学基金重点项目获得“优秀”结项等级。3 项科研论著获得安徽省社会科学三等奖奖励，3 项研究咨询报告获得 5 位省部级领导批示采纳。

序

全要素生产率是衡量经济发展效率和质量的重要指标之一。已有研究表明，税收政策、基础设施建设、经济环境等因素对全要素生产率具有显著影响。当下，关于全要素生产率的研究已向微观领域延伸，探究企业全要素生产率提升路径的文献日益增多，但是，对于提升微观层面全要素生产率的关键影响因素，尚需进一步探索。

盛明泉教授此前对于高管激励问题多有关注，依托所申请的课题发表了多篇文章，对于企业激励方面的研究颇有心得。此次盛明泉教授出版的书籍，聚焦于企业层面的全要素生产率提升，不仅重点关注激励机制的作用，还探究了多重因素的影响，在继承既往研究的基础上，做出了新的尝试。书稿内容是盛明泉教授所主持的国家社会科学基金重点项目“激励机制错位与企业全要素生产率研究”的主要研究成果，阐明了对于企业激励机制新的理解，以及对于促进企业全要素生产率增长的热切关注。总体而言，该书研究主题富有价值，研究视角新颖，研究内容丰富，具有较好的理论与实践意义。

该书包含着两个关键词：激励机制错位与企业全要素生产率。它研究的是如何通过激励机制错位的矫正，促进企业全要素生产率的提升。该书较早地将全要素生产率这一概念拓展至微观层面开展相关研究，将其作为企业明确发展目标、提高发展质量的抓手。无论是在理论层面上还是在实践意义上，均具有重要的研究价值。特别是在我国经济发展进入新常态后，高质量经济发展成为新的方向与标准，提出将原本悬浮于宏观经济研究领域的全要素生产率概念下沉，从而为企业转变发展方式提供明确的指导，体现了该书研究坚实的实践基础与鲜明的责任意识。该书还提出了关于企业激励问题的新看法，力图突破当前激励领域研究的桎梏。具体而言，该书提出激励机制错位这一概念，并且运用层次分析法对这一现象进行了初步的度量与分析，对推动激励研究向一般均衡阶段过渡有所助益。值得注意的是，该书并未规定企业激励机制设计的最优结构状态，而是基于当前状态，提出矫正激励制度安排偏离系统性协调性原则的倾向，以达成设置激励举措系统的基本要求，发挥各项激励制度的组合协调作用。此外，从激励机制角度探讨了提升企业全要素生产率的路径，为企业高质量发展提供参考。

该书集结了盛明泉教授过去几年的相关研究成果，我希望并相信，该书的出版无论是对于科研工作者，还是对于实务工作者，都将具有一定的启示意义和参考价值。

北京大学光华管理学院　陆正飞

2021 年 5 月 26 日

前　言

在我国经济发展进入新常态后，高质量经济发展成为新的方向与标准，而全要素生产率作为撬动经济高质量发展的支点，逐渐得到广泛的关注与讨论。更为确切地说，依靠全要素生产率增长来实现经济高质量发展，对于向更高经济发展阶段前进的我国来说，既是基于以往发展历程的总结，又是面向未来发展格局的战略决策。此时，深入探究提升全要素生产率的路径，从而为我国经济发展向集约型模式转变提供参考，具有坚实的现实基础与明确的目标导向。

关于全要素生产率的研究，最为重要的节点在于索洛经济增长模型的提出，自此之后，全要素生产率逐渐有了一般意义上的含义与多样的度量方式，而其作为经济发展动力分析中的重要工具，在宏观经济研究领域稳稳占据一席之地。纵览相关研究，拥簇于国家、地区、行业全要素生产率提升视角的为数众多的文献，证实了政治法律环境、经济环境、技术发展环境等因素具有重要作用，为经济发展活动提供了很多指导。但是，在宏观层面全要素生产率的研究得到很多关注的时候，微观企业全要素生产率却被忽视了，从某种程度上说，研究体系缺乏来自微观层面的理论探讨与经验证据。近些年来，探究企业全要素生产率提升路径的研究正在逐步增多，但是目前依然呈现零星分布、不成体系的特点。此外，由于企业内外部环境与全要素生产率具有广泛的关联，对于促进微观层面全要素生产率增长的人的因素方面，仍然不明确，有待探索。

企业全要素生产率与生产经营活动的方方面面皆有联系，因此对其的研究亦可从内外部各个角度进行解读，但是从根本上讲，始终离不开“人”的组织、协调与付出。因而，秉持“以人为本”的理念，从改善企业成员的工作态度、提升企业成员的主观能动性的角度，探究促进企业全要素生产率增长的渠道，更为接近于企业效率提升依赖于人力资本的本质。基于这一认识，本书从激励机制的角度解释企业之间全要素生产率的差异，认为完善激励设计、矫正激励错位是提高企业全要素生产率的重要举措。在激励机制方面，现有研究已经对单一激励方式（如货币薪酬激励、股权激励、薪酬差距等）给予了充分的关注，但是在一定程度上存在忽视企业激励机制系统性的问题，从而既无法实现理论研究的拓展，又无法对企业缓解代理问题给予有效指引。换言之，从单项激励制度出发的研究，更多的是进行局部均衡分析，无法对激励系统整体提供改进意见，从而使我国企业可能存在错位的激励效应，并且已经对全要素生产率的提升产生消极影响。

基于对企业激励机制错位现象的观察，以及对企业激励机制错位对企业全要素生产率可能存在的影响效应的关注，本书主要围绕激励机制错位现象测度、激励机制错位的生产率损失效应、内外部制度耦合的企业全要素生产率提升路径三个方面展开。具体而言，主要内容及重要观点包含以下几个方面。首先，明确企业激励机制错位的定义与度量方法。现有研究着眼于高管货币薪酬、股权激励、内部薪酬差距等单一激励举措，力图以某项激励制度设计来提升并维持企业整体的激励效果与效率，得出了一系列卓有成效的结论与建议。但是，在此过程中，激励机制的系统性遭到一定程度的忽视，激励制度之间的组合系统效应被低估。本书认为，我国企业激励机制设计存在欠缺协调性与系统性的问题，激励机制整体呈现错位状态。在界定其理论内涵后，采用层次分析法构建企业激励机制错位指数，并进行详细分析。其次，探究激励机制错位与企业全要素生产率之间的关系，一方面检验激励机制错位指数的合理性与实用性，另一方面强调纠正激励机制错位的重要性。除了关注激励机制整体错位对企业全要素生产率的影响外，本书还实证检验了股权激励、货币薪酬激励、薪酬差距的生产率效应，以完善激励机制与企业全要素生产率之间的关联。再次，探究激励机制影响企业全要素生产率的逻辑机理。借助当前研究对影响企业全要素生产率因素的总结，本书主要抓住两个关键因素（即技术创新与资源配置效率）探究中介效应。无论是在单项激励制度的研究中，还是在激励机制错位的研究中，企业技术创新与资源配置效率均具有较为重要的桥梁作用。换言之，激励机制会影响企业技术创新与资源配置效率，进而产生全要素生产率效应。最后，探究强化单项激励举措的积极效应、纠正激励机制错位的内外部因素。实证研究结果显示，内部控制质量、产权性质等企业内部因素，市场竞争、市场化程度、人力资本禀赋等企业外部因素能够与激励机制产生联动，因而不可忽视企业所面临的具体情境而论其激励效果。此外，本书还从管理者特征、企业内部战略环境、外部制度环境三个视域探究了提高全要素生产率的路径。

总体而言，本书为完善企业激励机制提供了新的思路，从而为未来的相关研究在此方面进行更为细致与更具创造性的拓展奠定一定的基础。本书也为关于企业全要素生产率的研究，特别是以激励机制为切入点的相关研究提供参考。此外，在实践方面，优化企业激励设计、关注企业全要素生产率提升是首要的管理启示。

盛明泉

2021 年 4 月

目　录

第一章 绪 论

第一节 研究背景与研究意义

一、研究背景

自 2012 年开始我国经济发展步入新常态，经济由高速增长向高质量发展过渡，从而如何破题增长动力转换、发展方式转变、经济结构优化升级，成为引起广泛关注的重点问题。2017 年，党的十九大报告指出“必须坚持质量第一、效益优先，以供给侧结构性改革为主线，推动经济发展质量变革、效率变革、动力变革，提高全要素生产率”[①]，这为突破我国经济发展的路径依赖，形成新的发展模式指明了方向。由此，在经济发展新阶段，促进全要素生产率（total factor productivity，TFP）增长上升至国家战略层面，成为新的目标要求。越是在更高的经济发展阶段上，越是要更多地依靠全要素生产率的提高实现经济增长。事实上，处于较低经济发展阶段的国家，由于存在技术和生产率的差距，经济增长具有后发优势，可以主要依靠资本、土地和劳动等要素投入实现；而对处于更高经济发展阶段的国家来说，依靠传统增长动力，必然面临减速的挑战与价值链低端锁定的困境，并不是长久之计。因此，对于经济换挡转向高质量发展的中国而言，提升全要素生产率既是前进目标又是应对举措。2020 年，谢伏瞻等学者在学习贯彻中共十九届四中全会精神笔谈中再次说明，随着传统增长源泉的逐渐式微甚至消失，我国经济增长向全要素生产率支撑型模式转变的任务日趋紧迫。目前，全要素生产率的增长速度，以及其贡献于经济发展的份额均呈现下降趋势（蔡昉，2013；李平等，2019），距离实现经济发展更多地依托全要素生产率提升这一目标依然具有较大差距。

---

① 资料来源：http://www.gov.cn/zhuanti/2017-10/27/content_5234876.htm。

全要素生产率是指在各种生产要素（如劳动力、资本、土地等）的投入水平既定的条件下，所达到的额外生产效率。换言之，全要素生产率可以理解为基于生产要素投入的整合，是生产要素优化组合时“1+1＞2”的部分，差值越大，全要素生产率越高；差值越小，全要素生产率越低。总体而言，全要素生产率的增长取决于总量层面的资源配置效率和微观层面的生产效率（李平等，2019），并且更多的是由技术进步、组织管理改善等无形要素发挥作用而实现增长的。具体而言，在微观层面上，企业采取新技术、新工艺，开拓新市场、开发新产品，改善管理，体制改革激发人的积极性，都可以提高全要素生产率。在宏观层面上，通过资源重新配置，如劳动力从生产率低的农业部门转向生产率高的非农业部门，劳动密集型产业从东部地区向中西部地区的“雁阵式转移”，深化户籍制度改革为二三产业提供更多稳定的劳动力，均可以有效地提高全要素生产率。现有研究在探讨提升全要素生产率的路径时，多数在宏观层面的资源配置效率方面展开，而针对企业层面的文献并不多见。微观企业是宏观经济活动的细胞，经济增长离不开企业细胞的价值积累，因此对于全要素生产率的研究也不应当忽视微观企业视角。事实上，在经济高质量发展阶段，微观生产效率应当是全要素生产率提高更为重要的来源（蔡昉，2013）。

如前所述，微观企业全要素生产率的提升，既可能来源于先进生产设备的使用和企业的技术创新，也可能来源于出口和融资行为、组织流程的优化调整及管理手段的提升。除了这些影响因素之外，企业内部制度的安排，尤其是激励机制设计尤为重要。这是因为激励机制作为基本的公司治理构件，与“人”这一核心要素息息相关，是提升企业全要素生产率的关键制度安排。具体而言，当企业的激励制度存在重大缺陷时，会诱发严重的代理问题，从而产生高昂的代理成本，对管理效率、创新效率与经营效率均会产生影响，最终将体现在对全要素生产率的抑制上。反观现实，近几年来，虽然我国企业的激励机制得以优化，但其最终的治理效应仍远未达到理想预期，高管“天价薪酬”“零薪酬”“天量在职消费”以及员工激励不足、激励手段单一等现象频繁显现于我国企业之中。基于各项激励制度安排的组合协同效应，我们认为激励机制设计中忽视完整性与协调性的问题，导致激励机制处于错位状态，表现为单项激励制度异乎寻常的表现，这将抑制企业全要素生产率的提升。针对这一现实问题，本书以 2008～2018 年沪深 A 股上市公司为研究样本，运用层次分析法、多元线性回归等方法，围绕现实中存在的激励机制错位现象，深入探讨激励机制错位的度量方式，以及激励机制错位对企业全要素生产率的影响程度与作用机制。此外，本书还从管理者特征、企业内部战略环境与外部制度环境角度，探寻企业全要素生产率提升路径。

二、研究意义

（一）理论意义

首先，丰富了激励机制方面的相关研究。基于委托代理理论，国内外学者关于企业激励机制的重要作用已达成共识，但现有研究更关注单项激励方式的影响因素与经济后果，而缺乏从系统的视角去审视与评价整体激励机制的有效性。本书延续激励整合理论的观点，提出激励机制错位理念，并从企业全要素生产率角度考察激励机制错位的影响效应，拓展了激励机制研究视角，丰富了相关研究。

其次，丰富了企业全要素生产率的影响因素相关研究。企业全要素生产率作为组织中各个投入要素的综合生产效率，更能准确地体现组织运营与管理效率，已有研究从内外部制度环境、管理行为、组织流程优化等视角进行了研究，但忽视了“人”这一核心要素的影响。本书从激励机制视角，探讨其对企业全要素生产率的影响效果及作用机理，引导和推动对激励机制影响企业生产与经营行为方面进行更深入、广泛的研究，有助于拓展企业全要素生产率的研究视域。

（二）现实意义

首先，为企业优化激励机制设计提供决策参考。激励机制的设计直接影响组织成员的激励水平，进而影响工作努力程度、能力的发挥及风险偏好倾向，最终影响公司运行效率与价值创造。本书通过客观精确地量化企业激励机制的有效性，科学合理地评价企业激励机制的错位程度，对企业分析与评价已有激励机制有效性，进而规划与制定适合其高质量发展的激励制度产生实际的指导作用。

其次，结合激励机制为提升企业的全要素生产率提供指导。微观企业提升全要素生产率水平既是促进自身可持续发展的现实要求，也是推动宏观层面经济发展动能转型的基础。通过深入探究激励机制错位影响企业全要素生产率的作用机制与效应差异性，以及拓展性地探讨激励机制提升的其他视域，如管理者特征、企业内部战略环境、外部制度环境等，对于企业把握激励设计关键问题、优化内部治理环境、动态适应外部制度环境以促进全要素生产率增长具有现实意义。

第二节 研究问题与研究思路

从激励机制角度探究提升企业全要素生产率的路径，特别是关注激励整合的效用，在我国经济转轨向高质量发展阶段过渡这一背景下，具有一定的理论价值与现实紧迫性。明确研究问题并理顺研究思路是本书进行研究的第一步。总体而言，激励机制错位与企业全要素生产率的研究主要回答四个问题：如何测度企业激励机制错位现象？激励机制错位是否会影响企业全要素生产率？激励机制错位通过哪些路径影响企业全要素生产率？如何矫正激励机制错位现象，实现激励机制与全要素生产率的合理匹配？相应地，本书也主要围绕错位现象测度、影响效应检验、内在机制探究与治理渠道分析这一思路进行。

一、研究问题

问题一：如何测度企业激励机制错位现象？

我国企业已形成多种激励契约并存的激励机制体系，其中高管激励手段较为丰富，而员工激励手段较为单一且激励水平较低。在激励机制稳步优化的过程中，依然存在高管天价薪酬、过量在职消费及隐性激励不足等问题。现有研究着眼于高管货币薪酬、股权激励、内部薪酬差距等问题，力图改善企业激励制度的实际效果。但是，激励机制的系统性遭到忽视，纠正单项激励措施的效果有限。基于此，我们认为应当从总体的角度去审视观察企业激励机制，进而提出了企业激励机制错位这一概念。在借鉴相关研究成果的基础上，以激励机制相关理论为指导，结合现有数据的可得性，本着层次分明、内容全面而重点突出的理念，本书构建了一套反映企业整体激励机制错位程度的综合指标体系。该评价体系侧重于激励机制的系统性，包含管理层激励与普通员工激励、显性激励与隐性激励、长期激励与短期激励指标。

问题二：激励机制错位是否会影响企业全要素生产率？

作为企业内部治理架构的核心组件，激励机制在激发组织成员奋发努力工作、克制组织成员过度自利倾向、协调组织发展与个人利益等方面发挥着不可忽视的作用。换言之，激励机制对于最大化现有人力资本价值、吸引并储备高素质人才至关重要。因此，当企业激励机制设计中出现不协调、不全面的错位现象时，必然会对提升企业员工的积极主动性、努力程度造成负向影响，甚至可能引起寻租行为，而这无疑会导致企业运行效率低下。基于对这一问题的关注，本书不但检验了单一激励机制对全要素生产率的影响，而且在构建微观企业激励机制错位指数的基础上，运用回归分析的方法验证激励机制错位对企业全要素生产率的影响，得出激励机制错位程度越高，企业全要素生产率损失越多的结论。

问题三：激励机制错位通过哪些路径影响企业全要素生产率？

技术创新、知识储备、管理效率及资源配置能力均会影响企业全要素生产率水平，而这些要素的积累与发展往往离不开组织成员的支撑作用。激励机制的建设与完善是提升企业全要素生产率的重要方式，也是“以人为本”理念在企业中的拓展。该部分聚焦于技术创新与资源配置路径，探究激励机制作用于企业全要素生产率的逻辑机理，有利于厘清激励机制错位影响企业全要素生产率的内在作用机理。结果显示，激励机制错位会降低企业技术创新与资源配置效率，进而造成生产效率的损失。

问题四：如何矫正激励机制错位现象，实现激励机制与全要素生产率的合理匹配?

矫正激励机制错位从四个角度进行研究，分别研究了高管货币薪酬错位下、薪酬差距错位下、股权激励错位下及职业生涯预期错位下的提升思路。研究发现，提高内部控制质量，完善市场竞争机制，提高市场化程度，加强大股东监督可以有效缓解激励机制错位所带来的生产率损失。此外，还从管理者特征、企业内部战略环境、外部制度环境三个视域探究了提高全要素生产率的路径。具体而言，高管海外经历、高管学术经历、非执行董事设置、企业杠杆率、战略差异、外商直接投资（foreign direct investment，FDI）、数字金融发展，以及营改增、混合所有制改革、精准扶贫政策等外部政策均会对企业全要素生产率产生影响，表明在矫正激励机制错位时，应当充分考虑企业的内外部环境。

二、研究思路

本书基于激励整合的理论基础，提出我国企业激励机制存在错位这一现象，并且在定量度量激励机制错位现象的基础上，进一步研究激励机制错位对于企业全要素生产率的影响效应、作用机制与调节二者关系的因素。逻辑导图见图 1-1。

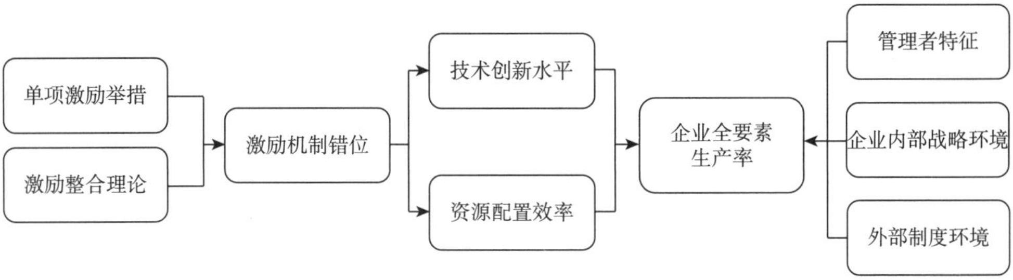

图 1-1　逻辑导图

首先，从理论层面系统梳理激励机制错位与企业全要素生产率之间可能存有的逻辑路径。其次，在对我国企业激励机制错位问题进行全面分析的基础上，利用财经大数据构建激励机制错位指数，随后考察激励机制错位对企业全要素生产率的影响程度与作用路径，继而考察减少激励机制错位的生产率损耗的治理渠道。最后，从管理者特征、企业内部战略环境、外部制度环境视角拓展了提升全要素生产率的影响因素研究。总而言之，沿着“问题提出—现象测度—传导路径—治理思路—对策启示”的主线，进行了深入探讨，从而提出研究结论。

第三节 研究内容与结构安排

基于经济发展新常态的现实背景，本书以企业激励机制为切入点，探究提升企业全要素生产率的路径，以期引起对于激励制度设计系统性、协调性，以及从“以人为本”的视角探究生产效率提高的关注。总体而言，本书主要以激励机制错位的问题提出、激励机制错位现象的测度、激励机制错位影响企业全要素生产率的传导机制、调节激励机制错位生产率效应的因素、提升全要素生产率的拓展路径为研究内容。具体内容及安排如下。

第一章“绪论”。该章简要介绍研究背景与研究意义、研究问题与研究思路、研究内容与结构安排、研究方法与创新之处。

第二章“理论基础”。该章基于对激励机制错位与企业全要素生产率理论逻辑的理解，对薪酬理论、企业全要素生产率理论与公司治理理论进行详细论述。

第三章“激励机制错位生产率效应的现象测度”。该章首先通过文献梳理与理论分析提出激励机制错位的含义，其次运用层次分析法构建激励机制错位指数以反映企业激励设计错位的程度，最后对各项具体激励制度，如高管货币薪酬激励、高管股权激励、高管薪酬差距，以及激励机制错位的生产率效应进行实证检验。

第四章“激励机制错位生产率效应的传导路径”。该章从文献回顾中理出激励机制错位可能通过技术创新、资源配置两条路径影响企业全要素生产率，进而以回归分析检视该中介效应的存在性，揭开了激励机制错位的生产率效应的内在机制。

第五章“激励机制错位与企业全要素生产率的治理思路”。该章研究了高管货币薪酬激励错位、薪酬差距错位、股权激励错位以及员工持股计划错位下的治理思路，得出可以从改善内部控制、延长股权激励行权期、促进市场竞争等方面缓解激励机制错位的负面效应。

第六章“其他视域下全要素生产率提升思路拓展”。该章从管理者特征、企业内部战略环境、外部制度环境三个视域去探究提升企业全要素生产率的路径，从更全面的视角审视企业全要素生产率的提升。具体而言，管理者特征视域下的研究，从高管的海外经历与学术经历两方面进行分析；企业内部战略环境视域包含企业“短贷长投”、杠杆率设置与战略差异度三个维度；外部制度环境视域关注要素价格扭曲、“营改增”政策、国有企业混合所有制改革、国有股权参股家族企业、外商直接投资、精准扶贫响应、数字金融发展、公司债券违约的信用风险等内容。

第七章“研究结论与启示”。该章总结了前面几章对于激励机制错位与企业全要素生产率关系的研究结论以及其中的中介机制与治理方法，并提出政策启示。此外，该章还指出了未来需要进一步研究的新方向。

本书的研究结构见图 1-2。

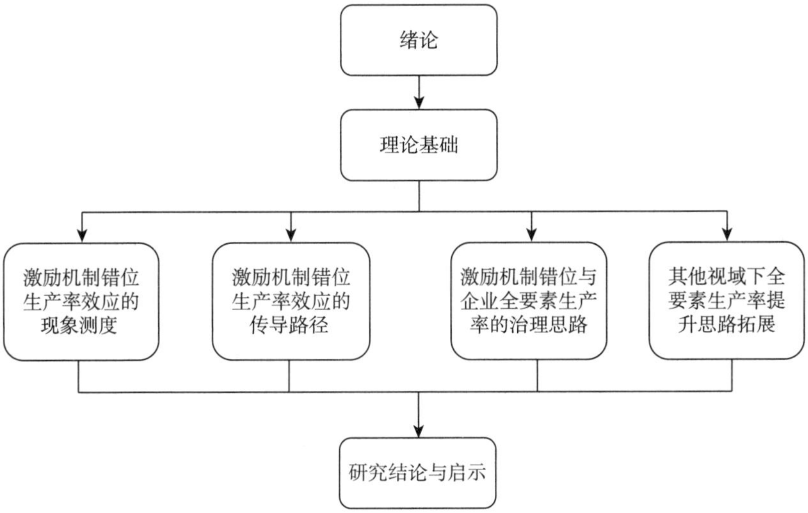

图 1-2　本书的研究结构

第四节　研究方法与创新之处

一、研究方法

本书重点探讨激励机制错位对企业全要素生产率的影响效应、中介机制及治理思路。在方法上，本书采用文献研究法、理论模型分析、实证计量分析、实地访谈等多种方法相结合。理论模型构建部分主要采取文献研究法及理论模型分析法，主要包括激励机制错位理论内涵、激励机制错位与企业全要素生产率的逻辑联结及技术创新与资源配置中介作用理论推导等。实证研究部分，在激励机制错位生产率效应的现象测度中，运用层次分析法构建激励机制错位指数，运用奥利–佩克斯（Olley and Pakes，OP）法、莱文索恩–佩特林（Levinsohn and

Pertrin，LP）法测算企业全要素生产率；在激励机制错位对企业全要素生产率影响效应方面，主要运用多元线性回归的方法考察单项激励契约、激励机制错位指数对企业全要素生产率的影响，并用工具变量法、替换变量衡量方式、改变样本时间区间等方法进行稳健性检验；在激励机制错位生产率效应的传导路径以及激励机制错位与企业全要素生产率的治理思路的研究中，主要采取多元线性回归与中介效应检验的方法，还包含相关系数检验、均值（中位数）差异检验、分组回归系数差异检验等一些其他的实证方法。

二、创新之处

（一）研究视角创新

全要素生产率的提高离不开技术进步与管理创新，“人”这一要素在上述进程中至关重要，但现有的激励机制仍存在着错位问题，将重点放置于“人”这一要素之上，探索通过矫正激励机制错位去提升企业全要素生产率的途径，始终贯彻“以人为本”的核心理念。此外，不同于现有研究关注单一激励契约的治理效应，本书基于激励整合理论，将研究重点放在激励机制的整合协同效应上，构建激励机制错位指数反映激励机制整体偏离平衡完整的激励设计的程度，为激励领域的相关研究跨越局部均衡分析，逐步向一般均衡分析过渡提供新的视角。

（二）研究内容创新

微观企业是宏观经济活动的细胞，经济增长离不开企业的价值累积，本书以微观企业为观察对象，更能寻找到我国宏观全要素生产率提升的源头。本书的核心关注对象为激励机制错位，这种机制层面的错位很可能是关于单一激励契约研究的文献较难取得收敛性结论的原因，直接从激励机制错位着手，具有一定的创新性。另外，本书还探究了技术创新、资源配置的中介作用，内部控制制度、市场竞争、市场化程度等因素的调节效应，较为全面地涵盖了内外部影响因素，从而丰富了激励机制对企业全要素生产率影响的框架。不局限于企业激励机制错位对企业全要素生产率的影响，本书还涵盖类似于高管学术经历、“短贷长投”、国有企业混合所有制改革、“营改增”等因素与企业全要素生产率的关系，在丰富研究内容的同时也追踪了当前研究前沿的一些话题。

（三）研究结论创新

以往研究多是检验货币薪酬、持股比例、职位晋升等单一的激励或约束效应，而结论多围绕企业财务行为或经营绩效，存在研究结论未能达成更大范围的统一，单一激励契约的作用有限等局限性，对于企业更好地转向高效率、高质量发展的启示意义较为局限。本书研究表明，企业激励机制错位现象普遍存在，多数企业激励机制设计中存在忽视系统性、协同性的问题，激励机制错位现象会对企业全要素生产率产生抑制作用，这为企业重新审视并改进激励机制设计提供新的参考。此外，本书还发现了激励机制通过影响企业技术创新及资源配置效率，进而影响到企业全要素生产率；内部治理水平的提升及外部制度环境的完善能够有效缓解激励机制错位对生产率产生的负面影响，研究结论存在一定的创新性。

第二章 理论基础

第一节 薪酬理论

薪酬问题是一个复杂的社会问题，随着企业的成立与不断发展，其一直是经济学家们关注的重点，从早期薪酬理论逐步发展到近代薪酬理论再到现代薪酬理论，研究成果不断深化，为企业制定合理的薪酬制度以激励员工，从而提高企业的效率与绩效提供了坚实的理论基础。

一、早期薪酬理论

劳动力问题受到世界各国的广泛关注，劳动力价值以货币形式表现就是工资。它作为生活的主要来源，是保障劳动者及其家庭成员生存、繁衍和发展的物质基础，对于劳动者而言具有重要意义。早期薪酬理论主要包括最低工资理论和工资差别理论。

（一）最低工资理论

威廉·配第（William Petty）是英国资产阶级古典政治经济学的创始人，首先提出了商品的交换价值是由劳动决定的思想。基于这一思想提出了分配理论，并根据劳动价值论论述工资以此来阐述地租理论。威廉·配第认为，工资是维持工人生活所必需的生活资料的价值，存在一个最低的工资标准，工资水平应维持在满足职工基本需求的附近。政府应该提供适当的工资标准，工资不能定得过低，若工资过低，则不能满足职工的基本需求，将会使劳动供给小于劳动需求。这不但会使社会的生产无法正常维系，而且将会影响社会的稳定与经济的发展。这一理论肯定了工人在社会生产中扮演的重要角色，是工资最低限度理论的开端。

随后，亚当·斯密（Adam Smith）在《国民财富的性质和原因的研究》一书中，更为详细地阐述了最低工资理论。亚当·斯密认为，职工对工资的最低要求以维持基本生活为下限。任何职工的工资都不可能在较长时间内低于这一标准。这一标准受到“对劳动的需求”与“生活必需品与便利品”价格的影响。此外，对于以出卖劳动，获取工资为主要生活来源的职工，最低生活工资标准应超过职工基本生活水平支出。为职工支付充足的劳动报酬，是财富增加、人口增长的必然结果。

法国古典经济学家、生存工资理论创始人物杜尔阁（Turgot）认为受市场竞争与供求关系的影响，从长期来看，职工的工资必定保持在维持生计水平上。如果工资高于这一水平，将会出现人口增长与劳动供给的增长，雇主会不断压低用工价格，从而使工资最终趋于维持生计水平。若工资低于这一水平，将会出现人口与劳动供给的减少，雇主在用工中处于劣势地位，工资逐渐回归到维持职工基本生活水平。因而，经过不断的竞争与博弈，工资水平最终将保持在能够维系其基本生活所必需的物质资料的水平上。

英国古典经济学家大卫·李嘉图（David Ricardo）对生存工资理论进行了更深入的研究，提出了劳动力自然价格这一概念，认为劳动报酬存在市场价格与自然价格两种属性。劳动的自然价格由维持劳动者自身及其家庭所需的基本物质资料价格所决定，随着物质资料价格的变动而变动，决定着职工的最低限度工资，劳动市场价格最终将无限接近于自然价格。同时，劳动自然价格并不是永恒不变的，会受到地域、文化、气候等因素的影响。在一个国家必要的衣食住行可能在另一个国家并不需要，因而这也是构成不同国家之间工资差异的重要原因。

通过以上理论分析可知，作为劳动力问题的重要内容之一，最低工资政策旨在保障职工的利益，维持职工及其家人的基本生活。最低工资理论为最低工资的确立提供了基本的框架，工人工资不能低于最低限度的标准，并且各国应视具体情况而设立这一标准。我国于1994年第八届全国人民代表大会常务委员会审议通过《中华人民共和国劳动法》，以国家立法形式确立了我国最低工资保障制度，以达到保障劳动者最低生活标准、缩小收入差距、增加就业、维持社会稳定与公平从而促进我国经济发展的目的。2004年3月开始施行的《最低工资规定》，扩大了最低工资的范围并规定最低工资标准至少每两年调整一次。已有研究表明，最低工资制度的实施，最终将促进就业和经济增长。一方面，最低工资制度具有激励作用，职工为了获得更高的工资会主动接受教育和培训，从而提高人力资本水平；另一方面，有助于抑制职工消极怠工的现象，进而减少厂商的监督成本，降低效率工资的支付（Agénor and Aizenman，1999）。亦有部分研究发现，最低工资管制是政府对劳动力市场干预的结果，会提高用工成本，将会导致企业对劳动力需求的减少，最终使失业人数增加（Stigler，1946；平新乔，2005）。当最低工资标准上调10%时，劳动力就业将会减少1%（Brown et al.，1982）。因而最低工资政策的颁布是否能达到预期目标仍存在一定的争议。随着社会的进步、生产力水平的提高及经济学理论的丰富，最低工资理论的局限性日益凸显，不再适应经济发展的需要，逐渐被其他薪酬理论所替代。

（二）工资差别理论

英国古典经济学家亚当·斯密在《国民财富的性质和原因的研究》中开创性地提出了补偿性工资差额理论，是工资差别理论的创始人之一。该理论认为企业内部和外部客观上都存在工资差异，职业性质的差异与工资政策的差异是造成职工工资差异的主要原因。

在职业性质方面，亚当·斯密总结了导致工资差异的五种情况，即劳动者对岗位自身感受的差异、职业技能学习掌握的难易程度差异、职业安全性差异、职责所需职工承担责任的差异及成功概率大小的差异。

在工资政策方面，政府制定的工资政策将直接影响劳动力市场的供求关系，最终作用于职工工资。例如，对劳动力的自由流动进行管制、对职业竞争加以限制等，将会扭曲供求关系，造成异常工资差异。

补偿性工资差额理论是现代岗位和职务工资制的基础，该理论主要用于研究职工偏好与岗位特点对劳动供给需求均衡的影响。通过对较差工作特点的岗位给予货币性的工资补偿，不但可以让职工获得更高的报酬，而且可以对职工产生激励作用，主动承担较差工作特点的岗位，满足社会发展的需要。工作的舒适程度会降低工资水平，死亡风险每提高 1%，小时工资将上涨 9.4%（Kim and Fishback，1999），从而验证了亚当·斯密的工资差别理论。

随着社会的不断进步，新古典学派经济学家进一步完善和发展了工资差别理论，包括萨缪尔森（1946）提出的人力资本工资理论、Rosen（1974）提出的享乐主义工资理论及 Solow（1979）提出的效率工资理论等。

二、近代薪酬理论

以早期薪酬理论为基础，形成了近代薪酬理论，其代表理论主要有边际生产力工资理论和集体谈判工资理论。

（一）边际生产力工资理论

边际生产力工资理论是现代工资理论的基础。美国经济学家克拉克（Clark）在其著作《财富的分配》中系统性地分析与论述了边际生产力工资理论。该理论静态地分析了经济自发力量对财富生产和分配的决定性作用。克拉克认为，根据厂商利润最大化及边际收益递减规律，当劳动力的边际收益与劳动力的边际成本相等时就是最佳雇佣点。劳动力的边际成本即职工的工资，劳动力的边际收益即职工新增产出。若边际收益大于边际成本，则厂商将会扩大生产规模，增加雇佣职工的规模；反之则保持或削减职工规模，因而职工的工资水平由其边际生产力决定。该理论不仅能对长期工资水平做出解释，还是确定短期工资水平的重要方式。

新剑桥学派的代表人物、英国著名经济学家马歇尔（Marshall）在其《经济学原理》一书中以供求均衡价格为基础，建立起了供求均衡工资论，完善了克拉克的边际生产力工资理论，从需求与供给两个方面对工资的形成进行解释，即工资为当劳动供给与需求价格相等时的价格。在劳动需求方面，沿用了克拉克的边际生产力工资理论，工资由劳动的边际生产力决定。在劳动供给方面，工资由维持职工及家庭的基本生活及其所需的训练、教育费用等劳动力的生产成本与放弃休闲所带来的负效用两方面共同决定。该理论吸收了新旧分配理论的精髓，将要素投入报酬与要素生产贡献联系起来，是现代工资理论的基础。

（二）集体谈判工资理论

集体谈判工资理论仍以劳动供需均衡为核心思想，是马歇尔供求均衡工资论的延续，为如何确定职工的短期薪酬提供了有效的理论基础。尽管在18世纪早期已经出现了工资集体谈判的萌芽，但初期工会力量较弱，集体谈判对劳动者利益改善并没有明显效果，该理论并没有得到重视。随着工业的不断发展，在19世纪中叶以后，工会势力迅速发展壮大，在一些发达资本主义国家中工会会员人数已经占到了产业工人总人数的四分之一左右，甚至非工会会员也将受到工会的影响，集体谈判工资理论应运而生。1897年韦伯夫妇在《工业民主》一书中将工资决定与集体谈判相联系，此后，庇古（Pigou）、希克斯（Hicks）等著名经济学家对集体谈判工资理论进行了更深入的研究，推动了该理论的进一步发展。

庇古在其1920年出版的《福利经济学》一书中提出了“范围论”这一短期工资决定机制。工资率位于一个由工会确定的工资为下限，雇主确定的工资为上限的“不确定范围”内。工资水平最终通过双方力量及谈判技巧的博弈所确定，同时也会受到经济因素的影响。希克斯基于“成本-收益”及“罢工论”推导出了精确的工资确定点，即由工会抵制曲线与雇主让步曲线所确定的唯一均衡工资。

在西方，集体谈判工资制度被认为是解决劳资问题（Dunlop，1958）、提高职工工资（Charness and Kuhn，2011）的重要手段。1994年颁布的《中华人民共和国劳动法》，以法律的形式将集体合同制度确定下来，对于调整劳资关系，促进社会进步、经济发展具有重要意义。此后我国不断加强对集体谈判制度的重视，该制度得到不断的规范与长远发展。在党的十九大报告中继续提出“完善政府、工会、企业共同参与的协商协调机制，构建和谐劳动关系”。

三、现代薪酬理论

随着社会生产力的不断提高、经济学理论的不断发展，经济学家开始从“人”这一复杂要素出发，进一步完善了薪酬理论，代表理论有激励理论、公平理论及人力资本理论。

（一）激励理论

激励理论被称为现代企业理论的核心之一，自泰勒创立管理科学后，愈发受到管理学的关注。在管理学中的激励理论，一般是指为满足员工的需要而设计各种条件以制定科学的激励方法，进而提高员工工作的积极性。激励理论主要从行为产生的原因出发，寻求行为激励的方法。主要的代表理论有需求理论、双因素理论及期望理论。

1943年管理学大师马斯洛（Maslow）在《人的动机理论》一书中，将人的需求由低到高划分为五个层次，分别为生理需求、安全需求、社交需求、尊重需求及自我实现需求。五种需求呈阶梯状排列，既有紧密的联系又有清晰的层次区分，只有上一层次的需求得到满足后，才会追求下一层次的需求，才会对员工产生激励作用。

同时马斯洛认为，生理需求与安全需求为低级需求，社交需求、尊重需求及自我实现需求为高级需求。低级需求（如吃、穿等）可以通过外部激励得到满足，高级需求（如交往、尊重等）需要内部激励才能得到满足。对于员工而言，一方面，不同的人在不同的发展阶段有不同的需求类型；另一方面，人的需求也有主次轻重之分，需求对于员工越重要激励效果就越好。所以，组织应因人而异设计不同的激励方案，使激励效用最大化。奥尔德弗（Alderfer）于 1969 年提出的ERG理论，将人的需求划分为了生存、交往与成长三种，是对马斯洛需求理论的修正与改进。该理论的核心为“挫折-倒退”，即当高层次的需求未得到满足时，可能会增加对低层次的需求。随后麦克利兰（McClelland）将需求划分为成就需求、权力需求及归属需求三种，这些需求都是后天产生的。然而并不是满足需求就能产生激励作用。赫茨伯格（Herzberg）提出的双因素理论将影响工作满意度的因素分为两类，即保健因素与激励因素。保健因素只能消除员工不满意，只有激励因素才能对员工产生激励作用。

过程型激励是相对内容型激励而言的，过程型激励更加关注人们做某事的动机是如何形成的以及将产生怎样行动的心理过程。其中，具有代表性的理论有期望理论及目标设定论。

1964 年弗鲁姆（Vroom）在其著作《工作与激励》一书中，提出了期望理论。该理论认为个体的效价与期望强度决定了激励程度的大小，当人们觉得实施某种行为可以为自己带来价值时，满足自己的需求且实施这种行为很可能带来预期结果，便会表现出很高的动机水平。期望理论解释了努力与绩效、绩效与奖励及奖励与目标实现三者之间的递进关系。20 世纪 60 年代心理学家洛克（Locke）提出了目标设定论，该理论认为人们的行为主要由目标的设定所驱动，目标的具体性、目标的难度及目标的反馈性是目标最基本的三个特征。

从以上理论分析可以看出，管理学视角下的激励理论对员工需要、目标、动机及行为之间的关系进行分析。激励能提高企业的管理效率、员工工作的积极性，为业绩评价如何提高企业的经营业绩提供了理论基础。在公司治理领域，激励制度常常体现在货币薪酬激励与股权激励上。高管与员工的薪酬水平越高，越有利于企业的成长；股权激励将高管及员工的利益与企业利益绑定在一起，不但可以提高员工工作的积极性，而且可以抑制管理层的自利行为。因而薪酬激励大大提高了高管及员工工作的热情，最终将提升企业的绩效。

（二）公平理论

公平理论又称社会比较理论，主要研究薪酬分配的合理性与公平性对员工工作态度的影响，1965 年由美国著名心理学家亚当斯（Adams）提出，是一种过程型激励理论。亚当斯认为，公平是通过比较得出的，具有较强的主观性。员工会把自己的投入（教育、努力程度、工作时间等）产出（工资、奖金、晋升等）比与他人或自己的历史进行比较，即横向对比与纵向对比。横向对比包括两个方面，一方面员工将自己的投入产出比与企业内部其他员工进行比较；另一方面，也将和同行业内其他员工的投入产出比进行比较。纵向对比即员工将自己的投入产出比与过去进行比较。当投入产出比与参照对象相等时，员工便会产生公平感，工作更加积极，增加自己的产出，从而提高企业的绩效。当投入产出比大于参照对象时，员工通常不会产生不公平感。当投入产出比小于参照对象时，员工便会产生不公平感，不公平感将会削弱员工工作的积极性，损害企业的绩效。所以不仅薪酬的绝对值会对员工产生激励效应，薪酬的相对值同样也具有激励作用。

薪酬差距是公平理论在企业薪酬分配方面的重要运用。高管团队核心管理层与非核心管理层及管理层与普通员工之间适当的薪酬差距将产生激励效应从而提高企业的竞争力（盛明泉和周洁，2017）。受儒家思想的影响，我国自古便有“天下为公”“不患寡而患不均”等追求公平性的思想，因而不断增大的薪酬差距将对企业员工产生不可忽视的负面影响，从而损害企业的效率（雷宇和郭剑花，2017）。改革开放前企业薪酬分配实行等级工资制，并不与薪酬挂钩，这极大地损害了员工的工作热情，改革开放以来打破了平均主义，薪酬与经营业绩挂钩，拉大了薪酬差距。然而由于一些管理层收入增长过快，出现了“天价薪酬”的现象，企业内部的薪酬差距不断扩大，影响了收入分配的公平性，损害了企业的效率。政府采取了一系列的措施抑制过高的薪酬差距。2009 年我国对金融行业高管的总薪酬进行限制，并推出《关于进一步规范中央企业负责人薪酬管理的指导意见》对央企高管薪酬进行限制；2015 年实施的《中央管理企业负责人薪酬制度改革方案》规定 72 家国有企业的高管薪酬不得超过普通员工薪酬的 8 倍。此外，不断提高的个人所得税起征点也是提高员工薪酬，缩小薪酬差距的重要举措。

综上，在企业薪酬分配中，公平理论的应用体现在对薪酬差距的控制中，其应用的适当性，对实现社会主义公平正义、促进经济发展具有重要意义。

（三）人力资本理论

随着科学技术的不断进步、经济的飞速发展，传统的经济增长理论已不能解释“列昂惕夫之谜”“马尔萨斯困惑”等经济学之谜，人力资本理论应运而生，成为解释经济增长的重要理论。20 世纪 60 年代美国著名经济学家舒尔茨（Schultz）首次系统性地提出人力资本理论，从宏观的角度阐释了人力资本投资、人力资本投资与经济增长的关系及人力资本投资收益这三个方面的内容。舒尔茨认为，在经济生产的过程中存在物质资本与人力资本这两种形式的资本，土地、机器等体现在物质产品上的资本即物质资本；通过教育投资、健康投资、在职人员培训投资等体现在劳动者身上的知识、经验、技能、健康等即人力资本，而教育投资为人力资本投资的核心。舒尔茨在使用收益率法对美国 1929~1957 年的经济增长进行分析时，发现教育对经济增长的贡献率超过三分之一。人力资本比物质资本更能促进经济的增长，人力资本是一种投资不是一种消费，且投资收益率高于物质资本的投资收益率。由于在人力资本理论方面做出的巨大贡献，舒尔茨也被称为“人力资本之父”。

在舒尔茨的基础上，贝克尔（Becker）从微观基础上对人力资本理论进行了进一步的分析，推动了该理论的向前发展。贝克尔把该理论发展成为确定劳动收入分配的一般理论，并基于效用最大化考虑而提出人力资本-收益均衡模型，对个人、家庭等微观主体在教育、健康、生育等方面的投资进行了分析，当人们认为对这些投资的支出未来收益的现值大于等于未来支出的现值时便会进行投资。贝克尔强调教育特别是职业培训对于提高员工的人力资本，增加企业绩效的重要性。其 1965 年出版的《人力资本》被称为“经济思想中人力资本投资革命”的起点。20 世纪 80 年代，以卢卡斯（Lucas）和罗默（Romer）为代表的经济学家建立了以人力资本为中心的“内生增长模型”，此后对人力资本的研究进入了新的阶段。

十九大以来我国提出了“人才强国”战略，强调“人”是第一生产要素，是推动我国经济发展的重要力量。宏观经济的发展离不开微观主体的高效运转，企业对高层管理者及技术型员工的激励，体现了人力资本理论在微观主体的应用，其应用的适当性，不仅能提高企业效率与绩效，也是促进我国经济发展、社会进步的重要手段。

第二节 企业全要素生产率理论

一、经济增长理论

经济增长理论是研究和解释经济增长规律及其影响因素的理论，是为解决经济增长过程中的实际问题而逐步发展起来的理论。按照西方主流经济学的时间发展顺序，可以把经济增长理论具体划分为早期经济增长理论、现代经济增长理论和经济增长质量理论这几个阶段。

（一）早期经济增长理论

在经济增长理论发展的早期，作为理论代表的人物主要是亚当·斯密和穆勒（Mill）。他们对早期经济增长理论进行了初步的建立和探索，虽然不够全面但影响深远，为现代经济增长理论的发展奠定了基础。首先，亚当·斯密的经济增长理论是在1776年首次提出来的。他认为，经济增长是国民财富增长的一个重要体现，经济增长主要有两种来源：一是增加劳动力数量；二是提高劳动效率。在经济增长的这两大来源中，亚当·斯密更加强调劳动效率的促进作用。他认为，促进劳动效率的劳动分工和资本积累是经济增长的基本动力。穆勒的经济增长理论把经济规律分为两大类——生产的规律和分配的规律，并把生产要素概括为四种——人口增长、资本积累、技术进步和自然资源，此时已经把技术进步考虑在内。后来出现的社会主义经济增长理论中比较典型的是卡莱斯基的经济增长理论。该理论以经济增长率和投资率为核心，揭示了社会主义经济增长的内在机制，并将政府在其中的控制和协调作用进行了考虑。卡莱斯基的经济增长理论认为创新和技术进步是经济增长的持续动力，这一理论对于目前我国生产率提升和经济发展具有深刻的意义。

（二）现代经济增长理论

在现代经济增长理论中；最具有代表性的就是新增长理论，该理论最重要的特征就是将增长率内生化，故又称内生增长理论。内生增长是指经济要想实现增长，不能仅仅依靠外部力量，要更加注重技术进步对经济增长的作用。因为随着经济的不断发展，技术已经逐步成为除劳动力和资本以外的最具有潜力的生产要素。内生增长理论的代表人物有巴罗（Barro）和罗默。

1990 年，美国经济学家巴罗在以往学者的研究基础上，将内生增长理论的视角进一步拓宽。他从财政视角出发，建立包含财政支出的内生增长模型，并最终得出结论：政府把财政资源用于经济建设中，那么政府在生产方面投入得越多，经济就会增长得越快。若政府将资源全部投入经济建设中，经济增长将达到顶峰。若政府减少其在经济建设上的开支份额，将会带来经济增长的下降，甚至衰退。巴罗的结论在丰富了内生增长理论的同时，也带来了一些问题，即该模型并未考虑政府在其他方面所发生的支出对经济增长的影响，同时也未将其对经济增长的动态影响考虑在内。由于传统的经济增长理论并没有考虑技术进步的内生价值，那么当劳动力和资本投入下降时，就难以实现长期的经济增长。直到 1993 年，莫里塔等通过对内生增长模型进行动态分析填补了此处的空白，打破了经济停滞的桎梏。结果显示，经济最终是可以实现长期的稳定增长且能够对经济增长进行预测的。同样在 1990 年，罗默在前人研究的基础上，也取得了突破性进展。他特别考虑了技术在经济增长过程中发挥的作用，最终得出技术进步才是促进经济持续增长最重要因素的结论。这种技术上的进步并非竞争性的，而是依靠加大对研发的投入取得的。当企业有能力同时也有动机不断增加对研发和创新的投入时，才能不断为技术进步提供动力。创新是企业全要素生产率提升的主要途径，因此随着企业研发水平和创新能力的不断提高，自然会带来生产效率的迅速增长。

（三）经济增长质量理论

随着经济的不断发展和资本市场的逐步完善，学者们对微观经济学的研究也不断深入，经济增长理论细化到质量这一领域，主要分为狭义的经济增长质量和广义的经济增长质量（钞小静和惠康，2009）。相比前者，广义的经济增长质量理论考虑的问题更全面，综合了可能影响经济发展的多种因素，是对经济增长理论的进一步完善。

1. 狭义的经济增长质量理论

狭义的经济增长质量理论从投入和产出的研究视角，站在效率这一角度去思考经济增长的质量问题。简单来说，如果投入远低于产出，则被视为高的经济增长质量，且两者相差越多，经济增长质量越高。这类定义下的经济增长质量研究主要是对增长效率的研究，通常不涉及依据自身价值对经济增长质量做出评价。总结以往经济增长效率对增长质量影响效应的研究结论，大体可以分为两类：第一类是直接从投入和产出的角度出发；第二类是在第一类的基础上，把全要素生产率这一综合指标考虑进来，并将其作为经济增长效率的衡量指标。沈利生（2006）在对经济增长质量进行度量时就是从投入和产出的角度出发的，选用增加值率这一指标总体上反映一个经济体的投入产出效益，并引入了中间投入贡献系数，具体测算我国在改革开放以来，国内和进口中间投入的贡献系数以及对其变化情况进行分析。由于增加值率这一指标是由宏观的测算数据计算得出的，故该指标是一个综合指标，从宏观角度对经济体的效益进行反映。沈坤荣和傅元海（2010）在投入产出的基础上，从效率出发考虑经济增长质量，即投入产出率。与前者用总投入的产出效率不同的是，后者采用中间投入的产出效率更加准确地对经济增长质量进行了衡量。近年来，全要素生产率越来越得到国内外学者的关注，并将其作为经济增长质量的主要衡量指标进行大量研究。随着研究的不断深入，全要素生产率的测算方法也逐步多样化，但万变不离其宗，即实际产出与潜在产出之间的差额。常见的全要素生产率测度方法主要有 LP 法、OP 法、OLS（ordinary least squares，最小二乘回归）等，这些方法均是在资本和劳动力两种基本的要素投入约束下，计算出来的经济增长的效率值。黄志基和贺灿飞（2013）将全要素生产率作为衡量生产效率的指标，并基于 OP 法对我国制造业企业全要素生产率进行测算。这更加有效衡量了单位投入产出效率，使创新投入对中国城市增长质量的研究结果更加可靠。因此用全要素生产率来衡量经济增长质量是比较准确的，更是比较科学的。

2. 广义的经济增长质量理论

与狭义的经济增长质量理论不同的是，广义的经济增长质量理论考虑的问题更加全面。从广义角度对经济增长质量进行思考的学者认为：经济增长包含的角度众多，因此仅从效率单一维度度量经济增长质量是不全面的。由于涉及的维度比较宽，故目前学者们并没有对广义的经济增长质量给予一个明确公认的定义，只是根据各自的研究问题，建立适合自身的经济增长质量体系进行研究。总结已有文献，目前广义的经济增长质量理论大体划分为两个维度：一是结合经济发展不同阶段特征，与时俱进地提出相应发展阶段应该秉承的经济发展理念。例如，在新发展阶段，应加快形成以国内大循环为主体、国内国际双循环相互促进的新发展格局等。二是对经济增长的方方面面进行综合考虑，不仅仅局限在经济发展理念这一视角，从更加宏观和总体的角度思考经济增长质量问题。由此可见，后者的考虑维度要比前者更为全面。值得注意的是，效率始终包含在经济增长质量的内涵中，且一直是经济高质量增长的核心。高的经济增长效率就是高的全要素生产率，代表的是较高的经济增长质量。任保平（2013）指出：经济增长后果包含经济增长的诸多方面，仅用与国内生产总值相关的指标来衡量经济增长明显存在着不足，而采用综合类的指标才是合理的。魏敏和李书昊（2018）在新时代背景下，构建包括经济结构优化、资源配置高效在内的10个维度指标对经济高质量发展水平进行测度，系统地对我国各省经济增长质量进行反映。随着学术界对经济增长质量认识的不断深化及不断研究，经济增长质量理论的研究成果不断得到丰富。

二、高质量发展理论

我国实现高质量发展是以新发展理念为指引而提出的。新发展理念具有较为深刻的内涵，其中最重要的是为世界其他国家在发展过程中出现的问题提供一个“中国药方”。我国经过改革开放40多年的发展，取得了许多宝贵的经验，我国取得的成功实践经验也证明了一点：新发展理念是适应我国社会主要矛盾转变的必然要求，同时也是新时代我国经济发展的硬道理，对于世界其他经济体的发展具有很强的借鉴和参考价值。高质量发展是一种发展观念，更重要的是，它也是一种发展方式或发展战略。简而言之，高质量发展是以价值为取向的发展。我国首次提出高质量发展这个概念是在 2017 年的中国共产党第十九次全国代表大会上，该概念一经提出，就受到了学者们的广泛认同和传播。高质量发展是我国经济由高速增长阶段转向高质量发展阶段下经济发展理论的重大创新，同时也是习近平新时代中国特色社会主义经济思想的重要内容。

新发展理念主要集中在创新和开放理念上，这两大理念为解决我国高质量发展过程中存在的发展不充分问题提供了参考。我国在发展过程中不断融入全球经济体系，积极参与全球经济治理，特别是近年来，我国提出了“一带一路”倡议，与世界其他国家一同构建人类命运共同体。在这个过程中，我国发展面临的问题也逐步凸显出来，如我国经济大而不强问题、经济增长质量和效率不高问题、对外开放程度和水平较低问题、如何提高全要素生产率等问题。高质量发展秉承的是“创新、协调、绿色、开放、共享”理念，坚持质量第一、效益优先，以供给侧结构性改革为主线，推动经济发展质量变革、效率变革、动力变革，提高全要素生产率，通过建设实体经济、科技创新、现代金融、人力资源等多方面多角度协同发展的产业体系，并构建市场机制有效、微观主体与宏观调控相结合的经济体制，不断增强国民经济的创新力和竞争力。在微观层面上，高质量发展不依赖于要素投入的扩大，而依赖于生产要素、生产力和全要素效率的提高；在中观层面上，高质量发展注重产业结构、市场结构、区域结构等国民经济结构的升级，提高资源配置效率；在宏观层面上，高质量发展则要求经济的均衡和可持续发展。

三、生产率理论

伴随经济发展，生产率理论的研究也进一步深入，由最原始的单要素生产率发展到现在的全要素生产率，是对生产率理论的进一步完善。总体来说，生产率是指在生产过程中投入转化为产出的效率，体现了企业在整个过程中资源和各类要素的配置与有效利用程度。生产率反映了企业内外部因素对生产经营活动的影响程度和技术进步在其中发挥的重要作用。

（一）单要素生产率

单要素生产率研究的主要是单一投入要素与产出之间的关系，因此又被称为“偏要素生产率”。单要素生产率指的是在生产过程中某一特定要素的比例，常见的有资本生产率和劳动生产率等。由于单一指标在衡量上较为容易，故在企业全要素生产率的概念提出之前，单要素生产率一直广泛被学者应用。由于企业在实际生产中，除了投入大量劳动和资本外，还需要不断投入多种生产要素，此时单要素生产率能够反映的信息就比较有限了。Harris 曾指出，单要素生产率在某些特定情况下是有效的，但并不能对各投入要素之间的替代关系和影响进行准确的反映，因此单要素生产率并不能真实地反映一个企业的生产率和经济增长情况。Rojas 和 Aramvareekul（2003）也通过研究发现，单要素生产率下的劳动生产率并不能真实反映一个企业的实际情况，这是因为产出对劳动投入的比例可能与劳动投入的质量没有关系，这明显不符合实际情况。尽管如此，单要素生产率的提出和完善也为后来全要素生产率的产生奠定了一定的基础。

（二）全要素生产率

全要素生产率又称“总要素生产率”或“综合要素生产率”，是总产量与投入要素的比值。1954 年，希朗・戴维斯首次在《生产率核算》一书中指出：与单要素生产率不同的是，全要素生产率包括劳动力、资本和能源在内的所有投入要素。随着资本市场的不断发展和完善，目前对全要素生产率的内涵给予了明确定义，即全要素生产率是指扣除资本、劳动以外其他生产要素带来的产出增长率，主要增长效应来自企业效率的改善、技术进步和市场规模效应。全要素生产率是一个静态的指标，同时也是一个微观层面的指标，系统全面地反映了企业的生产状况和技术水平。在定量分析的研究中，对生产率做出突出贡献的代表人物之一就是罗伯特・索洛（Robert Solow），他对之前的学者所提出的生产函数形式进行了拓展，将技术进步引入生产函数中，建立索洛经济增长模型，重新测算全要素生产率并估计出技术进步率（即增长余值），也就是学者们常用的全要素生产率的增长率概念。在全要素生产率基础上发展起来的全要素生产率增长更能动态地对一个企业的发展状况进行体现，即相对系统准确地反映出产出增长超过投入增长的程度。总而言之，全要素生产率一直以来都受到国内外学者的广泛关注和研究，近年来也被普遍应用到我国多个行业和多个领域的广泛研究中。

四、技术创新理论

美国国会研究部将技术创新定义为一个完整的过程，即从一个新产品或新工艺想法的创造到其市场应用的全过程，它包括一系列活动，如新想法的产生、研究、开发、产品的商业化生产和扩散等，技术创新的最终目标是技术的商业应用和新产品的市场成功。其实最早提出“创新”这一概念的是熊彼特（Schumpeter）在1912年撰写的一部书中，即《经济发展理论》。此书中首次将创新的含义概括为生产要素的重新组合，并进一步列示了创新涵盖的5种情况，它们分别如下：开发新产品或旧产品的新特性、产生新的生产方式、开拓新的市场、寻找新的材料供应来源及建立新的工业组织。技术创新是创新的一方面，最早提出技术创新这个概念的是《石油加工业中的发明与创新》一书。书中指出，技术创新是企业在综合考虑了各项因素之后的一个总体结果，是企业从意识到技术潜力到实现商业转换的全过程。目前对于技术创新的研究已经逐步趋于完善，其中比较具有代表性的国内学者分别是许庆瑞和傅家骥。许庆瑞等（1987）认为，技术创新是一个不连续的过程，在这个过程中，一个新的技术理念要从构想付诸实践，并取得一定的预期实际效益。傅家骥（1998）则认为，技术创新是涵盖技术、商业、金融和组织在内的一系列活动的总和，即企业经营管理者为了实现利益的最大化，结合自身特点对资源进行重新组合或分配，不断优化生产系统和调整组织结构，最终实现利益最大化。

世界银行曾做过一项研究，探寻是什么样的因素推动生产率的增长。结果显示，大概有五个方面的因素会决定一个国家、一个地区经济的全要素生产率的增长：一是技术创新；二是基础设施的投资，包括基础设施的建设；三是教育水平，即人力资本；四是市场效率，包括产品市场、劳动市场和资本金融市场的效率；五是体制，包括法律、治理结构体系等。研究还发现提升全要素生产率的因素还包括为创新所进行的研发投入、城镇化率和外国资本投资。其中，研发投入对全要素生产率的正向作用是基础设施投资对全要素生产率正向作用的三倍。这说明为了提高中国经济的质量，就要提高全要素生产率；而要提高全要素生产率，技术创新和体制创新的推动作用是大于政府基础设施的拉动作用的。

表 3-10 高管货币薪酬激励与企业全要素生产率的检验结果

变量	(1)	(2)	(3)
	TFP_OP	TFP_OP	TFP_OP
Pay	0.377*** (2.800)	0.775*** (5.910)	0.642*** (4.892)
Pay^2	−0.009* (−1.878)	−0.025*** (−5.487)	−0.021*** (−4.543)
Size		0.050*** (10.082)	0.041*** (7.538)
Roa		1.490*** (5.060)	1.557*** (4.825)
Age		0.029*** (6.486)	0.026*** (5.742)
Cash		0.169*** (5.732)	0.216*** (7.292)
Lev		−0.063 (−1.443)	−0.016 (−0.331)
Soe		−0.005 (−0.635)	0.009 (1.168)
First			0.001*** (3.835)
Inp			−0.151** (−2.396)
DS			0.003 (1.261)
Year			控制
常数项	0.146 (0.153)	−3.369*** (−3.578)	−2.151** (−2.264)
N	7 261	7 261	7 261
调整 R^2	0.077	0.192	0.204

*、**和***分别表示在 10%、5%和 1%的水平上显著

第（3）列中控制变量Size的回归系数为0.041，且在1%的水平上显著，说明企业规模变大，全要素生产率也会相应地变大，原因可能是大企业人员管理规范、有自己的核心技术、更能够有效地运用资金。Age的回归系数为0.026，且在1%的水平上显著，说明上市时间越长的公司，在公司的经营管理方面越有经验，应对外部环境变化的能力也越强。Inp却与企业全要素生产率的关系在5%的水平上显著负相关，可能的原因是独立董事不止在一家公司任职导致工作效率低下；独立董事任命也由公司决定，独立性也比较差。

6. 稳健性检验

1）关于被解释变量全要素生产率（TFP）的衡量

采用LP法去测量全要素生产率，以代替被解释变量TFP_OP进行检验，回归结果如表3-11第（1）列所示。可以看出Pay与Pay^2的系数的符号和显著性均未发生改变。

表3-11 稳健性检验（一）

变量	（1）	（2）
	TFP_LP	TFP_OP
Pay	0.642*** （4.892）	
Pay^2	−0.021*** （−4.543）	
Lpay		0.574*** （3.775）
$Lpay^2$		−0.019*** （−3.575）
Size	0.041*** （7.538）	0.036*** （7.813）
Roa	1.557*** （4.825）	1.971*** （16.570）
Age	0.026*** （5.742）	0.026*** （4.094）
Cash	0.216*** （7.292）	0.194*** （5.205）
Lev	−0.016 （−0.331）	0.037 （1.304）
Soe	0.009 （1.168）	0.009 （1.038）
First	0.001*** （3.835）	0.001*** （3.593）
Inp	−0.151** （−2.396）	−0.100 （−1.432）
DS	0.003 （1.261）	0.003 （0.958）
常数项	−2.151** （−2.264）	−1.514 （−1.386）
N	7 261	5 412
调整R^2	0.204	0.209

和*分别表示在5%和1%的水平上显著

2）考虑到可能存在的内生性问题

企业实行的激励措施，有利于高管更加努力地工作，进而促进企业生产效率向管理者支付薪酬。这是激励理论和期望理论在薪酬管理中的应用，当管理者薪酬与公司绩效有效关联后，管理者更有动力积极努力工作，进而促进股东利益最大化。国外的很多文献（Sloan，1993；Leone et al.，2006）已经对上市公司CEO（chief executive officer，首席执行官）的薪酬与公司业绩之间的正比例关系加以实证研究证明。

三、利益相关者理论

1963年，斯坦福研究所首次清晰地阐述了利益相关者（stakeholder）这一概念，其认为利益相关者是指“组织没有其支持就不可能生存的群体”，具体包括股东、债权人、员工、消费者、供应商等交易伙伴。在此基础上，1984年爱德华·弗里曼（Edward Freeman）出版的《战略管理：利益相关者管理的分析方法》一书中系统阐述了利益相关者理论，将其定义如下：“任何能影响组织目标实现或者受实现的组织目标影响的群体或个人”，这一概念拓宽了利益相关者类型，考虑外部政府和环境因素对公司治理的影响。

利益相关者理论认为，公司是由不同的要素提供者所组成的系统，即公司的发展离不开利益相关者的投入和参与，因此，公司的目标应当是追求整体利益，为所有的利益相关者创造财富、增加价值，而不仅仅是追求股东价值最大化。其中，企业的利益相关者主要分为三种类型：首先，从公司自身发展的角度来看，公司追求的是价值最大化，公司是以营利为目的所创立的组织，通过提供产品或服务获取利润以维持企业的持续运行，这一类利益相关者是与公司发展密切相关的群体，能够为公司发展提供要素支持。其次，从法律伦理角度来看，公司的生产经营活动应当遵守法律法规，遵从行业标准，并符合伦理道德，这一类利益相关者受企业法律及伦理道德行为的直接影响。最后，从社会责任的角度来看，公司应积极开展公益事业，履行社会责任，积极促进全社会的福祉。

四、资源依赖理论

1978年，当杰弗里·普费弗（Jeffrey Pfeffer）和萨兰奇克（Salancik）出版著作《组织的外部控制：资源依赖的观点》后，资源依赖理论开始得到广泛重视。该理论认为组织是一个开放的系统，其生存与发展依赖于外部环境，组织通过整合外部资源来维持自身发展。任何组织均无法拥有用以生存和发展的所有资源，组织生存所需的大多资源需要在环境中进行交换获得，而组织间资源交换会对组织内部权力安排产生影响。资源依赖理论的核心是在关注组织内部构建的同时能够适应环境、控制环境，降低组织对外部环境的依赖性并提升权力控制优势。由于需要获取自身无法自给的关键性资源，组织受外部环境的制约严重，此时企业管理者的职责是降低外部环境不确定性及减少依赖性。

资源依赖理论揭示了组织与环境的依赖关系，主张组织应当通过改变自身、适应环境及改变环境的方式对外部环境做出回应。针对如何降低组织的外部依赖，现有研究主要提出如下三种模式：一是合并或纵向联合，即通过并购的形式减少竞争、吸收关键性资源、多样化业务形式，降低组织的依赖性。二是合资和其他跨组织关系，即以通过构建联盟的形式获取关键性资源，与并购不同，这一关系很好地维持了组织间的独立性。三是董事会，即董事会作为资源的提供者能够使企业的依赖关系最小化。由此可见，组织的发展依赖于外部资源获得，但是组织对于外部环境并不能完全掌控，迫使组织进行外部控制，以更好地管理其对外部资源的依赖性。

第三章　激励机制错位生产率效应的现象测度

本章主要对激励机制错位及其产生的生产率效应的现象进行科学测度。现象测度既包含对企业激励机制错位现象的测度，又包含对激励机制错位所产生的生产率效应的现象测度。首先，对激励机制错位及全要素生产率相关研究进行文献综述，从激励机制角度厘清企业全要素生产率的相关研究的大致脉络与理论内涵；其次，对激励机制错位现象进行科学测度，运用层次分析法构建激励机制错位指数，以度量企业激励设计偏离系统平衡的程度，以此对目前企业激励机制的错位程度进行有效衡量；最后，对激励机制错位对企业全要素生产率的影响效果进行现象测度。其中，既包含具体激励手段的影响效果，如高管货币薪酬、高管股权激励、高管薪酬差距、国企高管职业生涯预期，又包括激励机制整体错位所产生的影响效果的现象测度。该部分内容涉及的相关研究成果如下：《企业激励机制错位指数构建及应用研究》《高管货币薪酬激励、内部控制质量与企业全要素生产率——基于制造业企业的实证分析》《高管股权激励、技术创新与企业全要素生产率——基于制造业企业的实证分析》《高管薪酬差距与企业全要素生产率》《国有企业高层管理人员职业生涯预期与企业风险关系研究》《激励机制错位矫正与企业全要素生产率提升研究》。

第一节　激励机制错位与企业全要素生产率相关文献综述

本节主要从三方面进行文献综述。首先对激励机制错位的文献进行综述，分别从激励机制错位的概念阐述、激励机制错位影响因素的文献综述、激励机制错位经济后果的文献综述角度，对现有研究进行总结，以明确目前激励机制错位的理论渊源与对其的认知程度；其次，对企业全要素生产率的相关文献进行综述，分别从宏观政策制度、基础设施建设、企业创新、企业管理效率及人力资本方面探究影响全要素生产率的因素；最后，对激励机制错位与企业全要素生产率的文献进行综述，为后续研究奠定理论基础。

一、激励机制错位的文献综述

（一）激励机制错位的概念阐述

根据委托代理理论，当生产的剩余控制权与剩余索取权不对应时，不可避免地发生效率损失。此时需要建立合理的激励机制激励并约束高管及员工的行为，以减少在资源配置过程中的效率损失，提升企业价值。然而，企业激励机制在实际运行中时常发生扭曲，有悖于预期目标，不仅不能激发代理人的工作热情，反而催生了其牺牲企业利益的自利投机行为（Grundy and Li，2010；罗宏等，2014）。

究其原因，除了无法克服的信息不对称与利益诉求不一致的原因以外（Kerr，1975；常涛和廖建桥，2009），激励扭曲也与企业激励机制设计所面临的复杂情境和实际施行过程中的偏差有关。实际上，现实中的激励契约往往是在有限条件下的折中选择，因而激励机制设计并不完善且缺乏强度调节。具体而言，一方面，激励机制作为一个复杂的系统，需要多项激励方式的协同配合才能产生预期的激励作用，单一的激励举措会由于无法涵盖所有影响代理人行为的因素而难以实现激励相容（张巍，2006）。另一方面，在激励机制并不健全的情况下，企业对于现有激励措施也并未掌握好激励的强度，存在效率低下的问题（Belloc，2011），并最终引致激励效应的扭曲。

公司治理整合的观点认为，单个治理机制边际效用递减，甚至会由于使用过度产生负面影响，因而其实际达到的经济效率总是次优的，不同治理机制的动态组合才是最优选择（Agrawal and Knoeber，1996；Belloc，2011）。公司治理机制之间存在互补或替代关系也得到了一定的实证检验（Ward et al.，2009）。公司治理机制整合的观点延伸到激励机制的研究中成为有益探索，激励领域的研究或许应当进行更加注重协同效应的一般均衡分析（徐向艺等，2016；方政等，2017）。已有学者对激励整合理论进行研究，认为不同激励契约之间存在交互作用，单一激励契约在激励机制交互效应的影响下起作用（Benmelech et al.，2010；王旭，2016）。因此，激励机制的作用效应很大程度依赖于契约设计的系统性与协调性，在探索或优化激励体系建设时，不应当过多关注物质激励而忽视精神激励，不应当仅仅重视显性激励而埋没隐性激励。以此视角去审视普遍存在的高管超额薪酬、过量在职消费与员工激励不足等问题，得到的应当不仅是对于单一激励契约的优化，还应当将其作为激励机制整体结构失衡、运行失调的具体表现，寻求更为完善的解决方案。因此，本书将主要的激励契约纳入企业激励机制中，从反面评价其偏离完整有序激励设计的正确轨道的程度，将其视为激励机制错位程度。

（二）激励机制错位影响因素的文献综述

管理层权力理论认为，现代公司制度确立后所有权与经营权两相分离，导致高管对自身薪酬契约的制定与执行产生实质性影响，他们会通过控制董事会为自己创造更好的待遇，因而管理层权力是导致高管超额薪酬、过量在职消费的重要原因（Bebchuk and Fried，2003；Bebchuk et al.，2010）。吕长江和赵宇恒（2008）的研究表明，扩大我国上市公司管理层权力并没有真正发挥提高企业绩效的作用，反而成了机会主义盈余管理、提高薪酬的途径。权小锋等（2010）、方军雄（2011）进一步证明了我国国企高管利用职位所赋予的权力进行薪酬操纵的行为。高管基于利己动机考虑，运用职位赋予的权力干预激励契约的制定或者抗拒契约约束是导致激励机制错位的关键因素。由此立论根源而发展出众多对于高管自利行为空间或者说可能性的研究。

从企业内部制度结构角度寻找影响高管寻租的因素，如内部控制制度、金字塔结构、董事会文化、企业战略等。陈晓珊和刘洪铎（2019）研究了内部控制质量对高管超额薪酬的影响。高梦捷和柳志南（2019）研究发现，民营企业的金字塔式组织结构为管理层寻租提供了有利条件，金字塔层级的延长显著增加了底层高管的超额薪酬。郑志刚等（2012）从董事会的角度探讨董事会人员的性别构成、任人唯亲的董事会文化等如何提升高管超额薪酬等。王化成等（2019）研究了企业战略与高管超额在职消费之间的关系，表明企业战略越激进，高管超额在职消费规模越高。

从股权结构角度探讨集中抑或分散的股权结构对高管寻租的影响，现有研究并未就这一问题达成一致看法（万丛颖和张楠楠，2013）。一方面，在股权分散的企业中，管理层缺少来自大股东的制约与监督，往往拥有更大的自主权，从而更可能利用职位所赋予的权力开展寻租行为，如影响或决定自身薪酬、实施帝国建造和盈余管理等（Shleifer and Vishny，1986），从而出现超额薪酬、过量在职消费、薪酬差距过大等激励机制错位现象。另一方面，在股权过于集中的企业中，大股东与管理层合谋的可能性较大，大股东与小股东的委托代理冲突成为最严重的问题（Bennedsen and Wolfenzon，2000）。因此，大股东为了掩盖自利或掏空行为往往会放松对于高管追逐个人私利行为的限制，从而激励机制更可能成为其寻租的工具或借口，激励措施失去应有的效力。

从产品市场竞争视角研究外部市场竞争对激励机制实施效应的影响。当前，我国市场处于转轨经济时期，在新兴市场环境下，资本市场、经理人市场和投资者法律保护等外部治理机制尚未完善。作为企业重要的外部治理约束机制，产品市场竞争能够显著影响股东与企业管理层的监督和制约，降低信息不对称程度和监督成本，从而有助于抑制管理层牟取私利的行为（谭庆美和魏东一，2014）。当前研究对于产品市场竞争与激励机制关系的看法存在差异，一部分研究认为，产品市场竞争与管理层激励存在替代关系，因为二者对管理者的影响存在重叠部分（Hart，1983；宋常等，2008）；另一部分研究认为，产品市场竞争会加强对管理者的监督，降低管理松弛，因此产品市场竞争与管理层激励互补（DeFond and Park，1999；Beiner et al.，2011）。

从政企关系角度研究政府补助、政治关联如何成为高管攫取租金的途径。唐松和孙铮（2014）指出，相比于没有政治关联的企业，具有政治关联的国有企业高管获取了过度薪酬，是一种有损企业未来绩效的机会主义行为；而政治关联的非国有企业高管所获得的较高薪酬则是对其较强寻租能力的一种补偿和激励。刘慧龙等（2010）的研究也表明，政治关联降低了国企高管薪酬与公司业绩之间的敏感性。刘剑民等（2019）同样研究发现，政府补助与高管超额薪酬存在正相关关系。黄送钦等（2020）的研究表明，政府补贴会对高管的在职消费产生正向影响。

（三）激励机制错位经济后果的文献综述

关于激励机制的研究，目前主要关注于单一激励方式的治理效应，大多围绕着高管货币薪酬激励、股权激励、员工激励及薪酬差距对于企业管理实践、创新活动、融资行为、企业绩效与价值的影响效应开展。现有研究表明，高管薪酬激励与股权激励在缓解代理问题、促进企业创新与提升企业绩效等方面具有一定的积极影响。唐清泉和甄丽明（2009）研究发现，管理层的薪酬激励对研发投入存在显著的效应。陈文强（2018）研究表明，股权激励对企业绩效表现出持续三年的提升作用。此外，员工薪酬激励与高管薪酬激励对未来业绩增长均具有积极作用（陈冬华等，2015），员工持股计划促进了企业创新产出（孟庆斌等，2019）。适度拉开薪酬差距对员工产生激励作用，对企业创新与绩效产生正向影响（孔东民等，2012）。不可否认的是，超额薪酬、过量在职消费、股权激励不足及薪酬欠缺公平性等问题的存在降低了企业运营效率，为企业价值提升带来了负面影响。例如，吴育辉和吴世农（2010）研究指出，在我国上市公司中，薪酬制定受到高管的自利动机影响，这种自利行为削弱了薪酬的激励作用。冯根福和赵珏航（2012）的研究表明，高管在职消费与企业绩效之间存在负向关系，在职消费数量的增加将导致公司绩效的下降。刘银国等（2017）指出，在实施了股权激励计划的公司中，管理层会为了达到行权业绩条件而采取盈余管理手段。

事实上，从激励整合理论来看，激励机制各组成部分之间并不是相互独立的，其内在关联能够显著影响激励的有效性。因此，针对单项激励方式的研究结论有时大相径庭，在一定程度上阻碍了对激励问题的深入探究。换言之，激励方式存在组合协同效应，即多种激励方式间存在交互作用，而单一激励安排会受到激励机制交互效应的影响。目前，已有文献研究了各项显性激励措施之间的互补效应。Benmelech 等（2010）指出，股权激励与薪酬激励相结合才是最佳的高管激励安排。冯根福和赵珏航（2012）研究发现，股权激励与过量在职消费存在替代关系，增加管理者持股比例可以有效抑制其进行过度在职消费，从而有利于提高企业绩效。徐宁和徐向艺（2013）同样认为，股权激励与薪酬激励等激励方式的组合激励效应有利于企业进行技术创新。王旭（2016）关注了高管激励契约之间的协同效应对企业技术创新水平的影响。谷丰等（2018）探讨了在企业不同的生命周期中，高管货币薪酬激励、股权激励与在职消费对创新投资的作用，研究发现对处于成熟期与衰退期的企业而言，三种薪酬激励模式中任意两者间都存在互补效应。从现有研究的结论可以看出，在企业激励机制设计过程中，应当注重单项激励制度之间的互补或替代关系，最大程度发挥组合协同效应以避免激励机制出现错位而影响到企业绩效与发展。

二、企业全要素生产率的相关文献综述

全要素生产率一般指资源开发利用的效率，从本质上来讲，是技术进步对经济发展作用的综合反映。影响全要素生产率的因素有很多，包括技术进步、规模经济、资源配置、制度及政策环境等。本节从宏观层面与微观层面对相关文献进行回顾。具体而言，宏观层面主要总结了宏观政策制度、基础设施建设对企业全要素生产率的影响；微观层面主要总结了企业创新、企业管理效率、人力资本与企业全要素生产率的关系。

（一）宏观政策制度与企业全要素生产率

关于宏观政策制度对企业全要素生产率的影响，现有文献主要从财政政策、税收政策、产业政策及政府补助角度进行研究。Everaert 等（2015）利用1970~2012年OECD（Organization for Economic Co-operation and Development，经济合作与发展组织）国家面板数据研究了财政政策对全要素生产率的直接作用和间接作用。直接作用表明，财政赤字降低了全要素生产率，政府的生产性支出对全要素生产率具有正向效应，而政府的社会性支出会降低全要素生产率；间接作

用表明，降低法定公司税率和减少贸易壁垒可以使企业易于获得全球性技术进而提高全要素生产率水平。Hussain（2015）考察了税收政策变化对全要素生产率的影响，研究发现，税收增加对全要素生产率有负向影响。一些学者以政府补助、地方性法规数量等变量测度产业政策，在此基础上考察产业政策对全要素生产率的影响，研究结果表明产业政策能够显著促进全要素生产率的提升（Aghion et al.，2015；孙早和席建成，2015；韩永辉等，2017）。但是，钱雪松等（2018）基于自然实验法，研究发现十大产业振兴规划政策的出台，降低了企业的投资效率，从而降低了企业资本配置效率，最终促使企业全要素生产率下降。此外，邵敏和包群（2012）、黄先海等（2015）研究发现，政府补助强度过高会导致企业以领取补贴为目的进行生产，降低资本配置效率，从而对企业全要素生产率产生不利影响。任曙明和吴镯（2014）采用 ACF（Ackerberg，Caves and Frazer）方法测算生产率后，从政府补助、融资约束的角度来研究对企业生产率产生的影响，得出政府补贴对全要素生产率的正面促进效应要大于企业融资约束的负面效应，说明政府在对企业实行补贴时，要根据企业实际需要，有针对性地落实补贴细则。

（二）基础设施建设与企业全要素生产率

基础设施是行业生产率提升的决定因素（Yeaple and Golub，2007），交通基础设施的完善提高了市场可达性与市场一体化程度，总体上会提升企业的生产效率水平（刘冲等，2020）。具体而言，一方面，基础设施可以降低企业的生产成本，从而提高企业生产效率（Morrison and Schwartz，1996）；另一方面，基础设施的改善能够促进技术创新，在经济增长中具有技术溢出效应（刘生龙和胡鞍钢，2010）。张睿等（2018）进一步研究发现，基础设施能够促使企业“走出去”，扩大企业的市场规模，实现企业研发行为的规模经济，进而提升企业生产率。邓晓兰和鄢伟波（2018）采用数据包络分析（data envelopment analysis，DEA）法测算全要素生产率，并在此基础上，得出农村基础设施对农村全要素生产率存在显著促进作用的结论。当前研究对地区基础设施建设促进企业全要素生产率提升的观点基本达成共识。周雯雯等（2020）使用DEA法测度了全要素生产率，然后构建空间动态杜宾模型分析了基础设施建设对我国城市全要素生产率的空间溢出效应，研究发现交通基础设施建设对全要素生产率有显著的促进作用。

（三）企业创新与全要素生产率

企业创新对全要素生产率的提升具有重要的促进作用（Huergo and Jaumandreu，2004；Baumann and Kritikos，2016）。一方面，企业自主研发能力的增强可以直接提升企业生产效率（Mohnen and Hall，2013；Amable et al.，2016）；另一方面，企业自主研发能力的提高能够减少企业对劳动、资本的依赖，降低企业生产成本，进而提升企业全要素生产率（Cohen and Levinthal，1990）。在我国经济增长减速的情况下，技术创新是推动我国经济增长方式由要素投入驱动型转向全要素生产率驱动型的前提和基础，技术创新能够促进资源配置效率的提高，进而提升全要素生产率（梁云和郑亚琴，2015）。程惠芳和陈超（2017）、王钺和刘秉镰（2017）研究发现，研发资本投入能够有效促进企业全要素生产率的增长。盛明泉等（2020a）对创新类型进行细致分类，发现随着研发过程的推进，探索式创新所带来的技术进步和核心技术能够显著促进全要素生产率的提升。然而，由于创新机会成本、技术创新能力和政府干预等因素的影响，我国研发投入对全要素生产率的边际贡献虽然能够持续增长，但仍与发达国家之间存在明显差距（王海兵和杨蕙馨，2016）。

（四）企业管理效率与全要素生产率

在现实的管理活动中，企业在生产过程中对生产要素和技术进行必要的组合输入以实现既定目标，进而优化现有技术水平下的产出结构（Aghion and Howitt，2006）。因而，除了创新因素外，管理效率的提升也是提高全要素生产率的重要渠道（李平，2016）。李唐等（2018）基于“中国企业—劳动力匹配调查”，实证研究发现管理效率与全要素生产率正相关。程虹等（2018）研究发现，管理效率通过改善资源配置水平和构造开放性的交流环境，促进全要素生产率的提高。作为管理活动的重要组成部分，公司治理水平也体现了企业的管理效率对全要素生产率产生影响。一方面，良好的公司治理机制能够促进技术进步，进而提升全要素生产率（陈日清和亓爱凤，2014）；另一方面，公司治理成本的上升，导致资本要素不能得到合理有效的配置与管理，降低了企业生产效率（曾蔚和周光琪，2016）。徐茗丽等（2016）、王勇和张耀辉（2018）实证检验了公司治理成本对企业全要素生产率的影响，发现治理成本会抑制企业全要素生产率的提升，且在民营企业中这种抑制作用更为显著。

（五）人力资本与全要素生产率

随着人口转型进程的加快，中国的“人口红利”优势逐渐减弱，中国经济必须从“人口红利”转向“人力资本红利”，使全要素生产率能够持续增长（蔡昉，2013）。企业全要素生产率的提升与“人”这一要素息息相关，无论是创新活动、管理活动还是日常经营活动，人力资本的储备均具有重要意义。现有研究表明，人力资本主要通过三个渠道影响全要素生产率：首先，提高劳动生产率，较高的人力资本投入有利于劳动者更有效地使用物质资本；其次，人力资本具有外部性，有利于专门技能和新知识的传播、模仿和应用，从而实现规模收益递增，促进全要素生产率持续增长；最后，人力资本与企业创新活动存在较强的互补性。张先锋等（2010）研究发现，人力资本、研发资本对区域全要素生产率具有积极的影响。程惠芳和陈超（2017）认为，人力资本是技术进步和全要素生产率的动力源泉，通过创新财富效应来提高全要素生产率。李唐等（2016）、刘鹏飞和李莹（2018）实证检验了这一结论，研究发现，较高的人力资本水平有助于促进企业全要素生产率水平的提高。

三、激励机制错位与企业全要素生产率的文献综述

全要素生产率通常表示为总产出中不能由要素投入所解释的"剩余"，涵盖了诸多非生产要素对产出的影响（鲁晓东和连玉君，2012）。除了技术创新、资源配置效率外，直接对组织成员的主观能动性产生影响的激励制度设计也发挥着关键的作用。现有研究已经关注到单项激励方式对企业全要素生产率的影响。黎文靖和胡玉明（2012）研究发现，在国有企业中，内部薪酬差距与全要素生产率存在正向关系，并且该相关性仅显著存在于薪酬差距较低的样本企业中。高娟（2018）指出，对于现阶段的中国企业而言，提升员工绩效激励水平是促进全要素生产率持续增长的重要手段。盛明泉和蒋世战（2019）的研究表明，高管的股权激励有利于提高企业全要素生产率，技术创新在其中起到了中介作用。

因此，对于提升企业全要素生产率这一命题而言，若回归至以人力资本为基础的本质，激励机制建设则是不可回避的问题，并且应当更关注其整体错位状态。由于内生于不确定的外部环境与复杂的内部治理情境之中，单一激励措施的作用往往有限，很可能会因为无法满足代理人的多样化需求而难以实现激励相容约束（张巍，2006）。实际上，激励机制作用的发挥在很大程度上取决于激励制度设计的系统性，即以多项激励安排的协同效力构成激励机制整体的合力，而不是仅仅依赖于货币薪酬激励、股权激励或者晋升激励这些单一的激励制度。因此，激励领域的研究或许应当进行更加注重协同效应的一般均衡分析（徐向艺等，2016）。当前对于各项显性激励制度交互效应的研究正是该方向的有益探索（Benmelech et al.，2010；徐宁和徐向艺，2013）。

目前，已有为数不多的研究对激励契约的组合效应与企业技术创新、代理成本之间的关系进行探讨。王旭和徐向艺（2015）基于企业动态生命周期，探究了高管激励契约体系对代理成本的削弱影响。徐宁和徐向艺（2013）、王旭（2016）以激励契约的交互协同效应为基础，设计了技术创新导向下高管激励的最优动态整合方案。谷丰等（2018）以创业板上市公司为样本，研究了高管薪酬的货币薪酬激励、股权激励和在职消费三种薪酬组合对创新投资的影响，及其随企业生命周期的动态演变规律。从这些研究可以看出，错位的激励机制即缺乏系

统性、协调性的激励机制设计，并不能对高管和员工产生激励其努力工作与约束自利行为的作用，甚至于可能诱导他们开展攫取个人私利的行为。这种与股东利益化最大化目标相背离的价值取向与实际行为，对企业的日常经营、投资与研发活动都会产生消极影响，从而不利于全要素生产率的增长。例如，当企业的激励机制忽视长期激励方式的设置时，高管决策会出现短视性问题，对于周期长、风险大、投入多的研发活动缺乏热情（陈险峰等，2019）；而当企业激励机制较少关注隐性激励安排时，员工规避正规监督，偷懒磨洋工的现象会更多地出现，从而管理效率下降，企业产出表现自然不佳。

第二节　激励机制错位的现象测度

科学测度我国目前激励机制错位现象，有利于更清晰地认识激励机制错位的潜在经济后果。本节通过构建激励机制错位指数，对企业激励机制错位现象进行有效测度。具体而言，运用层次分析法构建包含薪酬激励维度、股权激励维度、晋升激励维度与心理激励维度的激励机制错位指数，再对错位指数的总体特征、时间趋势、行业分布特征、区域分布特征及产权性质差异进行分析。通过对激励机制错位现象的测度与描述性统计，深描微观企业的激励机制整体状态。

一、激励机制错位指数构建

激励机制评价体系侧重于考察其系统性，具体而言，该综合指数由 4 个维度的指标组成：薪酬激励维度、股权激励维度、晋升激励维度与心理激励维度。指数体系共包括 1 个一级指标、4 个二级指标及 15 个三级指标。在确定具体指标后，运用层次分析法赋予各指标对应的权重，进而构造指数模型，合成激励机制错位指数。相关指标及指标计算公式如表 3-1 所示。

表 3-1　激励机制指标表

指标大类	分类指标	指标计算公式
薪酬激励	管理层薪酬	管理层薪酬/资产总额
	普通员工薪酬	（支付给职工以及为职工支付的现金+年末应付职工薪酬－年初应付职工薪酬－管理层薪酬）/（职工总人数－实际领薪管理层人数）
	在职消费	对实际的单位资产所负担在职消费扣除正常花费部分后的余额取绝对值
	高管超额薪酬	对实际薪酬剔除正常薪酬之后的异常薪酬取绝对值
	领取薪酬的董事与监事比例	领取薪酬的董事与监事人数/董事与监事总人数

续表

指标大类	分类指标	指标计算公式
股权激励	董事持股比例	董事持股数/总股本
	监事持股比例	监事持股数/总股本
	高管持股比例	高管持股数/总股本
晋升激励	高管年龄	高管年龄之和/高管人数
	管理层内部薪酬差距	核心管理层人均薪酬/非核心管理层人均薪酬
	管理层与普通员工薪酬差距	管理层人均薪酬/普通员工人均薪酬
心理激励	管理层外部薪酬差距	管理层人均薪酬/同行业管理层人均薪酬
	普通员工外部薪酬差距	普通员工人均薪酬/同行业普通员工人均薪酬
	职工薪酬财务公平性	支付给职工以及为职工支付的现金/（净利润+支付给职工以及为职工支付的现金+支付的各项税费+财务费用）
	普通员工薪酬财务公平性	（支付给职工以及为职工支付的现金－管理层薪酬）/（净利润+支付给职工以及为职工支付的现金－管理层薪酬+支付的各项税费+财务费用）

（一）指标内容描述

1. 薪酬激励维度

薪酬激励维度旨在反映企业的货币薪酬激励的概况，选取了管理层薪酬、普通员工薪酬、在职消费、高管超额薪酬及领取薪酬的董事与监事比例 5 个分类指标。货币薪酬是最直接有效的激励手段之一。而超额薪酬则反映了薪酬水平与企业业绩的偏离程度。当超额薪酬较大时，薪酬的业绩敏感性较低，薪酬激励的效果较差。在职消费作为一项隐性薪酬，合理部分可以充当货币薪酬的补偿，有益于员工开展常规工作；超额部分由于包含过量自娱性消费，是高昂代理成本的表现。此外，领取薪酬的董事与监事比例能够折射出薪酬激励机制的某些缺陷，在一定程度上反映出薪酬激励的状态。公司董事与监事的大部分零薪酬行为事实上并不是真正不领取任何薪酬，他们可能在母公司、关联企业、政府部门等其他机构获取薪酬。因而，零薪酬的董事与监事的收入可能并不低，并且可以规避承担公司业绩变动的风险。此种现象将导致薪酬与业绩存在一定程度的脱节，薪酬的业绩敏感性有所降低。

2. 股权激励维度

股权激励维度旨在反映企业给予管理者的股权激励的概况，这里选取了董事持股比例、监事持股比例及高管持股比例 3 个分类指标。实践中，越来越多的企业开始尝试通过授予管理者一定的股权来削弱其短视性，以期实现激励相容。股权激励能够最大限度地汇集管理者和股东的利益，以约束代理人行为并激发其工作热情，从而提升企业业绩。然而在中国情境下，股权激励发展的时间较短，加之特殊的产权性质，绝大多数企业管理层持股比例较低，其更多地产生约束作用，而激励方面的功能往往乏善可陈。借鉴已有研究成果，采用管理层持股比例来衡量企业股权激励程度。

3. 晋升激励维度

晋升激励维度旨在反映企业内部晋升激励强度的概况，选取了高管年龄、管理层内部薪酬差距及管理层与普通员工薪酬差距 3 个分类指标。关于晋升激励，现有研究主要集中于探究企业内部薪酬差距的激励效应，多数研究支持其对于企业绩效具有积极影响。晋升激励能否发挥作用取决于员工对于未来的职业发展是否具有较高期望以及职位晋升能否带来具有吸引力的切实利益。薪酬差距能够反映职位晋升所带来的利益奖励差距，差距越大则吸引力越大，从而激发员工的进取心与积极性，是企业晋升激励的直接表现。当员工处于不同的职业发展阶段时，晋升激励效应存在显著差异。职业生涯预期理论指出，当经理人处于职业生涯早期时，对于未来职业生涯的预期将激励其勤勉工作，但是随着职业生涯渐近尾声，晋升激励效应逐渐消减。高管年龄在一定程度上反映了职业生涯预期，同样也能反映企业晋升激励的现实状况。

4. 心理激励维度

心理激励维度旨在反映组织满足成员隐含且无形的心理契约的概况，选取了管理层外部薪酬差距、普通员工外部薪酬差距、职工薪酬财务公平性、普通员工薪酬财务公平性 4 个分类指标。根据心理契约理论，员工与组织间的心理期望包括员工对于工作环境、价值认同、发展机会及安全与归属等多项潜在预期。已有研究表明，企业职工的公平性需求是心理契约中较为敏感的部分，职工对于分配不公正的感知极易导致心理契约破裂，从而对企业的各项行为均进行负面评价，使组织难以施展并推进激励举措。因此，综合考虑管理层和普通员工两个层面，选取薪酬分配的公平性作为反映心理激励的指标，主要包含外部薪酬差距与薪酬分配的财务公平性两大类指标。

（二）错位指数测算

1. 设置权重

运用层次分析法确定激励机制指标体系中的二级与三级指标的权重。具体步骤如下：首先，实地走访管理学教授、企业高管，通过现场咨询与专家打分的方式，得出各个专家对各具体指标的相对重要性判断，并据此构建 6 组比较判断矩阵；其次，检验矩阵组是否满足一致性判断标准，对于满足一致性判断标准的直接采用，而未满足一致性判断标准的进行相应调整，再运用根法得出 6 组指标权重；最后，对这6组指标权重进行算术加权平均，得出4个二级指标及15个三级指标的具体权重。指标权重明细如表3-2所示。

表3-2 各具体指标分类汇总表

一级指标名称及权重	二级指标名称及权重	三级指标名称及权重
激励机制错位指数 A（100）	薪酬激励 B_1（20.06%）	管理层薪酬 C_1（15.30%）
		普通员工薪酬 C_2（14.46%）
		在职消费 C_3（30.28%）
		高管超额薪酬 C_4（26.32%）
		领取薪酬的董事与监事比例 C_5（13.64%）
	股权激励 B_2（50.68%）	董事持股比例 C_6（45.00%）
		监事持股比例 C_7（8.73%）
		高管持股比例 C_8（46.27%）
	晋升激励 B_3（17.05%）	高管年龄 C_9（13.97%）
		管理层内部薪酬差距 C_{10}（50.36%）
		管理层与普通员工薪酬差距 C_{11}（35.67%）
	心理激励 B_4（12.21%）	管理层外部薪酬差距 C_{12}（30.87%）
		普通员工外部薪酬差距 C_{13}（26.43%）
		职工薪酬财务公平性 C_{14}（17.25%）
		普通员工薪酬财务公平性 C_{15}（25.45%）

2. 计算指标得分

错位指数是以企业各项激励安排偏离理论优化方向的程度来衡量激励机制总体的错位水平，因而按照具体指标的理论改进方向确定其得分的计算公式。具体而言，当指标数值越高意味着越偏离有效的激励设计时，则采用第一个公式；当指标数值越高意味着越接近有效的激励设计时，则采用第二个公式。此外，考虑到行业异质性的影响，指标得分的确定均以行业水平为参照。计算公式具体如下：

$$S_i = \frac{V_i - V_{\min}}{V_{\max} - V_{\min}} \times 100$$

$$S_i = \frac{V_{\max} - V_i}{V_{\max} - V_{\min}} \times 100$$

其中，V_i是企业当年第i个指标的原始数据；$V_{\max}$是同行业所有公司第i个指标的最大原始数据；$V_{\min}$是最小原始数据。

3. 合成错位指数

在计算出各个企业具体指标的得分后，合成激励机制错位指数，即将指标得分与确定的指标权重分别匹配相乘再汇总。举例而言，管理层薪酬指标的权重为

15.30%，假设某企业的管理层薪酬经上述计算后得分为 100，则用于合成错位指数的得分为 15.30。以此方法依次计算 15 个三级指标的分数，在此基础上合成 4 个二级指标，最终得出该企业本年度的激励机制错位指数。

$$\mathrm{DI}=\sum_{i=1}^{n}\mathrm{weight}_i \times S_i$$

其中，DI 是企业激励机制错位指数，其数值越大，错位程度越大；weight_i 是各具体指标对应的权重；S_i 是各项具体指标的得分。

二、激励机制错位指数的实证分析

（一）激励机制错位指数总体描述

为检验激励机制错位指数的合理性与实用性，本节选取了我国非金融类 A 股上市公司 2012~2017 年的相关数据对激励机制错位指数进行测算，并对其进行统计分析。剔除含有缺失数据的样本后，最终确定了 2 146 家公司用于研究。利用错位指数模型对具体指标与其权重进行合成后，得到 9 229 个样本的激励机制错位指数。我们对激励机制错位指数进行了基本的描述性统计，具体情况如表 3-3 所示。激励机制错位指数平均值为 73.92，中位数为 79.07，样本的标准差为 13.05。从表 3-3 中可以看出，我国上市公司激励机制错位程度整体偏高，需要进行矫正与完善。从激励机制的四个方面来看，薪酬激励错位程度最低，错位指数平均值为 42.57，其中薪酬的绝对量水平错位程度较高。晋升激励与心理激励的错位指数平均值分别为 75.38、76.66，可以看出上市公司员工晋升的薪酬层级差距不足，并且对员工的公平性感知关注不够。股权激励错位指数平均值最高，为 85.17，错位程度严重，表明上市公司股权激励有待发展。此外，股权激励与薪酬激励错位指数的变异系数分别为 0.282、0.275，明显高于晋升激励与心理激励的 0.181、0.195，表明股权激励与薪酬激励错位程度的差异度明显高于晋升激励与心理激励。

表 3-3　激励机制错位指数描述性统计

指标	样本数/个	平均值	中位数	3/4 位数	最小值	最大值	标准差
管理层薪酬	9 229	77.26	85.12	93.96	0	100	23.46
普通员工薪酬	9 229	77.63	84.03	92.51	0	100	21.96
在职消费	9 229	24.23	16.49	33.39	0	100	23.99
高管超额薪酬	9 229	28.12	21.36	39.96	0	100	24.75
领取薪酬的董事与监事比例	9 229	35.08	29.09	61.22	0	100	31.77
薪酬激励	9 229	42.57	41.02	49.00	4.04	100	11.69

续表

指标	样本数/个	平均值	中位数	3/4 位数	最小值	最大值	标准差
董事持股比例	9 229	81.14	99.74	100.00	0	100	29.65
监事持股比例	9 229	93.99	100.00	100.00	0	100	19.41
高管持股比例	9 229	87.42	99.87	100.00	0	100	25.28
股权激励	9 229	85.17	99.62	100.00	0	100	24.06
高管年龄	9 229	51.65	51.99	67.18	0	100	23.02
管理层内部薪酬差距	9 229	81.32	88.59	94.75	0	100	21.47
管理层与普通员工薪酬差距	9 229	76.28	83.06	91.15	0	100	22.08
晋升激励	9 229	75.38	78.93	84.48	0	100	13.68
管理层外部薪酬差距	9 229	76.88	84.16	92.20	0	100	22.34
普通员工外部薪酬差距	9 229	77.63	84.03	92.51	0	100	21.96
职工薪酬财务公平性	9 229	75.52	84.69	93.64	0	100	24.73
普通员工薪酬财务公平性	9 229	76.16	85.53	94.39	0	100	24.89
心理激励	9 229	76.66	80.15	88.22	0	100	14.97
错位指数	9 229	73.92	79.07	82.59	3.33	95.83	13.05

（二）激励机制错位状况分析

1. 错位指数整体分布水平分析

错位指数分布的高峰向右偏移而长尾向左延伸，整体呈现左偏态分布，如图 3-1 所示。具体而言，指数分布集中于 60.87~86.97，也就是均值左右 1 个标准差的范围内，占据总样本的 81.04%。其中，六成以上的企业分布于 73.92~86.97。此外，在均值左右 2 个标准差范围的企业高达 92.96%，且游离于均值左右 3 个标准差范围外的企业仅占 1.41%。这些说明，激励机制错位指数普遍偏高且分布不均匀。

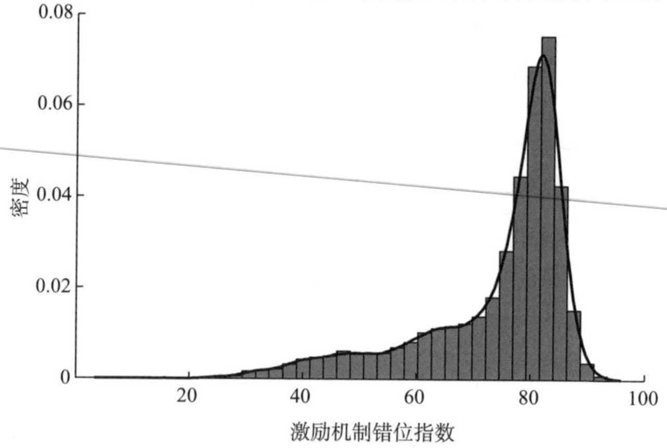

图 3-1 激励机制错位指数分布图

2. 错位指数的时间趋势分析

2012~2017年，企业激励机制错位指数的平均值波动较小，徘徊于73~75；中位数变化情况与其类似，处于 78~80。可见，激励机制所存在的问题在这期间并未得到应有的重视与相应的改进。值得注意的是，指数的标准差呈现缓慢下降趋势，从 13.52 下降到 11.88。此外，随着最小值的上扬，错位指数极差总体有所缩小。这表明随着时间的推移，企业间激励机制错位程度的差异程度有所降低，具体如图 3-2 所示。

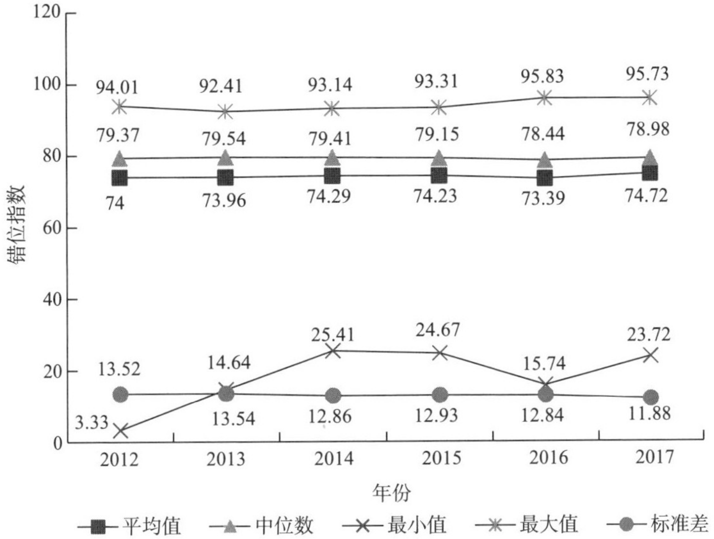

图 3-2 错位指数的时间趋势

3. 错位指数分行业分析

就激励机制错位指数的行业分布而言，卫生和社会工作业，科学研究和技术服务业，信息传输、软件和信息技术服务业错位指数较小，错位程度较低，平均值依次为 61.62、63.43、67.50。房地产业，交通运输、仓储和邮政业，以及电力、热力、燃气及水生产与供应业错位指数较大，错位程度较高，平均值依次为 81.45、80.01、79.42。具体分布状况见表 3-4。就激励机制错位整体状况而言，行业间存在一定的差异。卫生和社会工作业，科学研究和技术服务业，农、林、牧、渔业行业内差异较大，变异系数分别为 0.459、0.263、0.203。房地产业，交通运输、仓储和邮政业，电力、热力、燃气及水生产与供应业行业内部差异较小，变异系数分别为 0.091、0.010、0.103。为了检验各行业激励机制错位指数均值差异的显著性，进行了方差分析，结果显示，行业间的指数均值差异在 1%的水平上显著。

表 3-4 企业激励机制错位指数行业分布情况

行业	数目/个	占比	平均值	中位数	最小值	最大值	标准差
农、林、牧、渔业	136	1.51%	74.03	78.92	29.43	94.01	15.06
采矿业	217	2.40%	77.01	81.15	27.74	88.11	11.59
制造业	5 789	64.07%	73.08	78.20	3.33	95.83	13.33
电力、热力、燃气及水生产与供应业	348	3.85%	79.42	81.01	27.79	90.47	8.16
建筑业	239	2.64%	75.31	77.91	35.41	89.92	9.63
批发和零售业	512	5.67%	78.90	81.69	36.48	89.76	9.24
交通运输、仓储和邮政业	321	3.55%	80.01	81.58	32.47	90.39	7.98
信息传输、软件和信息技术服务业	537	5.94%	67.50	69.40	31.59	89.50	13.65
房地产业	435	4.81%	81.45	83.18	29.93	94.49	7.41
租赁和商务服务业	116	1.28%	75.50	80.41	24.67	91.37	12.84
科学研究和技术服务业	56	0.62%	63.43	68.97	31.85	83.99	16.69
水利、环境和公共设施管理	148	1.64%	72.91	77.28	29.53	91.07	13.09
卫生和社会工作业	5	0.06%	61.62	63.03	15.74	86.50	28.30
文化、体育和娱乐业	95	1.05%	71.18	74.58	29.97	86.19	13.20
综合	82	0.91%	75.13	78.19	28.11	88.06	13.01
合计	9 036	100%	74.10	79.18	3.33	95.83	12.93

4. 错位指数分区域分析

就激励机制错位指数的区域分布而言，东部地区[①]最低，西部地区[②]与中部地区[③]其次，东北地区[④]平均值最高，分别为 72.70、76.04、76.52 及 77.15。可以看出，除东部区域外，其他三个区域上市公司激励机制错位的平均程度相差并不大，这可能与区域间经济发展水平与市场化程度差异有关。东部地区错位指数极差与标准差分别为 90.68、13.50，均高于其他地区。这表明东部地区上市公司的激励机制错位程度差异更大。具体来看，东部地区上市公司在薪酬激励、股权激励、晋升激励与心理激励四方面均优于中部地区、西部地区与东北地区。此外，除股权激励以外，其他激励方式错位程度的差距相对较小，即东部地区与其他地区上市公司激励机制错位程度的差异主要源于股权激励水平的差距。分布情况见

① 东部地区包含 10 个省市，分别为北京市、天津市、河北省、山东省、上海市、江苏省、浙江省、福建省、广东省、海南省。

② 西部地区包含除东部地区、东北地区与中部地区之外的 12 个省区市。

③ 中部地区包含 6 个省，分别为河南省、山西省、湖北省、湖南省、江西省、安徽省。

④ 东北地区包含 3 个省，分别为辽宁省、吉林省、黑龙江省。

表 3-5。需要说明的是，方差分析结果显示不同区域指标得分的均值差异具有显著性。

表 3-5 企业激励机制错位指数区域分布情况

区域	数目/个	占比	指标	平均值	中位数	最小值	最大值	标准差
东部地区	5 595	61.92%	错位指数	72.70	78.04	3.33	94.01	13.50
			薪酬激励	41.97	40.79	4.04	98.41	11.53
			股权激励	83.30	98.78	0	100.00	24.81
			晋升激励	74.81	78.45	0	100.00	14.05
			心理激励	76.24	79.95	0	100.00	15.36
东北地区	481	5.32%	错位指数	77.15	80.70	19.82	95.83	11.32
			薪酬激励	46.01	43.08	20.04	99.94	12.93
			股权激励	90.17	99.96	0	100.00	20.90
			晋升激励	75.17	79.67	16.86	99.72	15.22
			心理激励	77.01	79.64	22.36	99.68	14.75
中部地区	1 248	13.81%	错位指数	76.52	80.76	26.74	91.45	11.50
			薪酬激励	44.77	42.38	16.20	87.55	12.12
			股权激励	88.78	99.90	0	100.00	21.75
			晋升激励	76.45	79.51	18.68	96.20	12.39
			心理激励	77.90	80.47	24.53	100.00	13.90
西部地区	1 712	18.95%	错位指数	76.04	80.12	24.67	94.49	11.73
			薪酬激励	42.20	40.59	8.90	100.00	11.22
			股权激励	89.06	99.97	0	100.00	21.66
			晋升激励	76.48	79.60	5.60	97.33	12.74
			心理激励	76.94	80.29	16.00	99.52	14.27
合计	9 036	100%	错位指数	74.10	79.18	3.33	95.83	12.93

5. 错位指数分产权性质分析

从产权性质来看，民营企业错位指数平均值为 69.49，低于国有企业的 80.94，民营企业激励机制错位程度明显低于国有企业。这可能与国有企业的激励措施受到更多限制以及更注重政治晋升激励有关。从错位指数的极差与标准差来看，民营企业分别为 92.50 与 14.31，与国有企业的 76.53 与 5.75 存在显著差异，表明民营企业激励机制错位状况差异更大。具体来看，国有企业仅仅心理激励指标得分平均值低于民营企业，其他指标得分平均值均高于民营企业，其中平均值差距最大的是股权激励指标，相差 21.40。这表明国有企业在薪酬激励、股权激励与晋升激励方面均有待优化，而民营企业应当关注员工对于薪酬分配的公平性感知。分布状况见表 3-6。需要说明的是，为了检验均值差异是否显著，进行了均值差异检验，结果显示各指标的均值差异均在 1%的水平上显著。

表 3-6 按产权性质分组的企业错位指数描述性统计

产权性质	数目/个	占比	指标	平均值	中位数	最小值	最大值	标准差
民营企业	5 403	59.79%	错位指数	69.49	74.28	3.33	95.83	14.31
			薪酬激励	41.01	39.21	4.04	100.00	11.67
			股权激励	76.91	88.27	0	100.00	26.82
			晋升激励	74.01	77.46	0	99.72	13.84
			心理激励	79.19	82.90	6.52	100.00	14.18
国有企业	3 633	40.21%	错位指数	80.94	81.81	16.93	93.46	5.75
			薪酬激励	45.01	43.17	8.90	96.37	11.32
			股权激励	98.31	100.00	0	100.00	8.09
			晋升激励	77.39	80.94	7.26	100.00	13.16
			心理激励	72.86	75.75	0	98.62	15.23
合计	9 036	100%	错位指数	74.10	79.18	3.33	95.83	12.93

第三节 激励机制错位的生产率效应

全要素生产率受资源开发利用效率的影响，包含人力资源利用效率、物力资源利用效率及财力资源利用效率。其中，人力资源利用效率是影响企业生产率的基础性因素，任何提高生产效率的举措都需要依赖人才能实施。激励机制通过反复强化成员符合组织期望的行为，同时将满足员工需要的措施与组织目标进行有效结合，达到最大化人力资源利用效率的效果。因此，完善激励机制对于提升企业全要素生产率具有关键作用，换言之，总体呈现错位状态的激励机制势必会阻碍全要素生产率的增长。本节运用回归分析方法，分别测度高管货币薪酬激励、高管股权激励、高管薪酬差距、国企高管职业生涯预期、激励机制错位对企业全要素生产率的影响。

一、高管货币薪酬激励的生产率效应

（一）理论分析

激励高管努力工作并约束其自利行为是提升全要素生产率的重要方面，而货币薪酬激励是对高管最直接、最有效的激励方式，它可以显著地提高高管工作积极性，优化企业的资源配置效率，从而不断推动企业向前发展。具体而言，一方

面，货币薪酬是对高管人力资本付出最直接的回报，不仅是对高管工作和结果的评定，更是在某种程度上对高管自身价值的认可。因此，货币薪酬激励有利于企业人力资本的积累。另一方面，货币薪酬激励存在一定的抑制高管短视行为的作用，较高的薪资水平可以缓解其追求短期金钱利益的行为，从而有助于增加其支持技术创新的可能性，进而对企业全要素生产率的提升产生显著的积极影响。总而言之，适宜的高管货币薪酬激励有助于提升企业全要素生产率。

但是，在进行高管货币薪酬激励的过程中，对于激励程度的把握仍然需要重视，过低的货币薪酬激励无法满足管理层的物质需要，无法产生激励作用，而过高的货币薪酬激励存在激励效率低下的问题，也不利于企业全要素生产率的提升。具体而言，根据马斯洛的需求理论，在低层次需求得到满足后，人们往往会寻求更高层次的尊重与自我实现需求。当货币薪酬激励超过一定程度后，激励效率将大幅下降，造成企业资源的浪费。实践中，高管薪酬受到多种因素的影响，如对企业的贡献程度、工作的复杂度、职位高低等，一旦薪酬水平明显超越了这些客观因素的潜在约束，企业运营成本将大大增加，资源配置效率低下。换言之，高管的货币薪酬激励也应当权衡成本与收益，在保持激励效应的同时不至于付出太多的成本。此外，高管超量薪酬很可能是其运用自身权力进行寻租的结果，本身就是代理问题的表现，并不能起到提高高管努力程度的作用。

因此，在其他条件不变的情况下，高管货币薪酬与企业全要素生产率呈倒“U”形关系，即当高管货币薪酬处于较低水平时，企业全要素生产率随着薪酬水平的增加而提升；当货币薪酬增长越过特定阈值时，激励效应锐减，对企业全要素生产率增长产生阻碍。下面，我们将通过实证分析来测度高管货币薪酬激励的生产率效应。

（二）实证分析

1. 样本选取与数据来源

以 2010~2016 年中国 A 股制造业上市公司数据为样本（选取制造业为研究对象的原因是实体经济对国家经济的发展至关重要，而制造业也是实体经济发展的核心，因此，探讨关于制造业企业全要素生产率的问题有一定的现实意义），并对数据进行了如下的处理：①剔除了 ST 类公司；②剔除了资产负债率大于 1 的公司；③剔除了数据缺失的公司；④对主要变量进行了 1%的缩尾处理。经过上述处理以后，最终得到了 7 261 个公司的非平衡面板数据。在数据来源方面，除了企业产权性质数据是通过手工收集取得的，全要素生产率是通过模型回归综合测算的，其余的数据全部来自国泰安数据库。

2. 变量设计与模型构建

1）企业全要素生产率测算

全要素生产率指的是资源开发利用的效率，反映投入与产出之间的关系。具体的测算方法有 DEA 法、OLS、固定效应（fixed effect，FE）法、OP 法、LP 法等。OLS 和 FE 法是最基本的测算手段，虽然测算过程简单，但难以有效解决内生性问题。DEA 法更适合测算宏观层面的生产率问题。半参数方法如 OP 法、LP 法采用代理变量，在一定程度上可以解决同时性偏差和样本选择偏差问题，可以有效缓解内生性问题。因此，参考 Olley 和 Pakes（1996）的方法，对用 OP 法测算出的全要素生产率进行主回归分析，以 LP 法计算的结果做稳健性检验。OP 法测算企业全要素生产率的模型如下：

$$\begin{aligned}\ln Y_{i,t} = \beta_0 + \beta_1 \ln K_{i,t} + \beta_2 \ln L_{i,t} + \beta_3 \ln \text{Mat}_{i,t} + \beta_4 \text{Age}_{i,t} + \beta_5 \text{Soe}_{i,t} \\ + \beta_6 \text{Export}_{i,t} + \sum \text{Year} + \sum \text{Ind} + \mu_{i,t}\end{aligned}$$

其中，Y 是企业的营业收入额；K 和 L 分别是企业的固定资产净额和员工人数；Mat 是企业的中间品投入，即购入商品和劳务的金额；Age 是企业年龄；Soe 是企业的产权性质，国有企业为 1，否则为 0；Export 是企业是否有进出口活动，有海外收入取 1，否则取 0；Year、Ind 分别是年度与行业效应；$\mu_{i,t}$ 是随机误差项。其中，状态变量是 ln$K$ 和 Age；控制变量是 Soe 和 Export；代理变量是企业的投资（ln$I$）；ln$L$、lnMat、Year、Ind 是自由变量；退出变量是 Exit，根据企业的生存经营情况生成。

2）模型设计

$$\begin{aligned}\text{TFP}_{i,t} = \beta_0 + \beta_1 \text{Pay}_{i,t} + \beta_2 \text{Pay}^2_{i,t} + \beta_3 \text{Size}_{i,t} + \beta_4 \text{Roa}_{i,t} + \beta_5 \text{Age}_{i,t} + \beta_6 \text{Cash}_{i,t} \\ + \beta_7 \text{Lev}_{i,t} + \beta_8 \text{Soe}_{i,t} + \beta_9 \text{First}_{i,t} + \beta_{10} \text{Inp}_{i,t} + \beta_{11} \text{DS}_{i,t} + \sum \text{Year} + \mu_{i,t}\end{aligned}$$

其中，被解释变量 $\text{TFP}_{i,t}$ 是企业 i 在 t 期的全要素生产率水平；解释变量 Pay 是排名前三高管薪酬之和的对数。上述模型中重点关注系数 β_1 与 β_2。参考现有文献的做法，控制了常见的财务特征与公司治理指标，包括企业规模、资产负债率、净资产收益率及董事会结构等。此外，Year 是年度固定效应。表 3-7 说明了主要变量的符号与计算公式。

表 3-7 变量定义（一）

变量名称	符号	计算公式
全要素生产率	TFP_OP	采用 OP 法测算出来的全要素生产率
高管货币薪酬激励	Pay	排名前三高管薪酬之和的对数
企业规模	Size	总资产的对数
总资产收益率	Roa	净利润比总资产

续表

变量名称	符号	计算公式
企业年龄	Age	企业上市时间的对数
现金流	Cash	货币资金比总资产
资产负债率	Lev	负债总额比资产总额
产权性质	Soe	国有企业为1，否则为0
股权集中度	First	第一大股东持股比例
独立董事比例	Inp	独立董事占董事会人数的比重
董事会规模	DS	董事会人数
年度	Year	年度哑变量

3. 描述性统计

表 3-8 列示了各变量描述性统计的结果，被解释变量企业全要素生产率（TFP_OP）的平均值为 3.692，整体的取值分布在 2.230~6.089，说明不同企业之间的生产率存在一定的差异。这与之前相关学者的测算基本一致，如盛明泉等（2018a）估算上市公司整体全要素生产率集中分布在 3~6，平均值为 4 左右。核心解释变量高管货币薪酬激励（Pay）是取过对数的分布结果，取值分布在 12.260~15.990，可以看出不同企业高管的货币薪酬也相对较大。控制变量独立董事比例（Inp）最小值为 0.182，平均值为 0.371，中国证券监督管理委员会（以下简称中国证监会）要求公司独立董事比例（Inp）应不低于三分之一，但是从最小值看只有 0.182，远低于三分之一（0.33）的要求，说明企业自身的内部治理仍需进一步完善，优化企业的制度建设。其他控制变量取值分布总体上分布较为合理，此处不再一一叙述。

表 3-8　描述性统计（一）

变量	样本数/个	平均值	中位数	标准差	最小值	最大值
TFP_OP	7 261	3.692	3.664	0.303	2.230	6.089
Pay	7 261	14.120	14.090	0.675	12.260	15.990
Size	7 261	21.890	21.740	1.137	17.600	27.100
Roa	7 261	0.042	0.038	0.061	−0.646	2.163
Age	7 261	1.781	1.946	0.916	0.000	3.045
Cash	7 261	0.194	0.156	0.137	0.002	0.915
Lev	7 261	0.399	0.393	0.200	0.047	0.850
Soe	7 261	0.370	0.000	0.483	0.000	1.000
First	7 261	34.810	33.270	14.320	8.500	72.950
Inp	7 261	0.371	0.333	0.053	0.182	0.667
DS	7 261	8.702	9.000	1.638	4.000	18.00

4. 相关性分析

表 3-9 呈现了主要变量间的 Pearson 相关系数，Pay 与 TFP_OP 的相关系数为 0.277，在 1%的水平上显著为正，初步说明了适度的货币薪酬激励能够提升企业的全要素生产率。企业的特征变量同样与企业生产率有着一定的关系，如企业规模（Size）与 TFP_OP 存在显著为正的关系，说明随着企业规模扩大，管理经验、资源的配置水平也会有所提高，进而有利于企业生产率的提升。同样，企业年龄（Age）与 TFP_OP 也存在着显著为正的关系，但资产负债率（Lev）与 TFP_OP 存在显著为负的关系，初步表明企业存在融资约束时，资源的配置效率会受到影响，进而影响企业的生产率。变量两两间的相关系数大部分都小于 0.5，个别系数也仅略大于 0.5，说明回归均不存在严重的多重共线问题。

表 3-9 Pearson 相关系数检验（一）

变量	TFP_OP	Pay	Size	Age	Lev	Soe	Inp
TFP_OP	1						
Pay	0.277***	1					
Size	0.218***	0.412***	1				
Age	0.075***	0.102***	0.397***	1			
Lev	−0.045***	0.026**	0.509***	0.453***	1		
Soe	0.033***	0.051***	0.289***	0.451***	0.301***	1	
Inp	−0.033**	0.002	−0.023**	−0.049**	−0.037**	−0.066**	1

和*分别表示在 5%和 1%的水平上显著

5. 回归分析

高管货币薪酬激励与企业全要素生产率的检验结果见表 3-10。被解释变量是全要素生产率，解释变量为高管货币薪酬激励，包括 Pay 和 Pay^2，第（1）列展示了 Pay、Pay^2 和 TFP_OP 的关系，Pay 的系数为 0.377，在 1%的水平上显著，Pay^2 的系数为−0.009，在 10%的水平上显著，初步验证了高管货币薪酬激励与企业全要素生产率呈倒“U”形关系。第（2）列、第（3）列在第（1）列的基础上，分别加入控制变量和年度的回归结果，Pay 的符号方向以及显著性无明显改变，Pay^2 的系数显著性进一步加强。另外，相较于第（1）列而言，第（2）列、第（3）列的调整 R^2 稳步上升，在一定程度上佐证了模型架构的合理性，说明适当的高管货币薪酬激励有利于企业全要素生产率的提升，但过高的高管货币薪酬激励反而会给企业带来负面的影响。

的提高和业绩的提升。当企业生产效率提高、业绩提升时，企业也可能会加大对高管和普通员工的奖赏力度，这样可能会产生由反向因果导致的内生性问题。为了缓解其对研究结论的影响，采用自变量的滞后一期来进行回归即 Lpay、$Lpay^2$。回归结果显示在表3-11第（2）列，可以看出核心解释变量的系数符号和显著性均未发生变化，进一步验证高管货币薪酬激励与企业全要素生产率的关系。

二、高管股权激励的生产率效应

（一）理论分析

随着两权分离的逐步形成，现代企业制度也随之产生，两权分离的后果必然会形成委托代理的关系。一般而言，股东与高管追求的目标存在差异，股东享有企业的净利润，自然追求利润最大化，而企业高管更加注重薪酬水平和个人福利，利益的不一致是产生代理问题的根本原因，天然留下了“代理人机会主义”的空间。只要两权分离配置制度存在，这个空间就不会消除，如果两权分离被强化，这个空间还可能扩大（肖曙光，2009）。通过股权激励可以使企业高管从给别人干活转变为给自己干活，有利于从源头上压缩代理人进行机会主义行为的空间，提升企业全要素生产率。具体而言，高管股权激励从促进风险承担、提高资源配置效率、积累人力资本三方面影响企业生产效率。

从风险承担角度分析，高管对风险的厌恶程度直接影响其日常的经营决策。一般情况下，高管为追求自身利益最大化可能更加关注短期财富，大大降低长期决策的理性。高管持股可以使高管利益与股东利益趋同，缓解代理冲突，降低代理成本，增强二者的利益共享和风险共担能力（Palia，2001）。当高管持有企业股份后，高管与企业长期目标函数最大程度趋于一致更易实现，从而改善其过于规避风险的态度，缓解投资不足，进而提高企业生产率。

从资源配置效率角度分析，高管与股东利益捆绑机制的建立将从根本上激发高管的工作积极性与创造力，公司推行股权激励可以向外界传递治理机制完善以及未来盈余良好的信息，有助于企业获得银行贷款与股权投资，缓解其面临的融资约束。充足的资金又可以满足投资的需求，避免错失有利的投资机会。此外，股权激励制度有助于减少环境不确定性导致的代理矛盾，抑制过度投资（徐倩，2014），投资效率的提高事实上降低了企业发展所面临的资本错配问题，提高资金的利用效率，而资源配置效率的提高对全要素生产率有着重要的作用（Hsieh and Klenow，2009；綦好东等，2017）。因此，股权激励可以降低企业的融资约束和提高资金的利用效率，进而提升企业的全要素生产率。

从人力资本角度分析，股东与管理层的代理冲突不可避免，管理层出于自利核心解释变量高管股权激励（Ei）的平均值为 0.064，中位数为 0.000，数据分布不平衡，在一定程度上表明在我国实施高管股权激励的公司相对较少，且激励的强度也不大。中国证监会要求公司独立董事比例（Inp）应不低于三分之一，但是从最小值看只有 0.091，远低于三分之一（0.33）的要求，说明有些公司制度仍不太完善，其他控制变量数据总体上分布较为合理。

4. 回归分析

回归情况如表 3-14 所示，除了资产负债率（Lev）、产权性质（Soe）、董事会规模（DS）在影响全要素生产率方面不显著外，其余变量均显著。第（1）列是加入公司财务特征后的回归结果，第（2）列、第（3）列在第（1）列的基础上，分别加入公司治理特征和年度的回归结果，高管股权激励（Ei）变量的符号方向以及显著性仍无明显改变。另外，相较于第（1）列而言，第（2）列、第（3）列的模型拟合程度稳步上升，在一定程度上佐证了模型架构的合理性。回归结果表明，高管股权激励与企业全要素生产率呈显著正相关关系（系数为 0.095，且显著性水平为 5%），即高管股权激励正向影响企业全要素生产率。

表 3-14　高管股权激励与企业全要素生产率的检验结果

变量	（1）	（2）	（3）
	TFP_OP	TFP_OP	TFP_OP
Ei	0.126*** （3.113）	0.125*** （3.091）	0.095** （2.348）
Size	0.065*** （10.961）	0.065*** （10.958）	0.047*** （6.839）
Roa	0.579*** （16.380）	0.571*** （16.122）	0.578*** （16.258）
Age	0.080*** （12.533）	0.085*** （12.697）	0.042*** （5.116）
Cash	0.172*** （6.569）	0.177*** （6.740）	0.146*** （5.511）
Lev	−0.081*** （−3.280）	−0.086*** （−3.445）	−0.040 （−1.594）
Tobin *Q*	0.008*** （4.837）	0.008*** （4.845）	0.016*** （7.490）
Soe	−0.018* （−1.703）	−0.017* （−1.677）	−0.007 （−0.650）
Inp		−0.173*** （−2.577）	−0.191*** （−2.870）
DS		−0.004 （−1.428）	−0.003 （−1.157）
First		0.001*** （2.606）	0.001** （2.197）
Year	未控制	未控制	控制

续表

变量	（1）	（2）	（3）
	TFP_OP	TFP_OP	TFP_OP
常数项	2.061*** （16.809）	2.115*** （16.351）	2.614*** （16.539）
N	8 942	8 942	8 942
Within_R^2	0.129	0.131	0.147

*、**和***分别表示在 10%、5%和 1%的水平上显著

企业规模（Size）与企业年龄（Age）的回归系数均在 1%的水平上显著为正，表明企业规模、企业年龄与全要素生产率正相关。总资产收益率（Roa）和托宾 *Q* 值（Tobin *Q*）与全要素生产率的正相关关系都在 1%的水平上显著。总资产收益率反映了企业单位资产所带来的净利润以及资产的利用情况，托宾 *Q* 值反映了企业的成长性情况。当这两个指标越大时，说明企业的营利能力越好，也更能有效地运用资金，因此，其能够有效地提升企业全要素生产率。现金流（Cash）的回归系数同样在 1%的水平上显著为正，说明企业的流动资金越多，企业全要素生产率越高。

5. 稳健性检验

为了进一步检验上述结果的稳健性，用替换变量衡量方式的方法进行检验，并考虑了可能存在的内生性问题。

（1）关于被解释变量全要素生产率（TFP）的衡量。采用 FE 法去测量企业全要素生产率（TFP_FE）来代替被解释变量 TFP_OP 进行检验，回归结果在表 3-15 的第（1）列，可以看出 Ei 的系数的符号和显著性均未发生改变。

表 3-15　稳健性检验（二）

变量	（1）	（2）	（3）
	TFP_FE	TFP_OP	TFP_OP
Ei	0.102*** （2.630）		
GEi		0.009 （0.186）	
L.Ei			0.115** （2.355）
Size	0.117*** （17.677）	0.031*** （3.681）	0.030*** （3.693）
Roa	0.601*** （17.548）	0.816*** （15.982）	0.834*** （16.382）
Age	0.043*** （5.371）	0.084*** （5.470）	0.095*** （6.360）

续表

变量	(1)	(2)	(3)
	TFP_FE	TFP_OP	TFP_OP
Cash	0.109*** (4.250)	0.185*** (5.670)	0.174*** (5.373)
Lev	−0.012 (−0.507)	0.029 (0.953)	0.030 (0.996)
Tobin *Q*	0.017*** (8.119)	0.012*** (4.566)	0.012*** (4.511)
Soe	−0.006 (−0.582)	0.007 (0.568)	0.007 (0.570)
Inp	−0.174*** (−2.716)	−0.160** (−2.121)	−0.145* (−1.923)
DS	0.001*** (2.825)	0.001** (2.533)	0.001** (2.063)
First	−0.002 (−0.936)	−0.002 (−0.487)	−0.001 (−0.181)
Year	控制	控制	控制
常数项	2.528*** (16.710)	2.800*** (14.831)	2.763*** (14.713)
N	8 942	6 760	6 931
Within_R^2	0.238	0.139	0.139

*、**和***分别表示在 10%、5%和 1%的水平上显著

（2）关于解释变量的衡量。采用管理层持股比例（GEi）替代高管股权激励（Ei）来衡量股权激励，回归结果如表 3-15 所示的第（2）列，管理层持股比例正向影响企业全要素生产率，但是系数不显著。

（3）考虑可能存在的内生性问题。高管股权激励与企业全要素生产率之间可能存在反向因果问题，为了缓解其对研究结论的影响，采用自变量的滞后一期来进行回归。L.Ei 为高管股权激励的滞后一期。回归结果见表 3-15 的第（3）列，可以看出核心解释变量的系数显著为正，进一步验证高管股权激励存在正向影响。

三、高管薪酬差距的生产率效应

（一）理论分析

高管团队是企业目标和决策的制定者，决定着企业未来的发展方向，设置合理的薪酬激励机制能够激励高管勤勉尽责，有效缓解股东与管理层间的代理问题，降低代理成本，进而提升企业的生产效率。薪酬水平和薪酬结构是薪酬激励机制设计的重要因素，相对于薪酬水平而言，薪酬差距对高管团队起着更为重要的激励作用（Leonard，1990）。现有研究主要基于锦标赛理论和行为理论的视

角，考察高管薪酬差距与企业绩效之间的关系，而鲜有文献探究高管薪酬差距对全要素生产率的影响。尽管行为理论也具有相当程度的解释力，但是基于我国微观企业现状的实证研究，更多地支持锦标赛理论。

锦标赛理论认为，较大的薪酬差距能够促使高管为获得职位晋升而更加努力工作，减少高管的懈怠行为，降低代理成本，进而提升企业业绩（Lazear and Rosen，1981）。企业全体高管是相互竞争的参赛者，高管团队的薪酬差距是企业给予在竞赛中胜出并得到职位晋升者的额外奖励。由于获胜者会获得丰厚的奖励，而失败者将一无所获，故获胜者得到的额外奖励越高，越能激发高管为获得晋升而努力工作，这也就意味着，高管薪酬差距的扩大能够增强高管的工作热情，提高高管的工作效率，进而提高企业绩效。此外，采用相对业绩激励的锦标赛机制，促使高管在激烈的竞争过程中密切关注和监督其他高管的行为。薪酬差距的扩大能够激励高管更加勤勉尽责，抑制高管停滞不前和“搭便车”行为，降低代理成本，进而提升企业生产效率。同时，拉大薪酬差距不仅能够激励高管勤勉尽责，还能吸引更优秀的人才，保留高质量员工、鼓励低质量员工退出，进而提高组织中高管人力资本的质量（Gerhart and Rynes，2003）。具有较高人力资本的高管，其丰富的经验、卓越的能力能够辅助企业进行更为有效的决策选择，提升企业的管理水平，进而促进企业生产效率的提高。与此相反，行为理论则认为，薪酬差距较大，会使高管感到不公平，挫伤其工作积极性，进而降低企业绩效（Cowherd and Levine，1992）。大部分研究结果表明，相比于行为理论，锦标赛理论更适用于我国上市公司（陈震和张鸣，2008；刘春和孙亮，2010）。那么，通过扩大高管薪酬差距是否能够促进企业全要素生产率水平的提升？这一部分将回答这一问题。

（二）实证分析

1. 样本选取与数据来源

选取 2010~2016 年中国 A 股上市公司为研究样本，参照盛明泉等（2016）的做法对原始数据进行如下处理：①剔除 ST、* ST 类上市公司；②剔除金融类上市公司；③剔除数据缺失、异常，资产负债率大于 1 的上市公司；④为消除极端值影响，对所有连续变量在 1%和 99%水平上进行缩尾处理。经过上述处理，最终得到 10 584 个样本观测值。相关数据来自国泰安数据库，产权性质数据由笔者手工收集整理得到，使用的统计分析软件为 Stata 14.0。

2. 变量设计与模型构建

1）变量设计

被解释变量企业全要素生产率（TFP）采用 OP 法进行测算。解释变量为高管薪酬差距（Gap），借鉴杨志强和王华（2014）对薪酬差距的测算方法，以董事会、监事会与高管薪酬前三名作为核心高管，采用核心高管与非核心高管平均薪酬的绝对薪酬差距取自然对数衡量高管薪酬差距。控制变量包含企业规模（Size）、资产负债率（Lev）、企业年龄（Age）和企业成长性（Growth）。具体变量释义见表3-16。

表3-16　变量定义（三）

变量名称	符号	计算公式
全要素生产率	TFP	OP法估计的全要素生产率
高管薪酬差距	Gap	高管绝对薪酬差距取自然对数
企业规模	Size	总资产取自然对数
资产负债率	Lev	负债总额比资产总额
企业年龄	Age	企业上市时间的对数
企业成长性	Growth	营业收入增长率
产权性质	Soe	虚拟变量，国有企业取值为1；否则为0
行业	Ind	归属于指定行业时取值为1；否则为0
年度	Year	归属于指定年度时取值为1；否则为0

2）模型构建

$$\mathrm{TFP}_{i,t}=\beta_0+\beta_1\mathrm{Gap}_{i,t}+\beta_2\mathrm{Size}_{i,t}+\beta_3\mathrm{Lev}_{i,t}+\beta_4\mathrm{Age}_{i,t}+\beta_5\mathrm{Growth}_{i,t}+\sum\mathrm{Year}+\sum\mathrm{Ind}+\mu_{i,t}$$

其中，β_0是常数项截距；β_1是解释变量高管薪酬差距的系数；β_2是企业规模的回归系数；β_3是资产负债率的系数；β_4是企业年龄的系数；β_5是企业成长性的系数；$\sum\mathrm{Year}$、$\sum\mathrm{Ind}$分别是年度和行业；$\mu_{i,t}$是随机误差项。

3. 描述性统计

通过表3-17列示的主要变量的描述性统计结果可以看出：全要素生产率（TFP）的平均值为5.523，最小值为3.312，最大值为7.893，标准差为0.366，表明企业间的全要素生产率差异较大。核心高管与非核心高管的薪酬差距（Gap）最小值为11.200，最大值为14.940，此数据是经对数处理后的结果，因此实际差别会更大。在控制变量中，企业规模（Size）的最大值为25.770，最小值为19.860，平均值为22.030，企业成长性（Growth）的平均值为0.203，表明企业总体规模较大，具有良好的发展前景。

表3-17　描述性统计（三）

变量	样本数	平均值	标准差	最小值	最大值
TFP	10 584	5.523	0.366	3.312	7.893
Gap	10 584	12.870	0.713	11.200	14.940

续表

变量	样本数	平均值	标准差	最小值	最大值
Size	10 584	22.030	1.228	19.860	25.770
Lev	10 584	0.420	0.214	0.044	0.889
Age	10 584	2.020	0.799	0	3.178
Growth	10 584	0.203	0.417	−0.481	2.612

4. 相关性分析

表 3-18 报告了对模型中各变量进行 Pearson 相关性分析的结果。高管薪酬差距（Gap）与全要素生产率（TFP）在 1%的水平上显著正相关，表明高管薪酬差距确实可能影响全要素生产率水平的提升。企业规模（Size）、企业年龄（Age）和企业成长性（Growth）与全要素生产率的相关系数分别为 0.495、0.203、0.143，且均在 1%的水平上显著，这说明较大的公司规模与良好的发展前景有助于提升全要素生产率水平。资产负债率（Lev）与全要素生产率正相关，与研究预期不一致，需要通过多元回归做进一步的检验。此外，各主要变量间的相关系数绝对值均小于 0.5，说明各变量之间不存在严重的多重共线性。

表 3-18　Pearson 相关系数检验（二）

变量	TFP	Gap	Size	Lev	Age	Growth
TFP	1					
Gap	0.341***	1				
Size	0.495***	0.422***	1			
Lev	0.142***	0.086***	0.383***	1		
Age	0.203***	0.180***	0.434***	0.368***	1	
Growth	0.143***	0.035***	0.040***	0.021**	−0.043***	1

和*分别表示在 5%和 1%的水平上显著

5. 回归分析

表 3-19 显示了高管薪酬差距对全要素生产率的影响，模型的调整 R^2 在 0.116~0.373，表明模型建立的合理性。第（1）列、第（2）列的回归结果表明：高管薪酬差距与全要素生产率在 1%的水平上显著正相关，其系数分别为 0.167 和 0.055。这说明拉大高管薪酬差距，能够促使高管为了晋升到更高的职位以获取更多的薪酬奖励而更加努力工作以提高自身的经营效率，进而有助于提升企业全要素生产率，证实了锦标赛理论的激励效应。

表 3-19 高管薪酬差距与企业全要素生产率的检验结果

变量	(1)	(2)	(3)	(4)
	全样本	全样本	国有样本	非国有样本
Gap	0.167*** (37.340)	0.055*** (12.509)	0.045*** (6.079)	0.063*** (11.392)
Size		0.141*** (43.819)	0.150*** (31.487)	0.126*** (27.416)
Lev		−0.201*** (−11.394)	−0.149*** (−5.076)	−0.220*** (−9.852)
Age		0.005 (1.138)	−0.007 (−0.760)	0.005 (0.874)
Growth		0.098*** (14.585)	0.116*** (8.938)	0.093*** (11.782)
常数项	3.370*** (58.53)	1.724*** (12.143)	1.645*** (10.140)	1.911*** (13.780)
Year	未控制	控制	控制	控制
Ind	未控制	控制	控制	控制
N	10 584	10 584	3 755	6 829
调整 R^2	0.116	0.342	0.373	0.309

***表示在 1%的水平上显著

对于各控制变量，其回归系数均和预期一致。其中，企业规模、企业年龄、企业成长性均与全要素生产率正相关，表明较多的资产增强了企业的竞争力，降低了企业的生产成本、销售费用等，成立时间长的企业在资源配置、生产经营等方面拥有更丰富的经验。此外，较好的市场前景也为企业带来较多的发展机会，从而企业的全要素生产率水平较高。资产负债率的系数为负，且在 1%的水平上显著，表明企业资产负债率越高，其所面临的财务风险越大，影响企业正常的生产经营活动，从而企业的全要素生产率水平较低。第（3）列、第（4）列分别为国有、非国有企业中高管薪酬差距对全要素生产率的影响，与全样本的回归结果基本一致。

6. 稳健性检验

1）内生性问题

鉴于可能存在的变量测量误差、遗漏重要变量可能导致的内生性问题，将高管薪酬差距的滞后一期作为解释变量的工具变量，采用 2SLS 法对模型进行回归，回归结果如表 3-20 所示。表 3-20 中第（1）列是在控制工具变量 L.Gap 后进行的第一阶段回归，第（2）列为将第一阶段拟合值代入第二阶段进行回归的结果。从第（2）列可以看出，高管薪酬差距与全要素生产率的回归系数在 1%水平上显著正相关。

表 3-20　稳健性检验（三）

变量	（1）	（2）	（3）	（4）
	Gap	TFP_OP	制造业回归	变量替换回归
L.Gap	0.879*** （160.807）			
Gap		0.060*** （10.371）	0.061*** （12.232）	0.051*** （12.513）
Size	0.036*** （8.864）	0.142*** （37.276）	0.142*** （37.756）	0.142*** （44.612）
Lev	−0.096*** （−4.360）	−0.216*** （−10.543）	−0.198*** （−9.977）	−0.201*** （−11.418）
Age	0.017*** （2.830）	0.001 （0.178）	0.014*** （2.895）	0.005 （1.174）
Growth	0.089*** （10.092）	0.095*** （11.654）	0.093*** （11.069）	0.099*** （14.701）
常数项	0.770*** （4.487）	1.727*** （10.806）	1.537*** （19.995）	1.744*** （12.333）
Year	控制	控制	控制	控制
Ind	控制	控制	控制	控制
N	7 989	7 989	7 062	10 569
调整 R^2	0.819	0.342	0.334	0.341

***表示在 1%的水平上显著

2）调整估计样本范围

重新界定估计样本范围，选取制造业企业样本进行与前文相同的回归处理，回归结果如表 3-20 所示。回归结果表明：在制造业企业中，高管薪酬差距与全要素生产率在 1%水平上显著正相关，说明制造业上市公司扩大高管薪酬差距，对全要素生产率的提升具有促进作用。

3）更换解释变量的度量方法

以高管薪酬前三名作为核心高管，其余高管作为非核心高管，重新度量核心高管与非核心高管间的绝对薪酬差距，重述回归，结果见表 3-20。从第（4）列来看，高管薪酬差距与全要素生产率的系数为 0.051，依然显著为正，与前述回归结果基本一致，说明研究结论具有可靠性。

四、国企高管职业生涯预期的风险承担效应

（一）理论分析

高管的职业生涯预期是公司内部进行制度安排时需要考虑的重要因素，是高

管隐性激励的一种重要存在形式（Fee et al.，2018），且在现金薪酬受限以及股权激励较低的前提下，职业生涯预期的隐性激励效果将更为凸显。由于其对经理人的激励作用主要通过满足经理人在组织内外部的晋升期盼来实现，故在职业生涯早期，经理人对职业生涯的预期能促使其努力工作，但这种激励会随着职业生涯接近尾声而逐渐消减（王放等，2015）。已有文献对职业生涯预期的研究均围绕声誉机制展开（饶育蕾等，2012），但对于国有企业而言，尚不具备成熟的经理人市场，并且政治干预较强，声誉机制的作用往往无法得到有效发挥。对于国有企业"准官员"而言，在职业生涯预期强度降低的过程中，往往因为预期职位拔擢和政治级别晋升变得更加困难，降低了可从职业生涯中获得的潜在收益，更由于显性激励的受限，职业生涯预期的缺失并无法得到足够的弥补与替代，因而职业生涯预期的高低会直接影响"准官员"的勤勉程度与才能发挥。

由于职业生涯预期的逐渐降低，步入退休阴霾的"准官员"失去了参与"政治晋升锦标赛"的年龄资本。随着外部竞争规制效应的消失，国有企业高管亦可能不复职业生涯初期时的勤勉，无法对外部经济环境的不确定性与市场风险做出有效面对。在降低企业经营效率的同时，也提高了企业风险水平。此外，职业生涯预期的下降也诱发高管谋求个人机会主义动机，导致了更严重的内部代理问题，客观上导致了更高的经营风险。年龄的增长带来职业生涯预期的降低，以及偏向稳健的个体风格转变，无可避免地对其所执掌企业的风险承担水平产生影响。高管激励作为一系列子契约的集合，其内部各种"显性"或"隐性"激励之间的结构合理性是影响其激励效果发挥的重要因素，缺乏合理性的经理激励契约同样可能诱发高管私利行为，进而导致企业战略发展偏离正常轨迹，最终造成风险失控和价值减损的严重后果，阻碍企业全要素生产率的提升。这一部分将对国企高管职业生涯预期与企业风险的关系进行检验。

（二）实证分析

1. 样本选取与数据来源

选取 2008~2014 年在沪深证券交易所上市的 A 股上市公司为初始样本，执行如下样本筛选程序：①由于 ST 公司异常的财务状况，将之剔除，并剔除金融保险类上市公司；②计算经行业调整后的 Roa，并计算该指标于 5 年内（即 t−2 年至 t+2 年）未连续出现的公司年度观测值，随后计算企业风险（Std_Roa）数据，并最终保留样本期间为 2010~2014 年的数据；③在剔除各主要变量缺失的数据后，保留其中的国有样本组，此外为了消除异常值的影响，对所有连续变量进行了 1%和 99%的缩尾处理，最终获得的总样本由 4 039 个公司年度观测值构成。

财务数据来自国泰安数据库和 Wind 数据库；实际控制人性质数据则为手工收集整理。

2. 变量设计与模型构建

1）企业风险的度量

现有的主流文献普遍使用收益波动性来衡量企业风险，因为收益波动性不仅反映了企业所面临的财务风险，同时还体现出了整体所面临的经营风险与不确定性，收益波动越剧烈，企业所面临的风险程度越高。因此，将总资产收益率的标准差作为企业风险（Std_Roa）的替代变量，考察国企高管职业生涯预期对企业风险的影响。计算方法如下：首先使用 Roa 行业年度均值调整样本公司的 Roa，即经行业调整后的 Roa 等于企业当年 Roa 减去该企业所处行业内所有企业当年 Roa 均值；其次计算样本企业经行业调整后的 Roa 在 5 年内（t–2 年至 t+2 年）的标准差。

2）国企高管职业生涯预期的度量

根据曹伟等（2016）对近年来获得政治晋升的国企高管样本的描述性统计可以看出，近 80%获得政治晋升的国企高管年龄低于 52 岁，在 52 岁后获得政治晋升的样本比例极小，上述统计结论与纪志宏等（2014）具有较高的一致性，这也体现了“准官员”群体与政府干部群体的高度相似性。刘青松和肖星（2015）的统计分析亦得到类似结论，该文的统计分析表明晋升样本组的平均年龄要显著低于非晋升样本组的平均年龄。结合上述文献的设定，定义国有企业董事长年龄小于等于 52 岁，职业生涯预期取值为 1，否则为 0。之所以首先选择董事长作为研究对象，是因为国有企业董事长才是最终的决策制定者，CEO 则更倾向具体执行，因此我们首先将度量对象界定为董事长，在后续的稳健性检验中，会对其他类型高管进行进一步的界定。以 52 岁作为职业生涯预期界定标志主要是参照曹伟等（2016）对于实际晋升事件的统计分析，为了防止阈值选择所引发的回归偏误，还对高管年龄进行了对数化处理（lnAge）用以代理职业生涯预期，lnAge 数值越高，职业生涯预期越低。

3）模型设计

$$\begin{aligned}\text{Std\_Roa}_{i,t} &= \beta + \beta_1\text{Exp}_{i,t} + \beta_2\text{Size}_{i,t} + \beta_3\text{Lev}_{i,t} + \beta_4\text{Growth}_{i,t} \\ &\quad + \beta_5\text{Stock5}_{i,t} + \beta_6\text{Dual}_{i,t} + \beta_7\text{Inp}_{i,t} + \beta_8\text{Insti}_{i,t} \\ &\quad + \gamma\text{Ind} + \delta\text{Year} + \mu_i + \varepsilon_{i,t}\end{aligned}$$

其中，β 是常数项；β_1 是主解释变量 Exp 的回归系数；$\beta_2 \sim \beta_8$ 是主要控制变量的系数；γ 和 δ 分别是行业效应和年度效应的系数；μ_i 是个体固定效应；$\varepsilon_{i,t}$ 是随机误差。表 3-21 列出了变量的符号和计算方法。

表 3-21 变量定义（四）

变量名称	符号	计算方法
企业风险	Std_Roa	总资产收益率的标准差
职业生涯预期	Exp	若国有企业董事长年龄小于等于 52 岁，则取值为 1；否则为 0
	lnAge	高管年龄的对数
企业规模	Size	总资产的对数
资产负债率	Lev	负债总额比资产总额
企业成长性	Growth	营业收入增长率
股权集中度	Stock5	前五大股东持股比例
两职合一	Dual	当董事长与总经理两职合一时为 1；否则为 0
独立董事比例	Inp	独立董事占董事会人数的比重
机构投资者持股比例	Insti	

3. 描述性统计

表 3-22 报告了各主要变量的描述性统计结果，数据显示：企业风险（Std_Roa）水平的平均值和中位数分别为0.034和0.031，而最大值（最小值）则为 0.379（0.001），但标准差为 0.044，这表明虽然国有企业总体收益波动性不高，但不同企业间的盈利波动具有较高的异质性。Exp 和 Age 的描述性统计结果表明具有较高的职业生涯预期的高管分布上具有一定的普遍性，接近半数的高管年龄低于 52 岁。股权集中度（Stock5）的平均值（中位数）为 0.527（0.525），数值均超过半数，表明我国国有上市公司内部股权集中度较高，但独立董事比例（Inp）的平均值为 0.370，机构投资者持股比例（Insti）的平均值为 0.490，表明国有上市公司同样具有相对完善的内部独立董事治理以及外部投资者监督。其余变量均处于正常的数据区间内，未发现极端值。

表 3-22 描述性统计（四）

变量	样本数/个	平均值	中位数	标准差	最小值	最大值
Std_Roa	4 039	0.034	0.031	0.044	0.001	0.379
Exp	4 039	0.490	1.000	0.499	0.000	1.000
lnAge	4 039	3.960	3.949	0.112	3.503	4.332
Age	4 039	52.682	52.000	5.711	33.000	76.000
Size	4 039	22.469	22.251	1.388	17.691	28.512
Lev	4 039	0.520	0.537	0.206	0.011	0.853
Growth	4 039	0.150	0.102	0.361	−0.749	2.310
Stock5	4 039	0.527	0.525	0.163	0.107	0.981
Dual	4 039	0.121	0.000	0.326	0.000	1.000
Inp	4 039	0.370	0.33	0.071	0.172	0.804
Insti	4 039	0.490	0.502	0.205	0.026	0.905

4. 相关性分析

表 3-23 是主要变量间相关系数的分析结果，由表可知：①以虚拟哑变量 Exp 和连续变量 lnAge 所代理的高管职业生涯预期均与公司风险存在显著的相关性。其中，Exp 和 Std_Roa 相关系数为−0.002，在 1%水平上显著为负，初步证明了较高的职业生涯预期能够降低企业风险。②企业特征变量与企业风险间同样存在一定的相关性，企业规模（Size）与企业风险（Std_Roa）间同样存在着显著的负向关联，表明企业规模越大，不确定性越低，但随着资产负债率（Lev）的提高，企业风险也同样增大。③在公司治理变量中，独立董事比例（Inp）和机构投资者持股比例（Insti）均和企业风险水平负向相关，相关系数分别为−0.059 和−0.118，且皆在 1%的水平上显著，初步表明良好的公司治理能够在一定程度上弱化企业风险。

表 3-23　Pearson 相关系数检验（三）

变量	Std_Roa	Exp	lnAge	Size	Lev	Growth
Std_Roa	1					
Exp	−0.002***	1				
lnAge	0.012**	−0.811***	1			
Size	−0.192***	−0.181***	0.201***	1		
Lev	0.041**	0.001	−0.011	0.350***	1	
Growth	0.020	−0.032**	−0.021	0.041***	0.032*	1
Stock5	−0.091***	−0.112***	0.101***	0.412***	−0.021	0.071***
Dual	0.001	0.046***	−0.034*	−0.021	0.061***	−0.012
Inp	−0.059***	−0.034*	0.022	0.151***	0.012	−0.039**
Insti	−0.118***	−0.112***	0.114***	0.303***	−0.023	−0.008

*、**和***分别表示在 10%、5%和 1%的水平上显著

5. 回归分析

在表 3-24 的 Panel A 中，被解释变量是公司风险，解释变量是高管的职业生涯预期的两个代理变量 Exp 和 lnAge，第（1）列和第（2）列均控制了行业效应和年度效应，Exp 的系数为−0.004 0，于 1%的水平上显著，初步表明较高的职业生涯预期能够降低企业风险水平；第（2）列中连续的解释变量 lnAge 的系数为 0.015 4，且显著为正，表明随着高管年龄的不断增长，其政治晋升预期会随着职业生涯迈入晚期而大大削弱，同样会导致企业风险的提高。Panel B 在 Panel A 的基础上加入了公司财务特征和治理特征等控制变量，发现相比于第（1）列和第（2）列，第（3）列和第（4）列的 Within_R^2 均有一定程度的提高，且高管职业生涯预期对企业风险的削弱作用仍然显著。因此，实证结果表明在其他条件不变

的情况下，高管职业生涯预期的提升能够有效降低企业风险；反之，随着高管职业生涯预期的自然演进，则会因为高管职业生涯预期的减弱而加剧企业风险。此外，Panel B 中各控制变量的回归结果也符合理论预期，企业规模（Size）系数为负且十分显著，说明企业规模的增大可以削弱风险水平；资产负债率（Lev）的系数显著为正，可见高负债存在一定的风险；独立董事比例（Inp）的系数为负，但不显著，表明我国独立董事制度发挥了一定的治理作用但作用效果依旧有限，这也与我国国有上市公司的治理现状相吻合；机构投资者持股比例（Insti）的回归系数显著为负，这反映了机构投资者制衡机制具有较好的治理效应，可以削弱企业的风险水平。

表 3-24 国企高管职业生涯预期与风险承担的检验结果

变量	Panel A：未加入控制变量		Panel B：含控制变量	
	（1）	（2）	（3）	（4）
	Std_Roa	Std_Roa	Std_Roa	Std_Roa
Exp	−0.004 0*** （−3.36）		−0.004 3*** （−3.62）	
lnAge		0.015 4** （2.48）		0.016 3*** （2.60）
Size			−0.008 1*** （−4.66）	−0.007 9*** （−4.53）
Lev			0.018 0*** （3.18）	0.017 9*** （3.13）
Growth			0.000 4 （0.32）	0.000 5 （0.42）
Stock5			0.000 1 （0.17）	0.000 1 （0.21）
Dual			−0.003 6** （−2.01）	−0.003 5** （−1.98）
Inp			−0.003 9 （−0.53）	−0.004 1 （−0.55）
Insti			−0.000 1** （−2.33）	−0.000 1** （−2.29）
常数项	0.040 0*** （39.59）	−0.022 8 （−0.93）	0.215 3*** （5.81）	0.144 8*** （3.36）
Year & Ind	控制	控制	控制	控制
N	4 030	4 030	4 030	4 030
Within_R^2	0.036 4	0.035 2	0.046 6	0.044 9

和*分别表示在 5%和 1%的水平上显著

6. 稳健性检验与内生性处理

为了验证结论的可靠性，采用如下的方式进行稳健性检验。首先，考虑到制造业企业在国民经济中的重要性与代表性，使用制造业样本进行回归检验，结果在表 3-25 中的第（1）列显示；其次，将 CEO 和董事长的平均年龄作为职业生涯预期指标的估计来源，构造新的职业生涯预期指标Exp1并用之回归；最后，借鉴翟胜宝等（2014）的方法，分别采用 Z 指数（Z_score）以及股票年收益率波动性（Std_return）度量企业风险，其结果在第（3）列与第（4）列中体现，可以看出国企高管较高的职业生涯预期确实能够降低企业的风险水平。

表 3-25　稳健性检验（四）

变量	（1）	（2）	（3）	（4）
	Std_Roa	Std_Roa	*Z*_score	Std_return
Exp	−0.006 4*** （−2.68）		0.277 0** （−2.33）	−0.021 7* （−1.71）
Exp1		−0.002 9* （−1.93）		
Size	−0.026 4*** （−8.26）	−0.017 2*** （−7.60）	−1.911 5*** （−11.03）	−0.110 8*** （−5.99）
Lev	0.018 6* （−1.78）	0.015 4** （−2.03）	−12.983 1*** （−22.35）	0.096 9 （−1.56）
Growth	−0.006 7* （−1.92）	−0.002 2 （−0.95）	0.341 7** （−1.97）	0.072 3*** （−3.9）
Stock5	−0.000 1 （−0.38）	0 （−0.27）	0.027 4*** （−2.94）	0.001 3 （−1.27）
Dual	0.001 6 （−0.44）		−0.238 8 （−1.27）	−0.040 6** （−2.02）
Inp	−0.013 0 （−0.90）	−0.005 0 （−0.51）	0.885 0 （−1.2）	−0.054 3 （−0.69）
Insti	−0.000 1** （−2.06）	−0.000 1* （−1.66）	0.003 9 （−1.2）	0 （−0.00）
常数项	0.634 9*** （−9.25）	0.415 8*** （−8.68）	52.104 2*** （−14.18）	3.136 3*** （−8.01）
Year & Ind	控制	控制	控制	控制
N	2 137	4 030	4 024	4 030
Within_R^2	0.09	0.04	0.26	0.34

*、**和***分别表示在 10%、5%和 1%的水平上显著

五、激励机制对全要素生产率的影响分析

（一）理论分析

我国企业的激励机制整体处于错位状态，而单项激励举措的扭曲失效正是其浅层表征。错位的激励机制失去了对企业员工的激励与约束作用，从而对企业全要素生产率产生消极影响。激励机制的运行导向分为“价值分配”和“价值创造”两个维度。基于“价值分配”视角的研究以委托代理理论为基础，以缓解代

理冲突、降低代理成本为目标，旨在设计最优的激励体系、实现剩余索取权的合理分配。从这个角度出发，激励机制的设计与运行应当有利于价值交换网络中的利益主体之间合理分配剩余索取权。激励契约的有效整合能够避免依赖单一激励方式导致的治理效用边际递减，对于缓解代理问题、减少代理成本具有积极效应。从“价值创造”视角来看，公司治理的“价值创造”作用更为重要，治理机制的设计必须注重将资金和知识资源配置到创新过程中（O’Sullivan，2000）。基于该理论，激励契约的设计宗旨也应从交换领域转向生产领域（徐宁和徐向艺，2013）。当激励机制运行存在错位时，不仅会因为无法对组织成员形成有效激励与约束而阻碍全要素生产率提升，还会由于未能缓解代理问题并促进技术创新而间接影响全要素生产率。总体而言，激励机制错位不利于企业全要素生产率增长。

（二）实证分析

1. 样本选取与数据来源

初始样本为2012~2018年的沪深两市A股上市公司。原始数据经历了如下的梳理与筛选流程：①删除ST、*ST与金融类上市公司；②剔除基础数据（如企业规模、资产负债率等）缺失的样本公司；③剔除变量数据存在明显错误的样本。在此基础上，对主要连续变量进行1%的缩尾处理。经过上述处理，最终得到了包含12 387个观测值的非平衡面板。需要说明的是，上市公司数据主要来自国泰安数据库和Wind数据库；使用Stata 14.0软件进行统计分析。

2. 变量设计与模型构建

1）全要素生产率的估算

对于企业全要素生产率（TFP）的估计有多种方法，如OLS、FE法、半参数方法和广义矩估计法等。鉴于半参数OP法与LP法对于同时性偏差和样本选择性偏差的有效规避（鲁晓东和连玉君，2012），以LP法估算的企业全要素生产率水平为基准进行分析，以OP法估算的结果开展稳健性检验。具体而言，参考胡海峰等（2020）的估算方法，使用主营业务收入度量总产出，使用职工总人数度量劳动要素投入，使用固定资产净额来度量资本要素投入，使用购建固定资产、无形资产和其他长期资产支付的现金度量企业当期投资，使用购入商品和劳务的现金支出度量中间品投入。

2）激励机制错位指数的构建

激励机制错位指数的构建思路是从激励机制背离相对有效的制度安排的视角，合理度量与还原其运行中的错位状况。具体而言，基于盛明泉等（2020b）的研究，构建了反映企业整体激励机制错位程度的综合指标体系。该综合指数由四个维度的指标组成——薪酬激励维度、股权激励维度、晋升激励维度及心理激励维度，指标权重依据层次分析法计算得出，指标得分以同行业企业作为参照。需要说明的是，各项激励安排的理论优化方向是判定标准。此外，激励机制错位指数（DI）的数值越大表明激励机制错位程度越高，反之则越低。当企业激励机制错位程度较高时，表明其激励制度设计总体存在较多问题，偏离了平衡有序的激励机制的演进方向，因而并不能充分发挥激励约束作用。

3）模型设计

采用双向固定效应模型进行回归分析，模型的设定借鉴聂辉华等（2014）的研究设计，如下所示：

$$\begin{aligned}\mathrm{TFP}_{i,t} &= \beta_0 + \beta_1\mathrm{DI}_{i,t} + \beta_2\mathrm{Size}_{i,t} + \beta_3\mathrm{Lev}_{i,t} + \beta_4\mathrm{Roe}_{i,t} + \beta_5\mathrm{Growth}_{i,t} + \beta_6\mathrm{Dual}_{i,t} \\ &\quad + \beta_7\mathrm{Insti}_{i,t} + \beta_8\mathrm{DS}_{i,t} + \beta_9\mathrm{Inp}_{i,t} + \beta_{10}\mathrm{Age}_{i,t} + \beta_{11}\mathrm{Soe}_{i,t} + \theta_i + \mathrm{Year} \\ &\quad + \mathrm{Ind} + \varepsilon_{i,t}\end{aligned}$$

上述模型中重点关注系数 β_1，若该系数显著为负，则表明激励机制错位对企业全要素生产率产生显著的消极影响。此外，θ_i 表示个体固定效应；Year 和 Ind 分别表示年度与行业效应。表 3-26 说明了变量的符号与计算公式。

表 3-26　变量定义（五）

变量名称	符号	计算公式
企业全要素生产率	TFP_LP	LP 法测算的全要素生产率
激励机制错位指数	DI	用层次分析法构建的代理变量
企业规模	Size	总资产的对数
资产负债率	Lev	负债总额比资产总额
营利能力	Roe	净利润/净资产
企业成长性	Growth	使用托宾 Q 值代理
两职合一	Dual	当董事长与总经理两职合一时为 1；否则为 0
机构投资者持股比例	Insti	
董事会规模	DS	董事会总人数
独立董事比例	Inp	独立董事占董事会人数的比重
企业年龄	Age	企业上市时间的对数
产权性质	Soe	虚拟变量，国有企业取值为 1；否则为 0

3. 描述性统计

表 3-27 列示了主要变量的基本描述性统计结果。从中可以看出，被解释变量企业全要素生产率（TFP_LP）的平均值（15.488）接近于中位数（15.377），表明我国企业全要素生产率大致服从正态分布。企业全要素生产率的估计结果与胡海峰等（2020）的测算数值相似。解释变量激励机制错位指数（DI）的平均值与中位数分别为 79.441、84.008，呈左偏分布的特征（平均值小于中位数）。激励

机制错位指数的标准差较大，表明企业间激励机制现状存在较大差异。此外，样本中约有 39.3%的企业是国有企业，而约有 24.9%的企业董事长与总经理职位由一人兼任。

表 3-27 描述性统计（五）

变量	样本数/个	平均值	中位数	标准差	最小值	最大值
TFP_LP	12 387	15.488	15.377	1.022	13.363	18.404
DI	12 387	79.441	84.008	10.751	41.765	93.758
Size	12 387	22.279	22.099	1.257	19.982	26.100
Lev	12 387	0.428	0.421	0.203	0.053	0.861
Roe	12 387	0.078	0.071	0.093	−2.459	0.352
Growth	12 387	2.056	1.544	1.774	0.054	9.705
Dual	12 387	0.249	0.000	0.432	0.000	1.000
Insti	12 387	40.987	42.342	23.171	0.497	88.410
DS	12 387	8.676	9.000	1.697	5.000	15.000
Inp	12 387	0.374	0.333	0.053	0.333	0.571
Age	12 387	2.235	2.303	0.676	0.693	3.219
Soe	12 387	0.393	0.000	0.488	0.000	1.000

4. 回归分析

表 3-28 报告了激励机制错位对企业全要素生产率的回归结果。第（1）列展示了未加入控制变量且未控制年度与行业效应的回归结果，激励机制错位与企业全要素生产率显著负相关，假设得到初步验证。第（2）列报告了加入控制变量后的回归系数，数值为−0.004 9，在 1%的水平上显著。相较于第（1）列而言，第（2）列回归模型的 R^2 有了较大幅度的提升。第（3）列中则进一步加入了年度与行业效应，实证结果和预期一致，激励机制错位指数的估计系数显著为负，并且回归模型的 R^2 也有所提升，模型设置的合理性进一步得以验证。这一结果说明在控制各异质性条件后，激励机制错位对企业全要素生产率产生了显著的负向影响。

表 3-28 激励机制错位与企业全要素生产率的检验结果

变量	（1）	（2）	（3）
	TFP_LP	TFP_LP	TFP_LP
DI	−0.002 5** （−2.481 3）	−0.004 9*** （−6.882 4）	−0.004 2*** （−5.927 4）
Size		0.534 7*** （67.501 7）	0.548 9*** （64.456 5）
Lev		0.296 6*** （9.289 6）	0.300 1*** （9.203 4）

续表

变量	(1)	(2)	(3)
	TFP_LP	TFP_LP	TFP_LP
Roe		1.013 2*** (28.867 0)	0.922 5*** (26.634 3)
Growth		−0.007 6*** (−3.179 0)	0.020 5*** (7.142 6)
Dual		−0.024 9** (−2.381 3)	−0.014 1 (−1.386 3)
Insti		0.000 2 (0.788 7)	−0.000 1 (−0.264 6)
DS		0.013 9*** (3.624 1)	0.010 4*** (2.786 3)
Inp		0.200 1** (2.062 1)	0.181 8* (1.922 3)
Age		0.068 3*** (5.107 1)	0.042 6** (2.083 6)
Soe		−0.003 4 (−0.233 0)	−0.029 7** (−2.089 3)
常数项	15.686 5*** (195.553 3)	3.424 5*** (19.089 5)	3.336 2*** (13.262 6)
Year & Ind	未控制	未控制	控制
N	12 387	12 387	12 387
R^2	0.000 6	0.533 6	0.562 1

*、**和***分别表示在 10%、5%和 1%的水平上显著

此外，在第（3）列中，控制变量回归系数的方向与显著性也值得关注。具体而言，企业规模与企业年龄的估计系数均显著为正，说明随着企业规模的扩张，存续年限的增加，生产效率有所提高。资产负债率与全要素生产率显著正相关，表明债权人的监督作用有利于提升企业生产效率。企业成长性、营利能力与预期一致，显著正向影响全要素生产率。在公司治理特征变量中，董事长与总经理两职合一不利于全要素生产率的增长，而机构投资者持股比例与全要素生产率负相关，但回归系数均未能通过统计显著性检验；独立董事比例与全要素生产率存在正相关关系；董事会规模对全要素生产率存在显著的积极影响。企业产权性质与生产效率负相关，表明民营企业的全要素生产率高于国有企业的全要素生产率。

5. 稳健性检验与内生性处理

1）稳健性检验

为了确保实证结果的稳健性，对基准回归进行了如下测试。首先，将企业全要素生产率的估计方法变更为 OP 法，以其估计值作为被解释变量重述回归过

程。结果如表 3-29 中第（1）列所示，激励机制错位指数的回归系数为−0.001 6，且在 1%的水平上显著。其次，将企业全要素生产率水平前置一期作为因变量重新回归，结果如表 3-29 中第（2）列所示，激励机制错位指数与全要素生产率依然存在负向相关关系，且在 5%的水平上显著。再次，抽取制造业样本重新检验激励机制错位对全要素生产率的影响，结果如第（3）列所示，可以看出激励机制错位的负向效应依然存在，且通过了 5%的统计显著性检验。最后，将时间区间扩展为 2008~2018 年重述回归，结果如第（4）列所示，激励机制错位依旧对企业全要素生产率产生显著的负向影响。

表 3-29　稳健性检验（五）

变量	（1）	（2）	（3）	（4）	（5）	（6）
	TFP_OP	FTFP_LP	TFP_LP	TFP_LP	DI	TFP_LP
DI	−0.001 6*** （−2.931 5）	−0.002 2** （−2.262 9）	−0.002 2** （−2.560 9）	−0.001 3** （−2.207 6）		−0.034 0*** （0.005 0）
Median_DI					0.477 0*** （0.029 0）	0.546 0*** （0.008 0）
Size	0.141 0*** （21.767 1）	0.423 3*** （34.857 8）	0.509 0*** （51.431 3）	0.533 4*** （74.681 1）	−0.897 0*** （0.082 0）	0.546 0*** （0.008 0）
Lev	−0.057 4** （−2.315 2）	0.449 0*** （10.002 4）	0.244 0*** （6.828 5）	0.282 4*** （10.073 5）	1.316 0*** （0.440 0）	0.691 0*** （0.035 0）
Roe	0.574 8*** （21.812 7）	0.345 4*** （6.722 7）	0.835 2*** （22.399 0）	0.879 8*** （30.588 7）	−3.411 0*** （0.755 0）	1.441 0*** （0.061 0）
Growth	0.017 0*** （7.797 9）	0.045 4*** （12.221 4）	0.025 9*** （8.202 8）	0.016 8*** （6.227 7）	−0.680 0*** （0.054 0）	−0.032 0*** （0.005 0）
Dual	0.000 2 （0.031 4）	0.013 0 （0.941 4）	0.008 3 （0.747 2）	−0.011 8 （−1.258 2）	−4.420 0*** （0.161 0）	−0.193 0*** （0.025 0）
Insti	0.000 1 （0.768 9）	0.000 1 （0.193 1）	−0.000 2 （−0.838 8）	0.000 4** （2.036 9）	0.156 0*** （0.003 0）	0.007 0*** （0.001 0）
DS	0.005 0* （1.751 7）	0.004 5 （0.902 5）	0.012 8*** （3.020 1）	0.004 3 （1.352 7）	−0.002 1 （0.048 0）	−0.011 0*** （0.004 0）
Inp	0.063 5 （0.883 4）	0.159 6 （1.285 8）	0.088 5 （0.850 1）	0.060 8 （0.740 9）	−6.052 0*** （1.448 0）	−0.291 0** （0.116 0）
Age	0.006 9 （0.445 5）	0.015 4 （0.543 3）	0.050 1** （2.208 8）	0.032 9* （1.936 7）	5.135 0*** （0.123 0）	0.165 0*** （0.027 0）
Soe	−0.023 2** （−2.141 5）	−0.034 4* （−1.946 6）	−0.020 4 （−1.252 0）	−0.022 8* （−1.759 4）	3.264 0*** （0.169 0）	0.181 0*** （0.021 0）
常数项	2.359 8*** （12.330 7）	6.350 4*** （17.505 7）	3.893 7*** （17.067 3）	3.444 4*** （19.373 1）	44.850 0*** （2.905 0）	4.895 0*** （0.414 0）
Year & Ind	控制	控制	控制	控制	控制	控制
N	12 387	8 975	8 112	16 374	12 387	12 387
R^2	0.234 0	0.414 0	0.571 0	0.580 0	0.542 0	0.692 0

*、**和***分别表示在 10%、5%和 1%的水平上显著

2）内生性处理

回归结果可能存在内生性困扰，全要素生产率较低的企业激励机制问题可能更为严重。因此，采用相同年度、相同行业、相同地区的激励机制错位指数的中位数作为工具变量，进行两阶段 OLS。原因在于，当企业设计激励机制时往往相互参考，因而该工具变量与企业层面的激励机制错位高度相关，但宏观层面的激励机制错位现状与微观企业的全要素生产率无关。理论上，该工具变量应该无法通过除企业激励机制错位状况之外的其他路径影响全要素生产率，所以能够较好地满足工具变量所需具备的相关性与排他性要求。回归结果见表 3-29 的第（5）、（6）列。第一阶段的回归结果显示，工具变量与激励机制错位程度正相关，且显著。第二阶段的回归结果表明，考虑了内生性问题后，企业激励机制错位的系数仍然显著为负。上述结果表明即使充分考虑了内生性偏误与稳健性问题，激励机制错位依然存在负面影响。

第四节　本 章 总 结

激励问题向来是公司治理领域的关注点，现有文献基于委托代理理论对股权激励、薪酬激励、晋升激励等单项激励举措的经济后果进行了大量研究，但研究结论仍为趋向收敛。回归现实中，高管超额薪酬、过量在职消费、过度追求闲暇舒适等问题仍然严重，社会公众对企业激励制度的看法逐渐偏向消极。似乎在理论研究与实践发展中，公司激励机制均处于较为尴尬的境地。基于对当前局势的理解，本章提出了激励机制错位的理论概念，并在此基础上，探究企业激励机制运行对企业全要素生产率的影响，以验证激励机制错位指数构建的合理性，同时提升对于企业系统生产效率的关注。

企业激励机制错位作为本章所提出的解释激励失效的新概念，其核心观点在于激励机制设计应当向一般均衡过渡，摆脱对单项激励制度的过度关注，初步形成显性激励与隐性激励、物质激励与精神激励协同作用的激励系统。通过文献阅读与实地走访，在确定了企业激励机制主要构成部分与优化的权重后，本章构建了企业激励机制错位指数，从偏离系统全面激励设计的角度进行度量，并对此指数的时间分布、区域分布、行业分布与产权性质分布进行描述性统计，得出我国企业激励机制错位现状的总体轮廓。由于本章的另一关注点在于企业全要素生产率，而激励机制错位实则是由各项激励制度的偏离程度所组成的，故在检验激励机制错位与企业全要素生产率之间关系之前，分别对高管货币薪酬激励、高管股权激励、高管内部薪酬差距与国企高管职业生涯预期进行了生产率效应检验。实证检验结果表明，高管货币薪酬激励存在适当的区间；高管股权激励总体上能够发挥积极的全要素生产率提升作用；高管内部薪酬差距的扩大通过加大赢得锦标赛的奖励刺激高管努力工作，获得成绩；国企高管职业生涯预期能够有效提高企业的风险承担水平；激励机制错位显著阻碍了企业全要素生产率的提升。

总体而言，本章在企业激励机制错位这一理论概念的基础上，拓展性地探究了其与企业全要素生产率的关系，以及单项激励制度的边际影响。通过实证研究与理论分析，企业应当对于自身的激励机制错位问题给予更多重视，从完善激励制度束的角度优化激励系统，从而避免对于企业全要素生产率提升的阻碍。

第四章　激励机制错位生产率效应的传导路径

通过第二章的分析，我们发现我国上市公司存在着普遍的激励机制错位现象，激励制度存在的缺陷会直接影响企业的管理效率、创新效率与经营效率，最终表现为对全要素生产率的抑制，那么激励机制错位会通过哪些渠道对企业的全要素生产率造成影响？尹恒和李世刚（2019）提出，全要素生产率受两方面因素的影响：微观层面的投入产出效率和生产要素在异质性企业间的配置。那么聚焦于微观企业，相应地，企业全要素生产率的提升则来自企业研发投入、技术引进、分工深化、管理水平提高及内部资源的优化配置（马光荣，2014）。基于契约有用观，公司所有者可以通过设计薪酬契约来约束高管和员工行为，有效的薪酬契约设计能够提高企业整体的工作效率，缓解公司内部存在的代理冲突。通过对现有文献的梳理，我们发现企业激励制度的设计主要通过技术创新和资源配置效率两方面影响全要素生产率。本章我们将对激励机制如何影响技术创新和资源配置效率的研究脉络进行梳理，并在此基础上，结合已有的研究成果将视域拓展至对企业全要素生产率的影响。

第一节　技术创新路径传导效应相关文献综述

激励机制是提升企业创新决策效率的重要手段，现有研究已经充分论证公司激励措施对企业内部创新行为有着重要影响，无论是从单一激励方式还是从激励机制总体效应来看，技术创新是激励机制影响企业全要素生产率的重要路径。依据委托代理理论，激励是解决经理人代理问题的重要手段，生产的剩余控制权与剩余索取权相一致是实现生产效率最大化的必要条件。在面对复杂的研发投资活动时，由于预期结果具有高度不确定性，管理层进行决策时会对企业利益与自身利益进行权衡。当企业采取激励措施时，激励的预期效应能够帮助代理人合理预测既定结果，当结果满足个人需要时，才会进行研发行动。因此，激励契约的制定将对管理层的决策行为产生重要影响，企业的委托代理冲突可以通过合理有效的激励契约加以缓解，使委托人和代理人利益趋同，实现效率最大化。

一、股权激励下的技术创新传导效应

关于股权激励计划如何通过技术创新影响企业全要素生产率，当前研究成果已较为丰富，而企业全要素生产率可以分解为技术进步和技术效率（郭家堂和骆品亮，2016）。从本质上来说，它是技术进步对经济发展作用的综合反映，由此可见，创新作为企业技术进步的源泉能够为企业全要素生产率的变化提供很好的解释。股权激励作为上市公司激励制度设计的核心内容，它以上市公司自身股票为标的，对其董事、高管及其他员工进行的长期性激励，将会对企业的日常生产经营决策产生重要影响。通过对现有文献的梳理，我们发现现有研究关于股权激励计划影响企业创新有着两种相反的效应："利益趋同"和"防御效应"。"利益趋同"效应被解释为股权激励计划能够显著提升企业的创新水平（田轩和孟清扬，2018）。首先，企业创新投资成本高、不确定风险大、在短期内无法获得投资回报，大大增加了管理层的短期业绩压力，造成管理层短视。股权激励计划是将风险与回报相结合的较为理想的激励形式，在股价下行时能够保护激励对象，在创新成功、股价上涨时能够带来丰厚回报（田轩和孟清扬，2018），有效地提升了管理层的风险承担能力。其次，公司推行股权激励可以向外界传递公司治理机制的完善以及企业未来盈余的信号，有助于公司获得银行贷款，降低融资约束，充足的资金可以满足投资的需求，避免错失有利的投资机会（Brealey et al., 1977）。除此之外，股权激励计划通常具有长期性，能够有效激励公司管理层及核心技术人员进行长期的研发活动。然而，"防御效应"的存在使得股权激励有可能抑制企业创新。股权激励计划将管理层报酬与股价相关联，将管理者个人财富直接暴露于外部市场的波动，使管理层过于关注股价变化，为避免股价发生剧烈波动，管理层可能会避免进行风险性较大的创新研发活动（Ross，2004）。因此，企业在股权激励计划的制订及执行过程中需要对激励力度和激励条件进行有效控制，避免由激励不足导致管理层倾向逃避创新带来的风险，也避免激励过度使管理层短视行为加剧（黄新建和尤珊珊，2020）。

二、短期薪酬激励下的技术创新传导效应

已有研究表明，最优的激励计划应当对高管短期的失败体现实质性宽容，对

长期的成功进行奖励（Manso，2011；黄庆华等，2019）。不同于股权激励将薪酬与股价相关联，具有长期性，以货币薪酬和奖金为主的短期薪酬激励具有低风险性和相对稳定性的特点，能够有效提高管理层的风险承担能力，进而促进企业的研发投资，提高企业的创新能力，具体表现在以下三个方面。首先，高额的短期薪酬相当于对早期失败的宽容，提高了管理层对于研发失败的容忍度，根据现代管理学激励理论，容忍失败是一种情感激励，股权激励会向管理层传达一种“不许失败”的暗示，而短期激励在肯定高管努力的同时将提升高管的风险承受能力（刘万丽，2020），激励管理层进行长期性的研发创新活动。其次，短期薪酬会吸引股东的积极干预，表现为对管理层的短期薪酬激励使得知情的股东使用私人信息对经济管理进行干预，降低管理层和股东之间的信息不对称，来自股东的压力能够促使管理层开展风险较高的研发活动（黄庆华等，2019）。最后，高额的短期薪酬能够增加管理层的离职成本。高额的薪酬激励同样也具有高额的成本，一旦管理层选择了离职，将很难找到有相同激励水平的工作。离职压力的存在使管理层必须提升对企业研发创新的关注，以获取新产品、新技术，提高企业的整体竞争力。

三、员工激励下的技术创新传导效应

企业内部存在着“股东—管理层—员工”的代理链条（孟庆斌等，2019）。虽然员工作为代理链条的最末端，但他们的努力程度及工作表现同样决定着股东的利益，对整个企业的业绩表现有着至关重要的作用。企业的创新活动是一个漫长且充满不确定性的过程，从创新思想的发现、决策的制定、研发活动的进行及反馈到创新产品的形成，整个过程环环相扣，无论哪个环节出现问题都有可能功亏一篑，整个创新过程需要各部门员工的共同参与。然而，企业员工只是领取固定薪酬的打工者，没有企业的所有权和剩余收益的索取权，无法分享企业的创新果实（孟庆斌等，2019）。无论员工努力与否，创新活动成功与否，对大多数普通员工的报酬获得并没有太过直接的影响，创新活动的复杂性和探索性反而会加重员工的工作负担。由此可见，在激励机制的总体设计中，对员工的激励同样重要。从目前来看，员工激励方式主要包括职工薪酬激励和施行员工持股计划。首先，职工薪酬作为一种最为直接的激励方式，对员工的努力程度甚至企业价值会产生重要影响（魏汉泽和许浩然，2016），也有研究发现，主动增加员工薪酬的公司其未来业绩会显著高于被动要求增加员工薪酬的公司。另一种激励方式是施行员工持股计划，建立起员工与企业所有者间的利益共同体，通过利益共享激励员工积极主动地参与到企业的日常经营管理创新活动中去，提高员工的主动性和创新性，最终提高企业创新水平（周冬华等，2019）。员工持股计划能够通过

“利益绑定”功能，提升员工在创新过程中的个人努力、团队协作和稳定性，提高企业的创新效率（孟庆斌等，2019）。因此，对员工进行激励不能仅仅是通过直接的薪酬激励增加员工的努力程度，或通过员工持股计划建立利益共享，更重要的应该是构建起员工的集体荣誉感。当员工自发将自己归属于企业，将企业的荣誉作为自己的荣誉，将企业的发展作为自己价值的实现，员工与企业才能成为一个整体，内部代理成本达到最低，企业整体的绩效水平会有一个质的飞越。

四、薪酬差距下的技术创新传导效应

薪酬差距可以分为各级管理人员间的薪酬差距以及员工与管理层间的薪酬差距。现有研究分别从企业内部锦标赛理论、社会比较理论及心理学的角度，对薪酬差距的经济后果进行分析。根据锦标赛理论，各级管理人员皆是职位晋级赛的参赛对手，而薪酬差距则是晋级赛获胜者的额外奖金，各级管理层间薪酬差距越大，奖励越丰厚，越能促使低级管理人员为获取更高的薪酬付出更多的努力，能够很好地提高其工作效率（侯静茹和黎文靖，2017；张蕊等，2020）。解维敏（2019）对员工与管理层间的薪酬差距进行分析，发现以企业内部管理层与员工之间薪酬差距来衡量的锦标赛激励与企业创新呈现倒“U”形关系，即当锦标赛激励强度在较低水平上时，锦标赛激励强度的提升能够促进企业的创新，当锦标赛激励强度超过一定水平时，会增加员工的不公平感，抑制企业创新。社会比较理论则是从公平性的视角看待薪酬差距的，产生了与锦标赛理论相反的效果，具体表现为管理层间与员工间通过比较来评价他们与企业交换关系的公平性，一旦发现在投入相同的情况下，获得的回报明显低于他人，就会产生不公平及被剥削感，导致怠工及罢工等负面行为，企业凝聚力下降，进而对企业的创新活动造成阻碍（Gentry and Shen，2013）。除此之外，薪酬差距并不仅仅是财富再分配问题，它更能影响到高管的心理认知。薪酬差距可以通过提升外界的赞誉和自我重要对高管的自信产生影响（牛建波等，2019）。随着薪酬差距的增大，高管在决策时的自信程度增大，自信程度较高的高管往往更偏好风险，有更高的风险承担水平（余明桂等，2013），企业创新投资也会相应地增加。

五、心理激励下的技术创新传导效应

股东与管理层及员工间的关系应当是自由、平等、公正的交换关系，只有当交易双方认为自己的所得与付出相平衡时，这段以交换为基础的雇佣关系才能够持续稳定地进行下去（林忠和金星彤，2013）。有效的薪酬契约的制定是维系企业与管理层和员工间关系的基础，薪酬契约是否在分配结果及程序上具有公平性，会直接影响管理层和员工的心理契约，对他们的日常工作行为产生影响。管理层及员工的心理契约默认他们与企业间的责任和义务是相对的，一方的权利和义务对应的是另一方的义务和权利，只有当双方的权利和义务都能够被履行时，才能建立起一段稳定的雇佣关系，此时管理层和员工对企业的认同感将会提升，其责任心、忠诚度和工作的努力程度也会相应提升，企业也能获得整体绩效的提升（方洪波，2010）。以公平为基础的心理契约的制定能够对管理层及员工产生心理激励，影响管理层及员工的日常生产生活。除此之外，基于马斯洛的需求理论，当物质需求得到满足后，对于精神上的追求将成为主要需求，尤其是对于管理层来说，在获得丰厚的薪资报酬后，他们更多的是追求一种自我满足感与自我实现，具体表现在是否在行业内获得一定的声望，对于荣誉的追求会直接反映在他们的日常决策过程中，为了能够很快做出成绩，他们会更倾向进行研发活动，获得核心竞争力，在行业中取得领先地位。然而，对于已经获得较高声望的管理层来说，他们会更看重维护自己已有的声誉，研发活动具有较高的风险性及不确定性，通常面临着较大的失败风险，此时，他们会倾向减少进行高风险的研发活动。

第二节　资源配置效率传导效应相关文献综述

通过第一节的分析，我们发现有效激励制度的设计能够提升企业的技术创新能力，最终实现企业全要素生产率的提升。资源配置效率同样作为提升企业全要素生产率的重要来源，薪酬契约的设计又将如何影响企业内部资源配置？需要指出的是，企业作为一系列生产要素的集合体，其能力的提升并不是简单的要素叠加，也并非投入越多越好，而是需要各项要素间的协同配合（王京和罗福凯，2017）。优化企业内部资源配置效率是实现企业整体能力提升的重要路径。我们将企业内部资源配置分为以下四个部分：从人力资源配置的角度来看，薪酬契约的设计能够有效促进企业人力资源投入，同时将推动员工知识资本的总体提升；从资金资源配置的角度来看，有效的契约设计能够优化现金持有，避免现金持有过高或过低对企业发展造成阻碍；从金融资产配置和投资效率配置的角度来看，无论是投资范围、投资项目，还是投资深度的确定，管理层均具有绝对的投资决策权，薪酬契约的存在则会优化管理层行为，实现资源的有效配置，最终获得全要素生产率的提升。基于此，以下将从人力资源配置、资金资源配置、金融资产配置及投资效率配置四个角度具体分析激励机制影响下的资源配置效率。

一、激励机制的人力资源配置效应

经济增长理论指出，人力资本是企业实现高效率发展的重要因素，人力资本的提升有助于部门吸收先进生产技术并进行创新活动，更高的知识水平和专业能力有助于提高研发人员的学习、消化及创新能力，提高其研发创新效率，有效提升企业的全要素生产率（庞廷云等，2020）。高素质人才储备是企业发展的必要元素，充足的人力资本将形成企业的核心竞争力，一个高效的人力资源系统需要在管理层的决策制定以及员工的决策执行之间形成循环，在不断的反馈与完善后推动决策的进行，而有效的契约设计便是支撑这一系统的重要前提，如何提升人力资源系统的稳定性及工作效率是薪酬契约设计的关键。下面将从管理层的人力资源投资决策及员工知识资本的提升两个角度分别进行阐述。首先，基于委托代理理论，良好的激励制度设计能够完善公司的内部控制机制，当管理者与公司的利益保持一致时，为提升公司绩效，管理者更有可能通过高薪来激励员工和吸引高素质人才。资源向内部劳动收入份额的流动使企业有充足的吸引外来人才的资本，同时提升企业员工的归属感，员工离职的动机也会大大减弱，一个稳定的人力资源系统是企业决策制定及执行的重要前提，能够提高整体的工作效率，最终获得全要素生产率的提升。除此以外，加大职工教育投资能够有效提升企业创新效率（庞廷云等，2020），对企业员工开展的培训可以使其快速掌握相关技术和知识，提高企业的增长能力。

其次，有效薪酬契约的设计在提升人力资源系统稳定性的同时应该增加员工的整体素质，员工的个人能力也将成为影响企业整体绩效水平的关键，正如一个完整的链条不仅依靠整体的连贯性，每个用工单元能够释放的生产力同样重要。企业较高的人力资本可以通过干中学、知识外溢、共享协作等提高企业的创新意识、管理决策效率、创新研发执行力等。良好的激励制度并不是单一的利益绑定关系，更重要的是提升员工对于企业的认同感及归属感，这些将成为员工发展个人能力的推动力。员工知识资本主要包括两方面，即通过系统性的专业教育获得的显性知识资本及通过经验积累获得的隐性知识资本（唐衍军和蒋煦涵，2020）。一方面，较高的学历教育水平不仅意味着员工拥有完整的知识体系，还意味着员工具有很好的知识获取能力及知识处理能力，这些都将是员工融入企业生态的基础。另一方面，丰富的个人经验表明员工在决策执行过程中能够很好地进行决断，企业内外部环境存在不确定的动态变化，个人经验能够帮助员工很好地在不断变化的环境中做出改变以适应环境。因此，有效契约的设定能够促使员工提升自身知识资本，企业在提升管理效率的同时降低了监督成本，员工也将在不增加自身工作负担的情况下，更有效率地完成各项工作，最终实现企业全要素生产率的整体提升。

二、激励机制的资金资源配置效应

公司的现金持有不仅是一项重要的流动资产，更是公司一项重要的财务决策。现金持有量的多少不仅反映公司的财务状况及投资行为，隐藏在背后的是企业所面临的代理冲突问题。由于信息不对称及代理问题的存在，企业为捕捉投资机会、防范财务困境及管理层出于自利动机，现金持有水平往往较高（杨兴全和尹兴强，2018）；或是出于高管的过度自信、想要构建商业帝国而进行低效甚至是无效的投资活动，现金持有处于较低水平。薪酬契约的设定能够有效缓解企业内部存在的代理问题，避免因为管理者道德风险及逆向选择的存在而产生的一系列低效行为，主要体现在以下两个方面：一方面，管理者的专用性人力资本及自身财富高度依赖于其所供职的企业，出于为自身考虑，管理者往往不愿承担过高的风险，不愿进行具有高投入及高不确定性的研发活动，当面对稍纵即逝的投资机会时会更加保守，即便这类投资项目的未来回报较为可观，最终降低了公司的资本配置效率（苏坤，2015）。薪酬契约的设定如股权契约的存在，能够将管理层利益与公司利益绑定在一起，有效提升管理层的风险承担水平，管理者投资具有较高风险的创新活动的动机增强，实现现金资产的有效利用，现金持有尤其是超额现金持有将显著下降（刘井建等，2018）。另一方面，当前我国的外部法律制度和内部治理机制仍存在许多缺陷，当管理层存在自利动机并拥有较大权力时，缺乏监督约束机制会导致较为严重的侵占现金资产的代理行为。管理层更倾向储备高额的现金持有，以获得用于谋利的可操纵性资源，并且公司高持现比率也会导致过度投资，而薪酬契约的制定能够有效缓解代理冲突，降低管理层的自利行为，并且对管理层进行薪酬激励或是股权激励能够抑制过度投资（程新生等，2020），企业的现金持有水平也会相应降低，资源配置得以优化。

三、激励机制的金融资产配置效应

企业进行有效的金融资产配置是提升企业整体绩效的重要因素。近年来，金融资产市场的全面繁荣导致了实体企业出现“脱实向虚”的现象，金融资产投资高回报率使企业将有限的资源投向金融市场而非与企业日常生产经营紧密相关的实业资产，阻碍了实体企业的发展。现有研究发现，非金融企业进行金融资产配置是一把“双刃剑”。基于“蓄水池”效应，企业提前将过剩的资源转化为金融资产，而当企业面临严苛的融资约束或者是恶劣的市场环境时再将持有的金融资产转化为实体资源以缓解财务困境（胡奕明等，2017）。然而，当企业为追求短期超额利润将有限的资源分配至金融、房地产领域时，则会对实业投资产生“挤出效应”（王红建等，2017）。如果投资金融资产获得的收益大于进行实业投资的收益，企业将更倾向进行金融资产投资，没有以实体业务作为基础的金融发展会使得企业面临着较大的财务风险，这对实体企业主营业务的发展将造成不利影响。委托代理理论认为经理人与股东追求的目标是不一致的，经理人是日常生产经营决策的制定者，他们更有可能为了追求短期超额利润而将有限的资源配置于金融市场，忽略企业的长远发展。因此，为解决实体企业存在的“脱实向虚”现象，关键便是解决企业与管理层间的委托代理问题，而有效薪酬激励契约的制定能够将管理层和股东利益达成一致，有效降低代理成本，即便不对管理层进行严格的监督，管理层也能为实现企业的长远发展而尽心尽力。

四、激励机制的投资效率配置效应

管理层掌握着企业最为重要的投资决策权，不仅是投资项目、投资方式的选择，还包括对于投资深度的把控，即投资效率。通过对现有文献的梳理，对于投资效率影响因素的研究一直是学者们关注的重点，企业面临的外部制度环境及内部治理机制均会对企业的投资效率产生影响，聚焦于企业管理层，我们发现薪酬业绩敏感性（曹越等，2020）、管理层能力（姚立杰等，2020）、国有企业集体决策（李万利和徐细雄，2020）、高管股权激励（陈效东等，2016）等均会对企业投资效率产生影响。企业的非效率投资行为主要分为投资过度及投资不足，从投资过度角度来看，Jensen（1986）著名的“自由现金流假说”认为，在自利动机的驱使下，企业管理层会将更多的自由现金流掌控在自己手中，为构建“商业帝国”，那些原本净现值为负的投资项目也会获得资金支持，企业的资源配置会出现过度投资的现象。除此之外，现有研究发现多数管理者存在过度自信的认知偏误（Simon and Houghton，2003），过度自信的管理者在制定投资决策时会低估风险，高估经营收益及个人能力，产生投资过度的行为，最终对企业的经营绩效产生负面影响。从投资不足角度来看，由于代理问题的存在，管理层更趋向于选择一些较低风险的项目进行投资，放弃那些净现值大于 0 但是具有较高风险的项目，但是高风险往往伴随着高收益，一直进行低风险、低收益的投资会使得企业被锁定在低效状态，无法实现资本的最优配置。企业管理层也可能会因为懈怠或是私人空闲而放弃一些净现值为正的项目，导致投资不足。由此可见，企业的非效率投资行为往往源于企业存在的委托代理问题、信息不对称及高管过度自信行为，有效契约的设定能够协调企业经营者与管理者间的利益冲突，使代理成本最小化，优化企业经营管理结构。基于股东利益最大化这一目标管理层能够做出最优的投资决策，提高企业的资源配置效率，最终提升企业的全要素生产率。

第三节　技术创新与企业全要素生产率

一、高管股权激励、技术创新与企业全要素生产率

（一）理论分析

创新是促进企业发展和提高企业竞争力的关键，是企业在复杂激烈的竞争环境中得以生存与发展的必要条件。企业的经营管理者享有资源配置的权利，是企业技术创新的主要组织者与推动者，使他们有能力且有意愿进行技术创新投资、促进价值创造是现阶段企业治理的重要导向之一。同时，创新活动也具有投资高、风险大的特点，高管存在自利行为和规避风险的态度，往往会舍弃一些能给企业带来收益的投资项目，造成企业损失。因此，在企业治理诸多机制中，高管激励契约可以强化企业高管支持技术创新的动机与行为，从而持续提升企业的技术创新能力。

相对于薪酬激励，股权激励最大的优势是将高管的报酬和企业的长期收益联系起来，旨在提高高管的工作积极性和创造力，从而克服高管只注重短期行为的缺陷，这样激励效果会更好。基于委托代理理论，国内外学者强调股权激励在公司创新投入中发挥的积极作用（Tien and Chen，2012；田轩和孟清扬，2018）。在股权激励作用下，公司管理层更有动力制定创新战略，实施相应行动，包括对核心技术员工进行有效激励、增加更多的研发投入等，从而推动和加快技术创新。Jensen 和 Meckling（1976）也同样认为当股东与管理者有共同的目标时，管理者会从长远的角度去实现公司价值最大化，也会更加努力地工作，加大对企业研究投入的支持力度。同时，研发支出的增加有利于推动企业要素创新、要素组合的创新及产品创新，从而带动企业全要素生产率的提升。国内外学者也认为研发投资对制造业企业生产率持续增长具有重要作用，并且私人企业研发投资对企业提高生产率效应比政府研发投资效应更明显（Griliches，1980；Coe and Helpman，1993；孙晓华和王昀，2014），因此，高管股权激励可以通过影响企业技术创新，进而影响企业的全要素生产率。

（二）实证分析

1. 研究设计

1）样本选择及数据来源

以 2007~2016 年中国 A 股制造业上市公司数据为样本。在 2006 年股权激励在

续表

变量	(1)	(2)	(3)
	TFP_OP	RD	TFP_OP
Inp	-0.129 (-1.622)	0.002 (0.524)	-0.127 (-1.604)
DS	0.003 (0.942)	0.000 (0.854)	0.003 (0.850)
First	0.000 (0.091)	-0.000 (-0.791)	-0.000 (-0.010)
Year	控制	控制	控制
常数项	2.582*** (12.296)	0.019*** (3.117)	2.432*** (11.444)
N	5 991	5 991	5 991
Within_R^2	0.161	0.103	0.164

*、**和***分别表示在10%、5%和1%的水平上显著

（三）研究结论

全要素生产率是经济增长和产业结构升级的重要推动力，提升全要素生产率对于实现高质量增长有着重要意义。研究发现技术创新是高管股权激励影响企业全要素生产率的重要路径。高管激励契约可以强化企业高管支持技术创新的动机与行为，从而持续提升企业的技术创新能力。在股权激励作用下，公司管理层更有动力制定创新战略，实施相应行动，包括对核心技术员工进行有效激励、增加更多的研发投入等，从而推动和加快了技术创新。同时，研发支出的增加有利于推动企业要素创新、要素组合的创新及产品创新，从而带动企业全要素生产率的提升。除此以外，研究还发现了当股权激励有效期越长以及企业由非国有股权控制时，高管股权激励对企业全要素生产率的正向影响越明显。研究结果表明，有效激励契约的制定能够提高企业的技术创新水平，企业的技术创新水平是影响企业全要素生产率的重要因素，企业内部完善的激励机制最终能够促使全要素生产率得到整体提升。

二、探索式创新与企业全要素生产率

（一）理论分析

探索式创新是新技术的源头，从投入研究到运用于产出，短则几年，长则几十年，其间需要大量资金持续投入，并且其结果充满不确定性，具有较高的失败风险。资源投入的不充分使得在企业未获得探索式创新成果或者还无法实现创新

成果向生产力转化的阶段中，探索式创新投入不仅不能提升企业全要素生产率反而成为经营负担。首先，探索式创新周期长、资源需求大，占据了大量企业资源，尤其是对主营业务资源造成了侵占，这不利于企业日常生产经营活动的开展，也会影响企业对目标市场的产品供给，进而威胁企业的竞争地位（苏昕和周升师，2019）。其次，在探索式创新占用企业资源的同时，研究投入如果不能带来产出的增加，则将暂时或者永久地成为沉没成本，表现为研究投入难以促进企业生产率的提高，还影响了产出水平（叶祥松和刘敬，2018）。在此之前，唐未兵等（2014）也提到，技术创新抑制了全要素生产率的增长，降低了经济增长集约化水平。因此，该阶段的探索式创新可能会对企业全要素生产率产生负面影响。原因主要包括以下两点：一方面，新产品和新技术的研发往往需要持续不断的资源投入，同时探索式创新具有较大的不确定性和失败风险，这就使探索式创新成果不能很快地运用到企业日常的生产经营活动中，过低的技术成果转化率会抑制企业的全要素生产率。另一方面，在进行探索式创新过程中的资源需求会对企业整体资源配置造成负担，挤占企业日常生产经营活动资源，不利于企业利润的获得，最终对企业全要素生产率造成负面影响。

然而，随着资源的不断积累，探索式创新成果将逐步实现向生产力的转化。对企业而言，产品和技术是影响企业全要素生产率的关键因素。已有众多学者研究发现，研发创新对企业全要素生产率具有促进作用。根据创新管理理论，通过对企业创新活动的管理，创新能够转化为获得成功的有机活动，进而发挥出积极作用，增强企业市场竞争力。探索式创新的持续投入不仅能够取得重大的理论突破，其积累效应还将有利于提升企业整体的技术水平，从而提高全要素生产率（Adams，1990）。具体表现为，探索式创新所产生的溢出效应将带来企业科技知识存量水平的提高，反映在包括学习、应用、改进等在内的科技能力不断提升。企业整体研发能力的增长不但有助于开发新技术，而且能促进引进技术的吸收，实现技术本土化，换言之，探索式创新的溢出效应能够提升企业的整体实力，提高全要素生产率（叶祥松和刘敬，2018）。不仅如此，探索式创新开发出的具有根本性创新的产品也将大大提升企业的核心竞争力，帮助其发现全新的产品细分市场，进而扩大市场份额，给企业带来可观的经济效益。同时，已有研究发现，创新能为企业创造更好的生存前景（张慧和彭璧玉，2017），并且探索式创新能够显著提升企业的成长性绩效与营利性绩效（李剑力，2009）。因此，这一阶段下的探索式创新不仅能够带动企业技术的整体升级，还能够通过创造新产品和新技术来提升企业的核心竞争力，最终促进企业全要素生产率的提升，实现企业的长远发展。

（二）实证分析

1. 研究设计

1）样本选择与数据来源

选取2013~2018年的沪深A股上市公司（不包括金融类企业）为研究样本。参考盛明泉等（2018b）的做法，对数据进行如下处理：①由于ST、*ST类公司的财务状况及营利能力出现异常，故将这类企业予以剔除；②删除主要指标数据缺失的公司；③删除数据异常、资产负债率大于1的公司。随后，对主要连续变量进行缩尾处理。经过上述处理，最终得到9 378个观察值。研发支出数据来源于Wind数据库，公司治理数据及财务数据均来自国泰安数据库。数据分析软件为Stata 15.0。

2）主要变量定义

在基准模型中，被解释变量为企业全要素生产率（TFP）。鲁晓东和连玉君（2012）研究发现，使用半参数方法（OP法、LP法）能够有效避免传统估计方法中存在的内生性问题，且适用于企业层面的全要素生产率估计。因此，借鉴Olley和Pakes（1996）、鲁晓东和连玉君（2012）的研究模型，运用OP法对企业全要素生产率进行估计。具体测算模型如下：

$$\begin{aligned}\ln Y_{i,t} = {} & \beta_0 + \beta_1 \ln K_{i,t} + \beta_2 \ln L_{i,t} + \beta_3 \ln \mathrm{Mat}_{i,t} + \beta_4 \mathrm{Age}_{i,t} + \beta_5 \mathrm{Export}_{i,t} \\ & + \beta_6 \mathrm{Soe}_{i,t} + \beta_7 \mathrm{Exit}_{i,t} + \sum \mathrm{Year} + \sum \mathrm{Ind} + \varepsilon_{i,t}\end{aligned} \tag{4-4}$$

其中，Y是企业主营业务收入额；K是固定资产定额；L是公司当年的员工数量；Mat是企业中间品投入；Age是公司年龄；Export是是否进出口；Soe是产权性质，国有企业是1，非国有企业是0；Exit是是否退出市场；Year和Ind分别是控制年度及行业效应；ε是随机误差项。同时，ln$K$和Age是状态变量；Soe和Export是控制变量；企业投资（ln$I$）是代理变量；ln$L$、lnMat、Year、Ind是自由变量；Exit是退出变量。

解释变量为探索式创新。依据《企业会计准则第6号——无形资产》中对研究阶段费用处理的说明，借助毕晓方等（2017）、苏昕和周升师（2019）的研究思路，采用研发支出费用化金额占营业收入的比重（R）来衡量企业的探索式创新投资金额。

为了更准确地探讨企业探索式创新对全要素生产率的影响，借鉴盛明泉等（2019）的做法，选取一系列公司治理变量及财务变量进行控制，具体包括企业规模（Size）、资产负债率（Lev）、总资产收益率（Roa）、企业成长性（Growth）、两职合一（Dual），并控制了年度及行业效应。

3）模型设计

为检验探索式创新与企业全要素生产率之间可能存在的非线性关系，同时引入探索式创新的二次项，建立模型（4-5）如下：

$$\begin{aligned}\text{TFP} = &\beta_0 + \beta_1 R + \beta_2 R^2 + \beta_3 \text{Size} + \beta_4 \text{Lev} + \beta_5 \text{Roa} + \beta_6 \text{Growth} \\ &+ \beta_7 \text{Dual} + \beta_8 \text{Year} + \beta_9 \text{Ind} + \varepsilon\end{aligned} \quad (4\text{-}5)$$

其中，被解释变量是企业全要素生产率，解释变量为探索式创新。核心关注点是 R 的系数 β_1、R^2 的系数 β_2。如果 R 的系数显著为负，且 R^2 的系数显著为正，说明探索式创新投资与企业全要素生产率之间存在“U”形关系。

2. 实证结果分析

表 4-2 报告了探索式创新对企业全要素生产率的影响结果。实证结果表明，无论是否加入控制变量或控制年度及行业效应，探索式创新的一次项系数均显著为负，二次项系数均显著为正。相较于第（1）列，第（3）列中调整 R^2 由 0.053 增加到 0.488，模型的合理性稳步上升。第（3）列结果显示，探索式创新的一次项系数为−0.023，二次项系数为 0.002，且均在 1%的统计水平上显著。这表明探索式创新与企业全要素生产率之间存在着显著的“U”形关系，即当企业的探索性创新投资处于较低水平时，未能完成新产品、新技术的研发或者较低的成果转化率会使探索式创新给企业的全要素生产率带来负面影响，但当研究突破了一定界限后，探索式创新能够显著促进企业全要素生产率的增长。具体原因可能是在拐点前期，大量资源的投入挤占了其他活动资源，对企业日常生产活动产生负面效应，不利于企业全要素生产率的提升。随着研究的推进，探索式创新的积极效应显现，企业竞争力逐步上升，全要素生产率得以稳步提升。

表 4-2 探索式创新与企业全要素生产率

变量	（1）	（2）	（3）
	TFP_OP	TFP_OP	TFP_OP
R	−0.063*** （−19.887）	−0.023*** （−8.854）	−0.023*** （−7.800）
R^2	0.004*** （14.494）	0.002*** （9.768）	0.002*** （8.811）
Size		0.159*** （56.044）	0.156*** （53.910）
Lev		0.088*** （4.509）	0.063*** （3.214）
Roa		2.741*** （36.616）	2.598*** （35.524）
Growth		−0.004 （−0.859）	−0.005 （−1.075）
Dual		−0.022*** （−3.709）	−0.024*** （−4.087）
Year	未控制	未控制	控制
Ind	未控制	未控制	控制
常数项	6.138*** （787.399）	2.352*** （38.560）	2.220*** （34.793）

续表

变量	(1)	(2)	(3)
	TFP_OP	TFP_OP	TFP_OP
N	9 378	9 378	9 378
调整 R^2	0.053	0.453	0.488

***表示在 1%的水平上显著

在控制变量方面，企业规模（Size）的估计系数为 0.156，且在 1%的水平上显著，表明企业规模扩大所带来的规模效应能够显著提升企业全要素生产率。资产负债率（Lev）的系数为 0.063，且在 1%的水平上显著，表明资产负债率在一定程度上显示出企业融资能力，企业融资能力越强，全要素生产率越高。选用总资产收益率（Roa）作为营利企业营利指标，该系数为 2.598，且在 1%的水平上显著，表明企业营利能力越强，全要素生产率越高。两职合一（Dual）的估计系数为−0.024，且在 1%的水平上显著，表明董事长兼任 CEO 会对企业全要素生产率产生负面影响，也说明公司治理效率对企业全要素生产率具有重要影响。发展能力指标企业成长性（Growth）在此次实证检验中并未得到稳健结果。上述结果与现有相关文献的估计一致，并符合预期结果。

按照表 4-2 第（3）列的回归结果绘制出了探索式创新投入与企业全要素生产率的“U”形关系图（图 4-1），横轴表示企业的探索式创新投入，从左至右依次增加，纵轴表示企业全要素生产率。前文研究得出探索式创新与企业全要素生产率呈现“U”形的抛物线关系，探索式创新的一次项系数为−0.023，二次项系数为 0.002，通过数学运算，可知理论的“门槛值”应为 5.75，即当企业的探索式创新支出达到营业收入的 5.75%以上时，探索式创新就能为企业带来收益，对全要素生产率产生正向影响。依据描述性统计的结果，探索式创新的最大值为 14.900，平均值为 3.757，中位数为 3.221。由此可见，在大多数时间内，我国大部分企业的探索式创新水平还未达到理论的“门槛值”，这也表明当前我国的探索式创新仍然处于较低水平，进行探索式创新还需要长期的坚持以及更多的资金投入。

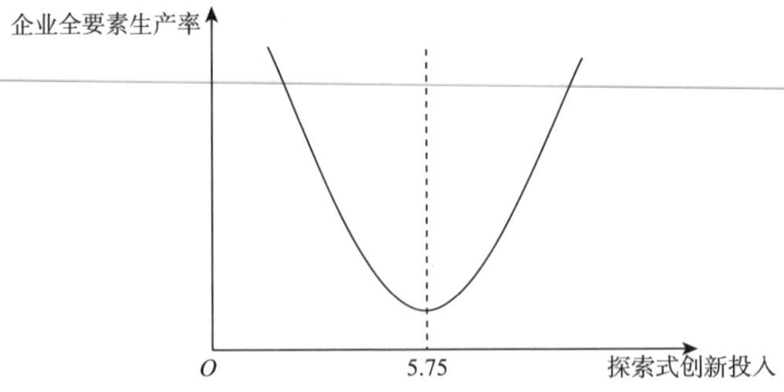

图 4-1 探索式创新投入与企业全要素生产率

（三）研究结论

现阶段，以要素积累为特征的经济发展方式已被发挥到无可附加的地步，中国要想避免遭受中等收入阶段的发展难题，必须依赖经济效率的提高，即实现全要素生产率提升，并将经济增长方式由要素驱动转为创新驱动。探索式创新所带来的技术进步和核心技术是当前中国迫切需要的、突破发达国家“技术封锁”的利刃。研究发现，企业创新投入特别是探索式创新投入虽然在短期内可能会对企业全要素生产率产生负面影响，但从长远来看，最终能够提升企业全要素生产率。研究结果也证实了企业的技术创新水平尤其是探索式创新水平是影响企业全要素生产率的重要路径。

三、激励机制错位、研发产出与企业全要素生产率

（一）理论分析

目前对于企业治理机制的关注点仍在其“价值分配”的作用上，即讨论如何优化治理机制，使得其更好地防患于未然，减少企业利益相关者之间的利益矛盾与纠纷，从而为当前的生存与长期的发展奠定制度环境基础。但是，相较于利益分配的作用，公司治理机制的价值创造功能更为重要。从“价值创造”视角来看，治理机制的设计必须注重将资金和知识资源配置到创新过程中，形成对技术创新的支持作用（O’Sullivan，2000），因而激励契约的设计宗旨应从交换领域转向生产领域，即激励机制以其能否促进企业创新为评判标准之一（徐宁和徐向艺，2013）。目前，关于单一激励契约对技术创新的促进效应已得到相对充分的研究，而激励机制子契约的交互作用影响企业创新方面的研究尚不多见。由于企业创新活动具有投入期较长以及产出高度不确定性的特点，往往需要通过整合协调激励制度安排来促进管理者投入创新的意愿（王旭，2016）。由此可见，不完全、不协调的激励机制即激励机制错位会对企业创新产生消极影响。此外，企业创新行为是全要素生产率提升的重要依托（Huergo and Jaumandreu，2004；Baumann and Kritikos，2016），其既可以通过直接推动全要素生产率提升，也可以通过降低生产成本的方式间接提升生产效率。因而，研发产出很可能在激励机制错位与企业全要素生产率中起到部分中介作用。

（二）实证分析

1. 研究设计

1）样本选择与数据来源

初始样本是 2012~2018 年的沪深两市 A 股上市公司。对样本企业进行如下的

筛选流程：①删除经营状态异常的样本企业与金融保险类上市公司；②剔除基础数据大量缺失的样本公司；③剔除变量数据存在明显错误的样本，出现资产负债率大于 1，持股比例大于 100%等情况的企业。在此基础上，对主要连续变量进行 1%的缩尾处理。专利相关数据来源于手工收集，其余数据均来自国泰安数据库，采用 Stata 14.0 进行回归分析。

2）主要变量定义

被解释变量为 LP 法测算的企业全要素生产率（TFP_LP），解释变量为激励机制错位指数（DI）。中介变量方面，鉴于专利申请相比于研发投入能更好地反映企业创新水平，参考虞义华等（2018）的研究，采用企业当年的发明、实用新型和外观设计专利授权总量衡量研发产出（RD）。此外，回归分析时控制企业规模（Size）、资产负债率（Lev）、营利能力（Roe）等变量，变量定义见表 4-3。

表 4-3　变量定义

变量类别	变量名称	变量释义
被解释变量	企业全要素生产率（TFP_LP）	LP 法测算的企业全要素生产率
解释变量	激励机制错位指数（DI）	用层次分析法构建的代理变量
中介变量	研发产出（RD）	ln（专利授权数+1）
控制变量	企业规模（Size）	总资产的对数
	资产负债率（Lev）	负债总额比资产总额
	营利能力（Roe）	净利润/净资产
	企业成长性（Growth）	使用托宾 Q 值代理
	两职合一（Dual）	当董事长与总经理两职合一时为 1；否则为 0
	机构投资者持股比例（Insti）	
	董事会规模（DS）	董事会总人数
	独立董事比例（Inp）	独立董事占董事会人数的比重
	企业年龄（Age）	企业上市时间的对数
	产权性质（Soe）	当企业为国有企业时为 1；否则为 0

3）模型设定

通过构建如下模型，检验研发产出的中介效应，即激励机制错位是否通过影响研发产出而作用于企业全要素生产率。

$$\mathrm{TFP}_{i,t}=\mu_0+\mu_1\mathrm{DI}_{i,t}+\mathrm{Control}_{i,t}+\mathrm{Year}+\mathrm{Ind}+\varepsilon_{i,t} \tag{4-6}$$

$$\mathrm{RD}_{i,t}=\alpha_0+\alpha_1\mathrm{DI}_{i,t}+\mathrm{Control}_{i,t}+\mathrm{Year}+\mathrm{Ind}+\varepsilon_{i,t} \tag{4-7}$$

$$\mathrm{TFP}_{i,t}=\beta_0+\beta_1\mathrm{DI}_{i,t}+\beta_2\mathrm{RD}_{i,t}+\mathrm{Control}_{i,t}+\mathrm{Year}+\mathrm{Ind}+\varepsilon_{i,t} \tag{4-8}$$

中介效应检验过程包括 3 个步骤：首先，检验自变量（DI）是否显著影响因变量（TFP）；其次，检验自变量（DI）是否显著影响假定的中介变量（RD）；最后，当引入中介变量（RD）后，观察其是否显著影响因变量（TFP），以及自变量（DI）对因变量（TFP）的影响是否变小。总而言之，上述模型中重点关注回归系数 β_1，比较其与 μ_1 的显著性及数值大小，以判定研发产出是否存在中介效应。

2. 实证结果分析

从表 4-4 第（1）、（2）、（3）列的结果来看，激励机制错位指数与研发产出呈现显著的负相关关系（−0.005 9），并且在控制研发产出的影响后，激励机制错位指数对全要素生产率的影响发生细微变动，研发产出有利于提升企业全要素生产率（0.021 3），研发产出的中介效应得以验证。这表明，激励机制错位影响了企业成员的创新活动，从而抑制全要素生产率的提升。

表 4-4　研发产出的中介效应检验

变量	（1）	（2）	（3）
	TFP_LP	RD	TFP_LP
DI	−0.003 7*** (−5.917 9)	−0.005 9*** (−3.716 0)	−0.003 2*** (−4.818 6)
RD			0.021 3*** (5.528 5)
Size	0.574 8*** (92.678 5)	0.281 1*** (16.218 1)	0.570 5*** (85.265 7)
Lev	0.644 7*** (18.105 5)	−0.354 9*** (−4.626 5)	0.661 7*** (17.413 0)
Roe	1.552 5*** (14.165 1)	0.749 8*** (4.876 6)	1.541 8*** (13.049 6)
Growth	−0.011 0** (−2.556 2)	−0.017 5* (−1.939 3)	−0.009 1** (−2.048 8)
Dual	−0.055 9*** (−4.766 2)	0.002 4 (0.078 4)	−0.050 1*** (−4.005 8)
Insti	0.002 1*** (7.880 1)	0.002 7*** (4.192 2)	0.002 1*** (7.231 8)
DS	−0.011 3*** (−3.150 2)	0.030 9*** (3.220 7)	−0.012 4*** (−3.252 6)
Inp	−0.111 8 (−1.074 5)	0.328 7 (1.180 8)	−0.119 5 (−1.070 4)
Age	0.004 4 (0.461 8)	−0.376 2*** (−15.355 7)	0.010 3 (0.984 0)
Soe	0.076 8*** (6.015 3)	0.089 9*** (2.938 5)	0.077 8*** (5.773 9)
常数项	2.428 4*** (16.078 6)	−4.771 5*** (−11.857 2)	2.473 1*** (15.984 6)

续表

变量	（1）	（2）	（3）
	TFP_LP	RD	TFP_LP
Year & Ind	控制	控制	控制
N	12 387	10 957	10 957
R^2	0.739 1	0.333 7	0.738 2

*、**和***分别表示在 10%、5%和 1%的水平上显著

第四节　资源配置效率与企业全要素生产率

一、高管职业生涯预期与国有企业风险承担

（一）理论分析

在企业的经营实践当中，诸多企业之所以经营失败乃至破产并非仅因为企业业绩不佳或未能实现高额的价值创造，而是因为其在认知和把握风险方面出现问题，忽视了“资源配置效率”这一比总量指标更为重要的效率指标。经济效率低下以及失当的内部资源配置恰恰是企业陷入财务危机，甚至陷入破产境地的根本原因。投资作为公司三大财务活动之一，是微观企业资源配置效率的重要体现，该话题亦受到学界的长期关注。经典理论假设在充分有效的资本市场理想环境中，公司会依据投资回报率的高低配置其企业资源，此时的资本被认为是最优配置，所有的投资亦被认为是效率投资，但其模型所假定的有效资本市场仍仅存于理论预期当中。现实中的企业经营往往会由于广泛存在的融资约束、微观企业内部人代理行为以及宏观经济的不确定性而更多地倾向投资非效率，特别是在国有上市公司之中，由于存在严重的“所有者缺位”以及由其特殊政治地位所引致的“预算软约束”等问题，国有产权企业资源配置的效率往往相对更低（盛明泉和戚昊辰，2014）。李万福等（2011）发现投资过度的企业更容易陷入财务困境，亦即过度投资会招致更高的经营与财务风险；姜付秀等（2009）亦发现类似结论，不合理的投资与过度扩张同样会导致企业陷入财务困境的泥潭。因此，非效率投资不仅仅会损害企业价值，同时还会提升其风险水平。那么，非效率投资的诱因为何，职业生涯预期的降低是否会通过降低投资效率进而引致企业风险？

对于非效率投资的成因，公司内部经营中的代理问题是否突出直接决定了企

业投资行为的效率性这一观点得到了当前学界的普遍认同（Ho et al.，2011），上述理论主要围绕着经理人的私人成本和私人收益两条线索展开论证，而职业生涯预期对于经理人的效用函数往往具有直接影响，因此，职业生涯预期与企业投资效率直接相关。

经理人的私人成本理论认为，对于企业的外部投资行为，高管需要付出一定的私人成本。例如，当企业启动新的投资项目时或在对现有资产进行更新改造的过程中，高管往往需要花费一定精力予以监督，同时还可能需要付出一定的学习成本以提高自己对投资项目的管理能力，这意味着高管不得不付出更长的工作时间和更大的努力用以应付投资项目所带来的压力，也打破了经理人原有的“平静生活”。根据私人成本理论以及前述职业生涯理论，则可以合理推断，对于职业生涯晚期的国企高管来说，因为较低的职业生涯预期以及较弱的“晋升锦标赛”压力，往往难以达到职业生涯初期的敬业程度，打破其“平静生活”的私人成本也相对较为高昂，此时的高管往往会放弃某些净现值为正的投资项目，由此导致了企业投资不足。

此外，职业生涯预期的减弱同样有可能造成过度投资，因为投资活动同样可以带来私人收益的增加，这一理论脉络主要源于私人收益理论。当高管职业生涯预期降至低点时，其更强的机会主义倾向不仅可以助长“59 岁现象”，更有可能催生其过度投资行为。因为投资项目往往具有更多的寻租空间，此时决策层可能会为了满足私人收益需要而忽视投资回报。综上所述，较低的职业生涯预期会降低企业的投资效率，进而加剧了企业风险，此时职业生涯预期会通过投资效率路径影响企业风险。

（二）实证分析

1. 研究设计

1）样本与数据来源

选取 2008~2014 年沪深 A 股上市公司作为研究样本，进行如下筛选程序：剔除 ST 公司、金融保险类公司、各主要变量数据缺失的公司后，仅保留国有企业样本。此外，为了消除异常值的影响，对所有连续变量进行 1%的缩尾处理。

2）主要变量设计

被解释变量 Std_Roa 为公司风险，借鉴当前主流文献的做法，采用总资产收益率的标准差进行衡量。

解释变量为职业生涯预期。基于国有企业董事长的年龄衡量管理层的职业生涯预期，当年龄小于等于 52 岁时，认为其具有较大的职业生涯预期，则解释变量 Exp 取 1；否则取 0。此外，对高管年龄进行对数化处理，生成另一职业生涯预期代理变量 lnAge。

借鉴已有文献的研究，主要从公司财务特征与治理结构两个层面选取可能影响公司风险的因素作为控制变量。主要包括企业规模（Size）、资产负债率（Lev）、企业成长性（Growth）、前五大股东持股比例（Stock5）、是否两职合一（Dual）、独立董事所占比例（Inp）、机构投资者持股比例（Insti）、行业（Ind）效应和年度（Year）效应。

3）模型设计

为验证职业生涯预期是否会通过投资效率路径影响企业风险，设置如下模型：

$$\text{Risk} = a_1\text{Exp}(\ln\text{Age}) + a_2\text{Control} + \varepsilon \tag{4-9}$$

$$\text{IE} = b_1\text{Exp}(\ln\text{Age}) + b_2\text{Control} + \varepsilon \tag{4-10}$$

$$\text{Risk} = a_1'\text{Exp}(\ln\text{Age}) + a_2'\text{IE} + a_3'\text{Control} + \varepsilon \tag{4-11}$$

2. 实证结果分析

企业内部资源配置效率不仅会影响企业价值，更是企业风险水平的决定性因素，而投资行为作为企业决策中的核心构件，其效率性可以直接影响企业风险水平的高低。同时，亦有研究表明，作为代理行为的突出表征，投资效率低下与国有企业“准官员们”职业生涯预期的减弱息息相关。随着源起于“政治晋升”的隐性激励效应以及由“晋升锦标赛”所带来的规制效应的消失，企业风险水平亦会提高，但其中的路径如何，以投资效率为代表的代理效率在职业生涯预期与企业风险之间的传导路径中是否扮演了中介变量的角色？本部分进一步采用中介效应模型实证检验职业生涯预期、投资效率与企业风险三者间可能存在的中介效应路径。

关于企业投资效率的衡量，借鉴 Richardson（2006）提出的投资效率度量模型，其具体形式如下：

$$\begin{aligned}\text{Invest}_t = {} & \alpha_0 + \alpha_1\text{Growth}_{t-1} + \alpha_2\text{Lev}_{t-1} + \alpha_3\text{Cash}_{t-1} + \alpha_4\text{Age}_{t-1} + \alpha_5\text{Size}_{t-1} \\ & + \alpha_6\text{Return}_{t-1} + \alpha_7\text{Invest}_{t-1} + \sum\text{Year} + \sum\text{Ind} + \varepsilon\end{aligned}$$

该模型以企业成长性（Growth）、资产负债率（Lev）、现金流（Cash）及股票收益率（Return）等一系列财务特征变量为基础，拟合出的估计值为企业的正常投资水平。回归残差 ε 则会视其取值的正负分别代表过度投资与投资不足两种非效率投资，对回归残差取绝对值，即可得到投资效率性的合理度量（IE），IE 值越高，投资效率越低。

中介效应的检验步骤如下：第一步检验职业生涯预期对企业风险的影响；第二步检验职业生涯预期对企业投资效率的影响是否显著；第三步则将职业生涯预期与企业投资效率同时放入模型中，对企业风险做回归，若系数皆显著且

Exp（lnAge）的系数绝对值小于第一步回归中的系数绝对值，则说明职业生涯预期、投资效率与企业风险三者间存在着部分中介效应。

具体模型及回归结果见表 4-5，在第一步中，职业生涯预期水平的减弱会加剧企业风险水平。在第二步中，职业生涯预期（Exp）与企业投资效率（IE）呈负向显著的关系，表明伴随着高管职业生涯预期的减弱，企业投资效率也会随之降低；而职业生涯预期的另一代理变量（lnAge）符号显著为正，再次佐证了这一观点；另外，上述回归结果和已有文献的研究发现保持了一致，符合理论预期。第三步将职业生涯预期与投资效率同时放入模型中进行检验，两者皆对企业的风险水平有着显著的影响，Exp（lnAge）和 IE 的回归系数皆通过了显著性检验，且 Exp（lnAge）的回归系数为−0.004 0（0.015 2），系数绝对值皆低于第一步检验中的−0.004 3（0.016 3），说明职业生涯预期、投资效率与企业风险三者之间存在着显著的部分中介效应，即职业生涯预期之所以能够加剧企业风险，是因为代理效率路径于其中扮演了一个重要的角色。

表 4-5　基于代理效率的中介效应

第一步：检验方程 $\text{Risk} = a_1\text{Exp}\left(\text{lnAge}\right) + a_2\text{Control} + \varepsilon$		
变量	（1）	（2）
	Std_Roa	Std_Roa
Exp	−0.004 3*** （−3.62）	
lnAge		0.016 3*** （2.60）
Control	控制	
N	4 030	4 030
Within_R^2	0.046 6	0.044 9
第二步：检验方程 $\text{IE} = b_1\text{Exp}\left(\text{lnAge}\right) + b_2\text{Control} + \varepsilon$		
变量	（1）	（2）
	IE	IE
Exp	−0.005 0** （−2.08）	
lnAge		0.023 1* （1.85）
Control	控制	
N	4 030	4 030
Within_R^2	0.069 3	0.068 1

续表

第三步：检验方程 $\text{Risk} = a_1'\text{Exp}(\ln\text{Age}) + a_2'\text{IE} + a_3'\text{Control} + \varepsilon$		
变量	（1）	（2）
	Std_Roa	Std_Roa
Exp	−0.004 0*** （−3.41）	
lnAge		0.015 2** （2.39）
IE	0.017 1** （2.03）	0.016 8* （1.96）
Control	控制	
N	4 030	4 030
Within_R^2	0.048 5	0.046 8

*、**和***分别表示在 10%、5%和 1%的水平上显著

（三）研究结论

高管的职业生涯预期是公司内部进行制度安排时需要考虑的重要因素，是高管隐性激励的一种重要存在形式。研究发现，在国企高管职业生涯预期影响企业风险的这一过程当中，以投资效率为代表的资源配置效率路径是重要的影响路径，职业生涯预期的减弱会通过降低企业内部的资源配置效率进而加剧风险水平。换言之，以投资效率为代表的资源配置效率是企业激励机制发挥作用的重要路径，国企高管的“政治晋升”激励能够提升企业的投资效率，降低企业风险，企业低风险不仅有利于企业的投融资行为，还能够提升企业的日常生产经营效率，最终实现企业全要素生产率的整体优化。

二、金融资产配置与实体企业全要素生产率

（一）理论分析

实体经济金融化现象自 20 世纪 80 年代就已经在发达国家蔚然成风，而这一现象也引致了理论界与实务界的广泛关注。现有关于实体经济金融化的研究主要围绕两方面主题：一是实体企业金融化的产生动因；二是实体企业金融化的经济后果。

关于实体企业金融化的产生动因，究其本质，现有文献主要从金融资产的“蓄水池”效应及“投机套利”两种动因出发。其中，“蓄水池”效应是指企业提前将过剩的资源转化为金融资产，而当企业面临严苛融资约束或者是恶劣的市

场环境时再将持有的金融资产转化为实体资源，而“投机套利”则主要是指企业将主要的资源分配至金融及地产等高收益领域，从而获取短期超额利润。按照以上逻辑，现有文献分别从实体投资与虚拟投资的收益率差异（Demir，2009）、宏观经济周期与货币投放量变动（胡奕明等，2017）、经济政策不确定性（彭俞超等，2018）等宏观因素，以及公司业绩（宋军和陆旸，2015）、外部竞争压力（王红建等，2016）、内部控制质量（唐雪松，2016）等微观因素对企业金融化行为进行讨论。尽管上述这些因素表现形式各异，甚至在作用尺度上都不尽相同，但从根源上来看，上述文献依然紧密围绕着金融资产的“蓄水池”效应及“投机套利”两种动因而展开。

关于实体企业金融化的经济后果，现有研究仍未取得收敛的结果，但通过对文献的梳理，不难发现，企业金融化的动因不同，其经济后果亦不尽相同。例如，Orhangazi（2008）研究发现实体企业的金融化将挤占其对于实业资产的投入，王红建等（2017）则发现金融化趋势不利于其进一步的研发创新。另外，从短期视角来看，王红建等（2016）的研究认为实体企业金融化短期内会提升企业业绩，但从长期视角来看，杜勇等（2017）则认为企业金融化将最终导致企业长期业绩的减损。上述经济后果主要从金融化的“投机套利”动因出发；但亦有部分研究表明“实体”+“金融”的产融结合模式，具有“产融相长”的经济职能，不仅可以直接降低企业的融资成本，缓解外部融资约束，也可以充分释放实体企业自身的竞争力（盛安琪等，2018；李维安和马超，2014；黎文靖和李茫茫，2017）。

因此，从理论演绎角度来看，对于全要素生产率这一话题，实体企业的金融资产配置行为会有两种可能的经济后果，一旦实体企业出于“投机套利”动因，而将企业资金投资于金融和房地产等虚拟经济领域，出现资金“脱实向虚”现象，必然会对企业生产率产生负面影响。一方面，当实体企业将资金配置于金融资产时，配置于实业的资金必然会受到挤占，降低了实业投资；另一方面，当实体企业将资金配置于金融和房地产这些高投机性行业领域时，同样会挤占企业创新资源，阻碍企业内部的技术升级，从而降低企业生产率。当企业出于“蓄水池”动因，采用金融化这一策略用以应对外部融资约束时，则优化了企业内部的资源使用效率，体现为“产融相长”，客观上这将直接促进企业能力与企业创新，在提升全要素生产率的同时也提升了企业竞争力。

（二）实证检验

1. 研究设计

1）样本与数据来源

以 2007~2015 年的 A 股上市公司为研究样本，另外，参考盛明泉和汪顺

（2017）的数据清洗步骤，处理如下：①删除 ST 与金融类样本；②剔除了基础数据缺失不全，或基本指标存在明显偏误的公司样本（如负债率大于 1），并在此基础上进行缩尾处理；③按照鲁晓东和连玉君（2012）的估计思路，由于半参数方法能够更好地处理样本数据间的联立性偏差与选择性偏差问题，因而采用LP法作为全要素生产率的主要估计方法，这也是简泽等（2014）使用的估计方法，利用上市公司财务数据计算出企业全要素生产率水平（TFP_LP）。另外，为保证实证结果的稳健性，同样使用 OP 法估计了企业全要素生产率水平（TFP_OP）。经过上述处理以后，我们最终得到了包含 9 681 个公司年度样本的非平衡面板，主要的财务数据及治理数据均来自国泰安数据库，而企业研发数据及实际控制人数据来自 Wind 数据库。

2）基本模型设计

为了检验企业金融化资产配置行为对其全要素生产率的影响方向，借鉴聂辉华等（2014）、盛明泉和汪顺（2017）的研究设计，建立如下模型用以考察金融化与企业生产率之间的互动性关系。

$$\text{TFP} = \beta_1\text{Fin} + \beta_2\text{Size} + \beta_3\text{Lev} + \beta_4\text{Roe} + \beta_5\text{Growth} + \beta_6\text{Dual} + \beta_7\text{Insti} + \beta_8\text{DS} + \beta_9\text{Inp} + \text{Year} + \text{Ind} + \varepsilon$$

其中，TFP 是企业全要素生产率；解释变量是金融化程度（Fin），其系数 β_1 是核心关注点，若该系数显著小于 0，则说明金融资产配置负向影响全要素生产率，体现为“脱实向虚”。此外，参考现有文献的做法，还控制了一系列财务指标与公司治理指标，如企业规模、资产负债率、企业成长性及董事会规模等指标，$\beta_2 \sim \beta_9$ 是其系数。Ind 和 Year 分别是行业效应和年度效应；ε 是估计残差。

3）变量说明

在基准模型中，被解释变量为企业全要素生产率水平，而在现有文献中，计算全要素生产率的方法主要有三种：参数法，如OLS；非参数法，如DEA法、随机边界法（stochastic frontier approach，SFA）；半参数方法。由于半参数方法结合了生产函数估计和非参数估计的思想，较好地解决了在全要素生产率估计过程中的联立性偏误（企业全要素生产率会反过来影响要素选择，从而导致二者互为因果）以及选择性偏误（竞争使低全要素生产率的企业退出市场从而导致样本全要素生产率被高估），故半参数方法现已成为估计微观企业全要素生产率的主要手段，鲁晓东和连玉君（2012）、杨汝岱（2015）均采取这一估计思路。半参数方法中主要包含 OP 法及修正的 OP 法（即 LP 法），因而，借鉴简泽等（2014）的研究设计，使用 LP 法测算的全要素生产率 TFP_LP 作为主要的被解释变量，同时使用 OP 法计算的全要素生产率 TFP_OP 作为稳健性检验。

借鉴杜勇等（2018）的研究思路，将交易性金融资产、衍生金融资产、可供出售金融资产、持有至到期投资、投资性房地产和长期股权投资等六个科目划分为金融资产。需要说明的是，尽管货币也属于金融资产，但经营活动本身也会产生货币。因此，金融资产并未包括货币资金。此外，现代房地产越来越脱离实体经济部门，具有虚拟化特征（宋军和陆旸，2015；王红建等，2016），因而在衡量企业金融化水平的过程中同样将投资性房地产囊括在内。由此，企业金融化程度（Fin）的计算公式为企业金融化=（交易性金融资产+衍生金融资产+可供出售金融资产+持有至到期投资+投资性房地产+长期股权投资）/总资产。最后，参考黎文靖和胡玉明（2012）、盛明泉和汪顺（2017）的做法，选取了企业规模（Size）、资产负债率（Lev）、企业成长性（Growth）、营利能力（Roe）、两职合一（Dual）、机构投资者持股比例（Insti）、董事会规模（DS）、独立董事比例（Inp）作为控制变量。

2. 实证结果分析

表 4-6 报告了金融化对企业全要素生产率的影响，具体而言，第（1）列为未加入各种控制变量以及未控制年度与行业效应的回归结果，回归结果表明，金融化与企业全要素生产率呈显著负相关关系（系数为−0.116 9，且显著性水平为1%），即金融化负向影响实体企业生产率。

表 4-6　金融资产配置与实体企业全要素生产率

变量	（1）	（2）	（3）	（4）
	TFP_LP	TFP_LP	TFP_LP	TFP_LP
Fin	−0.116 9*** （−3.35）	−0.100 3*** （−3.11）	−0.122 4*** （−3.79）	−0.211 0*** （−6.36）
Size		0.157 5*** （40.59）	0.146 8*** （34.22）	0.155 0*** （34.30）
Lev		−0.001 9*** （−7.89）	−0.001 9*** （−8.19）	−0.001 8*** （−7.49）
Roe		0.003 6 （1.41）	0.003 2 （1.25）	0.002 3 （0.91）
Growth		0.038 4*** （17.19）	0.036 3*** （16.11）	0.035 0*** （14.28）
Dual			−0.008 7 （−0.82）	−0.008 1 （−0.78）
Insti			0.001 9*** （10.05）	0.001 6*** （8.44）
DS			−0.008 6*** （−3.30）	−0.011 6*** （−4.43）
Inp			−0.341 7*** （−3.89）	−0.361 1*** （−4.20）
常数项	5.461 2*** （989.19）	1.980 7*** （23.27）	2.354 7*** （25.44）	2.312 4*** （19.72）
Year & Ind	未控制	未控制	未控制	控制

续表

变量	(1)	(2)	(3)	(4)
	TFP_LP	TFP_LP	TFP_LP	TFP_LP
N	9 681	9 681	9 681	9 681
调整 R^2	0.001 2	0.150 0	0.160 0	0.210 0

***表示在 1%的水平上显著

第（2）、（3）、（4）列根据逐步回归的思想，依次在第（1）列的单变量回归中加入公司财务特征及治理特征等控制变量，并控制了行业与年度效应。金融化程度（Fin）变量的符号方向以及显著性水平仍无明显改变，仍于 1%水平负向显著。这说明在控制各种异质性条件的基础上，企业金融化与全要素生产率之间的负向关系仍然显著。最后，各控制变量的回归结果亦符合现有的理论预期，资产负债率（Lev）负向影响企业生产率，初步表明去杠杆对于提升生产率的重要性。另外，企业成长性（Growth）正向影响全要素生产率，这与杨汝岱（2015）的观测结论一致。

（三）研究结论

近些年来，我国大量实体企业纷纷涉足房地产业和金融业这两大被认为具有“暴利”的行业领域，使得实体经济与虚拟经济之间的关系愈发受到理论界与实务界的争议。金融资产作为企业资产的重要组成部分，实体企业将资源配置于金融资产会对企业的主营业务造成影响，是实现“产融相长”还是“脱实向虚”，会最终影响企业的全要素生产率。本节使用微观企业样本，研究了金融资产配置对于实体企业全要素生产率的影响，实证结果显示，从总体上来看，实体企业的金融资产配置负向影响其全要素生产率，体现为“脱实向虚”。

三、企业轻资产运营与全要素生产率

（一）理论分析

全要素生产率的提升来源于资源配置、技术进步与人力资本。下面将从这三个方面论述轻资产运营对企业全要素生产率的影响。

从资源配置的角度来看，资源配置的效率将影响全要素生产率的提升（邓翔等，2017）。Banerjee 和 Moll（2010）认为国家之间全要素生产率差别较大的原因可能是资源存在差异性及资源在企业之间配置不当。Hsieh 和 Klenow（2009）发现，中美两国全要素生产率间的差异有 49%是资源配置效率差异导致的。企业作为进行资源协调的组织，轻资产运营就是对企业资源进行整合运用的过程，充当了资源整合者的角色。轻资产运营的企业在内部资源有限的条件下，通过提高资源配置的效率来提升产出效率、塑造竞争优势。相比于传统以厂房、生产线投入为主的重资产投入模式，轻资产运营模式更加强调以技术、专利、品牌等为代表的无形资源的长期积累与持续投入。通过将资源集中于研发、营销等价值链中的高附加值环节，以保证在有限的资源下获取更高的利润。同时，轻资产运营模式将部分利润率较低的非核心制造环节通过外包、降低存货储备及固定资产投资，使从事轻资产运营的公司获得高额的运营资本。因此，在轻资产运营模式下的企业还将获得更多的财务资源，这往往表现为较高无息占款及更多经营现金流（戴天婧等，2012）。上述的轻资产运营模式往往需要企业具有强大的资源配置能力。通过将企业有限的资源尽可能地集中投向产业链的高附加值环节，提高资源的配置效率以促进全要素生产率的提升。

从技术进步与人力资本两个角度共同来看，企业通过将高素质人力资本与企业高信息化水平结合，两者互补共同促进技术水平进步。相比于非制造业，传统制造业的主要利润依靠新产品的研发与销售，只有具有足够竞争力并不断满足市场需求的产品，才可以在市场上获得一席之位（周泽将等，2020）。想要获取高市场占有率和新产品市场，需要提高企业的创新产出（朱兰亭和杨蓉，2019）。在轻资产运营模式下对产品持续研发以不断满足市场需求以提高市场占有率这一特点，要求企业将资源持续投向研发环节以提高自身研发能力。这种战略使企业需要长期持续进行资源的投入，以完成自身技术与经验的积累，从而推动技术进步并最终获取独占性资源（戴天婧等，2012）。企业为了更好地促进技术进步与创新，需要进行高技术水平的信息化投资，以促进创新效率的提升（韩先锋等，2014）。已有研究发现，信息化水平对于技术创新有显著正向影响（Frishammar and Hrte，2005）。同时，随着企业信息化程度提高，对于人力资源的质量要求也随之提高。根据技术偏向理论，高质量的人力资源对于新的技术可以更加高效地利用，从而有效促进效率的提升（Acemoglu，1998）。汪淼军等（2006）认为，人力资源会与信息通信技术产生互补效应，从而提高企业的业绩。何小钢等（2019）认为，企业信息化与高技术劳动力存在互补效应，高技术劳动力既能直接与信息通信技术互补，又能与由信息通信技术使用带来的生产方式与安排结构革新互补，然后强化信息通信技术的生产率提高效应。因此，施行轻资产运营的制造业企业，通过高质量人力资本与高技术水平互补，共同促进技术进步使产出效率提升。

单独从人力资本方面来看，由于委托代理问题的存在，企业的股东与管理层存在利益冲突，同时技术研发风险大、利益回收期长（盛明泉和蒋世战，2019）。这导致了管理层出于其个人利益考虑，更加倾向进行短期投资行为，而忽视企业自身技术积累及自身品牌、专利等长期优势的建立。施行轻资产运营可以通过企业自身对于技术研发的倡导、以创新为主题的企业文化构建以及构建合理的高管激励机制等方式，在一定程度上遏制企业高管追求短期获利行为。这将使管理层加强对于企业的实体投资，以获取长远的优势资源，从而有效防止为获取短期利益进行金融化投资（盛明泉等，2019）。同时，在施行轻资产运营的过程中，高管薪酬激励能够强化企业高管支撑技术创新的动机与行为（韩亚欣等，2017）。这种在人力资本上可靠的激励机制构建，可以有效促进企业可持续发展（盛明泉等，2020b）。

因此，施行轻资产运营的企业因为将公司的资源集中投入价值链中附加值较高的环节，从而促进企业资源配置效率提高，技术进步与人力资本优化，并最终促进企业全要素生产率的提升。

（二）实证检验

1. 研究设计

1）样本选择及数据来源

以 2010~2018 年中国 A 股制造业上市公司数据为样本，并做出了如下的数据处理：①剔除所有 ST 企业；②剔除了有数据缺失的上市公司；③对于解释变量、被解释变量及控制变量在 1%的水平上进行缩尾处理。最终获得了 9 365 个上市公司的非平衡面板数据。产权性质等数据系手工整理所得。以上所涉及的数据均来自国泰安数据库，并主要通过 Stata 16.0 对数据进行处理。

2）主要变量解释

参考鲁晓东和连玉君（2012）、王争等（2006）的方法使用 OLS 测算企业全要素生产率，同时使用 LP 法对后期多元回归结果进行稳健性检验。

目前在轻资产方面已有的实证文章中，对于轻资产构造的方法分为三种：使用某一财务指标（唐璎璋等，2007）、设置虚拟变量（王智波和李长洪，2015）及主成分分析法（周泽将和李鼎，2019）。主要参考了周泽将和李鼎的方法，使用多个财务指标进行主成分分析，从而使解释变量更加综合地反映企业轻资产运营的状况。

参考了周泽将和李鼎（2019）的指标选取，使用了固定资产比率、销售费用率和流动比率三项财务指标，并使用 SPSS 25.0 进行主成分分析的计算，以其作为衡量企业轻资产化的程度。

三大财务指标的样本数据经 Bartlett’s 球形检验计算，其显著性 P 值为 0.000（<0.005），说明样本数据满足进行主成分分析的条件。经计算其主成分（Pc= −0.62×固定资产比率+0.49×销售费用率+0.62×流动比率），与所参考的方法计算结果较为接近。如表 4-7 所示，主成分与指标之间的相关系数的绝对值均大于 0.5

且在 1%的水平上显著。同时，主成分与固定资产比率显示为负相关，销售费用率以及流动比率显示为正相关，说明该计算结果满足企业轻资产化的特征（盛仕斌和徐海，1999）。

表 4-7　主成分与指标之间的相关系数

变量	Pc	固定资产比率	销售费用率	流动比率
Pc	1.000			
固定资产比率	−0.728***	1.000		
销售费用率	0.573***	−0.154***	1.000	
流动比率	0.725***	−0.265***	0.147***	1.000

***表示在 1%的水平上显著

将主成分分析结果命名为ALO，以此度量企业轻资产化运营程度。ALO越大说明企业轻资产化运营程度越高，ALO 越小说明企业轻资产化运营程度越低。

模型所选的控制变量主要分为公司财务变量（营业收入、企业成长性、总资产收益率、管理费用率、自由现金流量）、公司治理变量（独立董事比例、员工规模、产权性质）、年度虚拟变量与行业虚拟变量。

3）模型设定

为检验轻资产运营与企业全要素生产率的关系，参考盛明泉等（2016）、王智波和李长洪（2015）等设计了以下模型，同时为了减弱模型的内生性问题，参考王智波和李长洪（2015）将轻资产运营程度 ALO 进行滞后两期的处理：

$$\text{TFP} = \beta_0 + \beta_1\text{ALO} + \beta_2\text{Income} + \beta_3\text{Growth} + \beta_4\text{Roa} + \beta_5\text{MFR} + \beta_6\text{FCF} + \beta_7\text{Inp} + \beta_8\text{Staff} + \beta_9\text{Soe} + \text{Year} + \text{Ind} + \varepsilon$$

2. 实证结果分析

企业轻资产运营与全要素生产率的检验结果见表 4-8。为了捕捉轻资产运营的延后效应，即第一年实施轻资产运营后对以后年度全要素生产率产生的边际影响，以突出显示轻资产运营对企业产出效率的持续性影响，在回归模型中对轻资产运营进行了滞后两期的回归。其中，第（1）列是单独展示轻资产运营与企业全要素生产率的关系，L2.ALO的系数为0.035，且在1%的水平上显著，初步说明轻资产运营与企业全要素生产率有正相关的关系。第（2）列是在第（1）列的基础上加入公司财务变量与公司治理变量的结果，第（3）列是在第（2）列的基础上控制年度变量与行业变量的结果。其中，回归结果 ALO 的系数均为正，且在 1%的水平上显著，证明了企业轻资产运营对全要素生产率有正向影响。同时，调整 R^2 由第（1）列至第（3）列稳步上升，在一定程度上说明了模型建立的合理性。

表 4-8 企业轻资产运营与全要素生产率的检验结果

变量	TFP_OLS	TFP_OLS	TFP_OLS
	(1)	(2)	(3)
L2.ALO	0.035*** (9.331)	0.043*** (12.166)	0.033*** (9.370)
Income		0.208*** (42.132)	0.193*** (36.764)
Growth		0.036*** (4.021)	0.037*** (4.192)
Roa		1.577*** (23.554)	1.540*** (23.229)
MFR		0.319*** (3.977)	0.198** (2.407)
FCF		0.013*** (6.228)	0.013*** (6.566)
Inp		−0.131** (−2.366)	−0.104* (−1.903)
Staff		−0.168*** (−31.367)	−0.161*** (−28.296)
Soe		0.032*** (4.856)	0.035*** (5.326)
Year/Ind	未控制	未控制	控制
常数项	4.277*** (1 171.812)	1.040*** (12.477)	1.223*** (14.290)
N	9 365	9 365	9 365
调整 R^2	0.015	0.336	0.363
F	87.061	427.044	179.296

*、**和***分别表示在 10%、5%和 1%的水平上显著

由第（3）列所示，在加入控制变量以及控制行业变量与年度变量的基础上，L2.ALO的回归系数为0.033，为正且在1%的水平上显著，说明我国制造业上市公司施行轻资产运营可以有效提升全要素生产率。同时，企业总资产收益率、企业成长性、营业收入的回归系数为正，且均在 1%的水平上显著，说明企业营利能力越强，现金流越充沛，越可以促进全要素生产率的提升。员工规模的系数为−0.161，且在 1%的水平上显著为负，说明员工人数的增加并不能有效促进全要素生产率的提升。原因在于，轻资产运营程度越高的企业，越注重研发对于绩效的促进作用，因此，为促进研发对于新技术的有效利用，轻资产运营程度高的企业往往会选择任用高质量的人力资源，而非仅对于企业员工规模的追求。

（三）研究结论

随着经济全球化的发展及信息通信技术的进步，产业链间的分工协作在全球范围内不断深化，轻资产运营受到了广泛的关注。企业通过轻资产运营可以将附加值低的生产环节在价值链上进行转移外包，以优化自身的资源配置，进而专注于自身核心竞争优势的培养，获取长远的利益并促进全要素生产率的提升。研究发现，轻资产运营与企业全要素生产率之间具有显著正相关关系，说明企业轻资产运营更有利于企业持续发展核心业务，并逐渐形成独特的竞争力，可以有效促进全要素生产率的提升。

第五节　本 章 总 结

通过对现有文献的梳理，我们发现企业创新水平能够通过各项激励措施的联合作用得以提升，对于资源配置效率的影响则是需要区分激励机制对于企业各项资源配置的作用。具体对于企业创新而言，不同的激励措施发挥着不同的激励效用，如何在各项激励措施间进行权衡，以最小的成本获得最大的激励效果，是企业制定薪酬契约的关键。对于企业资源配置效率而言，企业是一系列生产要素的集合体，比起单一资源的大量投入，各项要素间的协同作用更为重要。有效薪酬契约的制定能够优化企业的人力资源配置、资金资源配置、金融资产配置及投资效率，从资源配置的广度及深度着手，最终实现企业全要素生产率的整体提升。本章除了直接从技术创新及资源配置效率等方面探讨激励机制错位对企业全要素生产率的传导路径之外，还分别从技术创新及资源配置效率这两方面探讨对于企业全要素生产率的影响。

第一，在激励机制错位与企业全要素生产率的传导路径上，技术创新存在中介效应。“高管股权激励、技术创新与企业全要素生产率”发现，高管股权激励能够通过增加技术创新投入来影响企业全要素生产率。“探索式创新与企业全要素生产率”强调技术创新特别是探索式创新对于提升企业全要素生产率的重要性，具体表现为探索式创新对企业全要素生产率的影响存在“拐点效应”，且呈“U”形，企业全要素生产率随着研发资源的投入呈现先下降再上升的关系。此外，“激励机制错位矫正与企业全要素生产率提升”也发现，激励机制错位通过降低企业创新产出来影响全要素生产率的提升。

第二，激励机制错位与企业全要素生产率间也存在资源配置的中介效应。“高管职业生涯预期与国有企业风险承担”发现，对高管的晋升激励能够通过提高投资效率以降低企业经营风险，企业风险降低也表明企业处于较高的管理水平，有利于提升企业的全要素生产率。非效率投资不仅会损害企业价值，同时还会提升其风险水平。此外，“金融资产配置与实体企业全要素生产率”发现，金融资产错配会阻碍企业全要素生产率的发展。“企业轻资产运营与全要素生产率”发现，企业进行轻资产运营能够有效提升企业的全要素生产率，企业进行有效的资产配置不仅能为企业减负，还能提高企业的生产经营效率。

第五章 激励机制错位与企业全要素生产率的治理思路

在前面的论述中已经详细地阐述了激励机制错位下企业生产率效应的测度问题以及激励机制错位对于企业全要素生产率的影响路径探索。然而，激励机制错位对企业全要素生产率的影响效应是否会受到治理机制的调节作用呢？即企业激励机制发生错位对企业全要素生产率的促进效应抑或是抑制效应所展现出来的治理思路是什么呢？基于此，本章将进一步阐述公司治理、内部控制等内部治理机制对于激励机制错位与企业全要素生产率二者间关系的调节效应，观测和分析在不同强度的内部治理机制下，激励机制错位与企业全要素生产率之间的关系是否发生了相应的改变。前文对于激励机制错位与企业全要素生产率关系的研究细化了激励方式，即货币薪酬激励、股权激励等；细化了激励对象，即高管激励机制错位和员工激励机制错位等；细化了激励机制错位方向，即激励过度和激励不足。因此，本章将基于已有的研究从以下五个部分，分别阐述激励机制错位对企业提升全要素生产率产生影响所遵循的治理思路。

第一节 货币薪酬激励错位与企业全要素生产率

一、内部控制质量的调节效应

（一）理论分析

在促进中国经济转型升级的过程中，实体经济的重要性不言而喻，而制造业是实体经济发展的核心，因此，经营者如何有效地管理企业内部，保持企业健康稳定发展是需要重点关注的问题。现代公司治理的核心问题之一是如何更加有效地激励高层管理团队成员努力工作。货币薪酬是对高管最直接、最有效的激励方式，它可以提高高管的工作积极性，优化企业的资源配置效率，加大企业的研发投入，不断推动企业向前发展（韩亚欣等，2017）。但是，过高的货币薪酬激励增加了运营成本，降低了资源使用效率，可能是管理者寻租行为的表现，并且不利于企业的成长。

内部控制制度属于企业治理重要的组成部分之一，它有利于降低企业内部各层级之间的代理风险和保障企业组织目标的实现（彭桃英和汲德雅，2014）。由于两权分离，股东难以全面地了解管理层的努力程度，因而，只能根据管理人员任职期间所带来的业绩来支付货币报酬，但管理层的自利行为会导致其人为操纵业绩，这样可能会导致激励的错位而难以达到预期的激励效果。高质量的内部控制可以提高企业会计信息质量，使财务报表反映企业真实的财务状况、经营成果等，从而更加客观公正地对管理层的努力做出评价，并以此为依据支付相应的报酬，即高业绩支付高货币报酬，低业绩支付低货币报酬，既可以激励高管更加努力的工作，也可避免因支付过高的薪酬而增加运营成本。

高质量的内部控制可以提高企业信息的透明度，进而缓解股东和经理人之间的信息不对称，从而降低企业签订货币薪酬激励契约的交易成本，优化上市公司的信息环境（Doyle et al.，2007）。而且管理层的绩效考评、薪酬激励也是企业内部控制规范的重要监控对象，因此企业内部控制的质量越高，高管薪酬激励契约的有效性也就越强。相反，无效的内部控制会导致财务信息错报和漏报的概率加大，由于财务信息质量差，难以反映企业管理层的经营业绩，也就难以制定合理的薪酬激励政策，甚至还会加重经理人的自利行为。此外，Paletta 和 Alimehmet（2016）的研究也发现，企业无效的内部控制是高管所获薪酬与其业绩不匹配的重要原因。

总之，内部控制治理效应的有效发挥既有利于企业制定合理的薪酬激励计划，也可以降低股东与管理层之间的代理成本，进而优化企业的资源配置效率和管理水平的提升。因此，在其他条件不变的情况下，内部控制治理效应的有效发挥能够起到正向调节作用。

（二）实证结果

目前学者采用各种各样的方法来衡量内部控制，但都过于单一，而迪博公司提供的内部控制指数是从内部控制的五大目标去衡量的，综合性较强，可靠性较高，因此采用该指标来衡量内部控制质量。此外，采用迪博公司提供的内部控制指数作为衡量内部控制质量的指标，内部控制指数越大，内部控制质量也越好。

表 5-1 列示了内部控制质量调节作用的检验结果。参照方杰等（2015）、盛明泉等（2019）的做法，进行如下检验。第一步，为了避免变量之间多重共线性

导致的消极影响，对自变量和调节变量进行中心化处理；第二步，在检验假设是否成立时，采用分层回归法。第（1）列是加入解释变量和调节变量的回归结果，第（2）列是在第（1）列的基础上加上交乘项的回归结果。回归结果表明由第（1）列到第（2）列的调整 R^2 变化了 0.001，Pay×IC 的回归系数为 0.007，且在 5%的水平上显著，说明内部控制治理效应的有效发挥促进了货币薪酬激励对企业全要素生产率的正向影响，企业应当注重优化内部控制制度，努力加强内部控制的建设。

表 5-1　内部控制质量对货币薪酬激励效应的调节作用

变量	（1）	（2）
	TFP	TFP
Pay	0.030*** （3.206）	0.029*** （3.151）
IC	0.001 （0.537）	0.002 （0.678）
Pay×IC		0.007** （2.330）
Size	0.008 （0.865）	0.008 （0.883）
Roa	1.326*** （18.233）	1.328*** （18.275）
Age	0.099*** （5.869）	0.097*** （5.745）
Cash	0.191*** （5.513）	0.191*** （5.509）
Lev	0.088** （2.536）	0.086** （2.496）
Soe	0.014 （1.180）	0.013 （1.087）
First	0.000 （0.491）	0.000 （0.419）
Inp	−0.112 （−1.346）	−0.117 （−1.414）
DS	0.001 （0.230）	0.001 （0.151）
常数项	3.230*** （15.225）	3.237*** （15.265）
N	5 987	5 987
调整 R^2	0.136	0.137

和*分别表示在 5%和 1%的水平上显著

二、产权性质的调节效应

（一）理论分析

企业异质性中最突出的区别在于企业的产权性质，不同产权性质的企业具有明显的管理差异。事实上，我国政府长期对国有企业实施较强的行政干预，导致国企高管长期面临薪酬管制，在职消费便成为高管激励的替代性选择。薪酬激励对国有企业的高管具有显著的激励作用，但是这种激励作用会随着员工工资的提升而减弱。相对于民营企业而言，国有企业更偏好于使用货币薪酬激励机制。权小锋等（2010）的研究也证实了这一点，即地方国有企业偏好显性的货币性私有收益。由于政府对国有企业高管长期实施薪酬管制，故在职消费异军突起，成为一种替代性的激励机制，其对公司的治理作用值得肯定。企业高管人员的薪酬主要集中于年薪和奖金，且金额与公司经营收益和经营难度相关，现有研究发现，经营难度在很大程度上取决于企业规模（纳超洪，2009）。凭借资产的内生增长来扩大企业规模，改善业绩周期，会促使高管选择并购这种外延性的扩张来直接迅速地提高自身薪酬。由于国有企业较非国有企业拥有更加优越的外部融资环境，能够获得更多的信息和资源，更容易获得较好的生产效率，而非国有企业为了提升自身生产率更多依靠管理者自身的努力，更有理由和途径来利用自身的权利提高货币薪酬水平，对企业全要素生产率产生影响。

根据期望理论，货币薪酬是否会影响高管的行为取决于给个人所带来的吸引力，与个人财富较高的高管相比，个人财富较低的高管对高薪酬的吸引力会更强。过高的货币薪酬激励可能并非有利于企业的成长，因为薪酬的标准受多种因素的影响，如对单位的贡献程度、工作的复杂程度、职位的高低等，一旦企业不考虑这些因素，制定较高的薪酬将会造成过度激励，当过高的薪酬与业绩不匹配时，企业运营成本会大大增加，资源无法得到有效的配置，企业的生产效率必然会受到影响（左晶晶和唐跃军，2010）。根据马斯洛的需求理论可知人的需要是分层次的，尤其是对于高层管理人员更加注重高层次需要的追求，过高的货币薪酬激励导致成本上升，不利于企业长久发展。因此，注意到高管货币薪酬激励可能存在的边际递减效应以及过度的薪酬激励可能损害企业的成长。那么，国有企业与非国有企业的货币薪酬是否均存在的边际递减效应及过度激励值得我们关注。

（二）实证结果

为了进一步探究国有企业与非国有企业的货币薪酬是否均存在的边际递减效应及过度激励，参照盛明泉等（2016）的研究思路，将总样本分为国有企业与非国有企业进行分组讨论，回归结果如表 5-2 所示。回归结果表明，高管货币薪酬激励与企业全要素生产率呈倒“U”形关系，在区分产权性质后，Pay 和 Pay^2 的符号及显著性均未发生变化，说明无论是在国有企业还是在非国有企业中，过度激励均会产生负面影响。

表 5-2 产权性质对货币薪酬激励效应的调节作用

变量	(1)	(2)	(3)
	全样本	国有企业	非国有企业
Pay	0.642*** (4.892)	0.758*** (3.722)	0.504*** (2.934)
Pay^2	-0.021*** (-4.543)	-0.025*** (-3.562)	-0.016*** (-2.585)
Size	0.041*** (7.538)	0.035*** (6.255)	0.041*** (4.862)
Roa	1.557*** (4.825)	1.689*** (10.335)	1.509*** (3.447)
Age	0.026*** (5.742)	0.015** (1.973)	0.028*** (5.090)
Cash	0.216*** (7.292)	0.203*** (4.207)	0.231*** (6.216)
Lev	-0.016 (-0.331)	0.132*** (3.358)	-0.111 (-1.635)
Soe	0.009 (1.168)		
First	0.001*** (3.835)	0.003*** (6.963)	-0.000 (-0.627)
Inp	-0.151** (-2.396)	-0.145 (-1.569)	-0.173** (-2.096)
DS	0.003 (1.261)	0.001 (0.298)	0.003 (0.934)
Year	控制	控制	控制
常数项	-2.151** (-2.264)	-2.904** (-1.992)	-1.300 (-1.049)
N	7 261	2 688	4 573
调整 R^2	0.204	0.222	0.210

和*分别表示在 5%和 1%的水平上显著

第二节 薪酬差距错位与企业全要素生产率

一、市场竞争的调节效应

（一）理论分析

在高度竞争的市场环境中，信息能够更加迅速、透明地传递，加强了股东对市场信息的了解和掌握程度，减少了管理层利用信息优势而损害股东利益的行为，从而有效缓解由于信息不对称所引起的代理问题。Hart（1983）研究发现，市场竞争强度的提高会减少高管的机会主义与懈怠行为，提高高管的努力程度，进而降低代理成本。行业中参与竞争的企业越多，股东和投资者越能够获取更加充分的相关信息，合理评价管理层业绩，进而对管理层进行有效监督，促使管理层更加努力地工作。此外，市场竞争不仅会约束高管的自利行为，也会对高管产生重要的激励效果（Allen and Gale，2000）。高管的经营能力和努力程度是公司业绩的重要影响因素，竞争使公司业绩更加准确地反映了管理者的经营能力和努力程度，从而对管理者的经营能力与努力程度进行有效鉴别和激励。

另外，市场竞争强度的增加，减少了企业的当期利润，加大经营不善的企业面临破产清算的风险，进而增加管理者被更换的可能性（蒋荣和陈丽蓉，2007）。在此情形下，企业高管便有较强的动机去寻求各种可行的方式来提高企业经营效率和竞争力，避免因业绩不佳而受到降薪或解聘等处罚，为自己的薪酬和职位提供保障。经验证据进一步拓展了理论的分析，部分学者研究发现市场竞争与公司内部治理机制间存在互补效应。伊志宏等（2010）研究发现高管薪酬能够提高信息披露质量，且市场竞争越激烈，高管薪酬对信息披露质量的提升作用越有效。徐鑫和朱雯君（2016）对产品市场竞争、公司治理与分析师预测精度的关系进行研究，发现大股东持股比例、高管薪酬激励与分析师盈利预测误差显著负相关，市场竞争程度越高，大股东持股比例、高管薪酬激励对分析师盈利预测误差的降低作用越有效。张伟华等（2017）实证检验了市场竞争对高管激励与企业费用黏性的调节效应，研究表明市场竞争程度越高，高管薪酬差距与企业的费用黏性水平的负相关关系越显著。由此可见，市场竞争强度的增强，不仅能够提高企业信息传递的透明度，进而约束高管的自利行为，降低代理成本，同时加大了企业所面临的破产清算风险，促使高管有更强的动机去努力提高企业生产效率和竞争力，为自己的薪酬和职位提供保障，强化了薪酬差距的激励作用。因此，市场竞争强度的提高会增强高管薪酬差距对全要素生产率的正向作用。

（二）实证结果

表 5-3 显示了市场竞争（Compet）对高管薪酬差距与全要素生产率之间关系的调节作用。从第（1）列全样本的回归分析来看，市场竞争与高管薪酬差距的交互项系数在 5%的水平上显著为正，说明市场竞争强化了高管薪酬差距对全要素生产率的促进作用。回归结果表明，市场竞争越激烈，高管迫于企业生存压力及股东的监督，更加勤勉尽责，拉大薪酬差距，更有助于提升企业全要素生产率水平，薪酬差距的激励效果得以强化。其他变量的回归系数和显著性水平并没有因加入了市场竞争及市场竞争与高管薪酬差距的交互项而发生明显的变化。

表 5-3 市场竞争与产权性质的调节效应

变量	(1)	(2)	(3)
	全样本	国有样本	非国有样本
Gap	0.037*** (12.177)	0.030*** (5.737)	0.042*** (10.884)
Compet	0.000 (0.003)	−0.004 (−0.419)	−0.000 (−0.061)
Compet × Gap	0.006** (2.166)	0.001 (0.152)	0.008** (2.446)
Size	0.141*** (43.971)	0.151*** (31.581)	0.126*** (27.487)
Lev	−0.201*** (−11.402)	−0.151*** (−5.128)	−0.220*** (−9.825)
Age	0.005 (1.099)	−0.007 (−0.775)	0.005 (0.848)
Growth	0.098*** (14.567)	0.116*** (8.922)	0.093*** (11.774)
常数项	2.469*** (17.477)	2.210*** (13.898)	2.711*** (19.336)
Year	控制	控制	控制
Ind	控制	控制	控制
N	10 584	3 755	6 829
调整 R^2	0.341	0.372	0.309

和*分别表示在 5%和 1%的水平上显著

二、产权性质的调节效应

(一)理论分析

非国企通常对高管实行合同聘任制，薪金与技术产出挂钩，即使高管因薪酬差距产生了不公平情绪，但为留在企业，其创新积极性并不会受到太大影响，对企业创新效率产生的负面影响相对于国企也较小。研究国有企业与非国有企业这两种不同性质的企业对企业全要素生产率的影响是否存在差别，能使不同产权的企业更合理地控制内部高管薪酬水平差距，这既能将国企的生产率提高到一个新高度，又能为非国有企业尤其是中小民营企业制定完善的薪资管理制度提供理论依据。

高管团队稳定性能正向促进企业全要素生产率的提高，并且这种促进作用在非国有企业表现得更为明显。黎文靖和胡玉明（2012）认为国企内部薪酬差距越小，对员工的激励效果越明显。与薪酬体系更为市场化的民营企业相比，高管间的薪酬差距扩大对于国有企业全要素生产率的负面影响更大。国有企业中平均主义思想更为盛行，国企高管可能会更加在意薪酬是否处于同一水平。当发现薪酬差距过大时，高管工作的积极性会受到影响，内部团队合作效率将降低，因此，缩小高管间的薪酬差距有助于促进高管团队合作和信息共享，从而提升企业全要素生产率。非国有企业（如民营企业）由于生产产品的同质性，一般会面临更加激烈的市场竞争，因而相比于经营稳定的国有企业，高管薪酬差距对企业全要素生产率的影响会受到抑制。因此，与国有企业相比，高管薪酬差距对企业生产率的影响在非国有企业中更为显著。

（二）实证结果

表 5-3 中第（2）列和第（3）列为区分产权性质的回归分析。回归结果表明：市场竞争与高管薪酬差距的交互项系数在非国有企业中显著为正，而在国有企业中不显著，说明市场竞争的正向调节作用在非国有企业中强于国有企业。这可能是因为国有企业存在预算软约束问题，面临的竞争压力较小，经营效率往往较低（盛明泉等，2012），且国有企业面临的市场竞争程度较小（李春霞，2016），从而市场竞争对其治理效应较小。以市场为主导的非国有企业，在激烈的市场竞争环境下，生存压力较大，迫使其只有不断改进技术，加强管理，提升自身的生产效率，才能免遭市场淘汰。

第三节 股权激励错位与企业全要素生产率

一、股权激励有效期的调节效应

（一）理论分析

股权激励对企业全要素生产率的作用效果受到股权激励方案设计的影响。从股权激励方案设计角度分析，激励有效期是股权激励方案设计的重要组成部分，它影响着股票的行权限制期限。中国证监会对行权限制期限的一般规定是在 1 年到 10 年的范围，但是从内部公司治理安排来看，有些上市公司的高管层权力过大，影响董事会对股权激励方案的制订，行权有效期比较多地集中在 5 年及 5 年以下，使股权激励成为公司实施机会主义行为的载体，导激励效果不足，若一些公司能自愿提高激励有效期，则说明它们有明显的激励动机。吕长江等（2009）也认为如果激励条件比较容易达到，那么相应的行权难度也会变小，股权激励也难以发挥其应有的激励作用。因此，股权激励的行权有效期限设置对激励效应产生重要影响。为了进一步检验股权激励有效期的长短对高管股权激励与企业全要素生产率之间关系的影响，将样本划分为较长激励期（5 年以上）和较短激励期

（5 年以下）进行实证检验。

（二）实证结果

表 5-4 展示了按激励有效期划分的分组回归结果，对于较长激励期组企业而言，高管股权激励仍然正向影响企业的生产率。在较短激励期组内，二者的关系却不显著，说明在较短激励有效期，有利于高管尽早获得股权激励收益，股权激励成为高管谋求自身利益的工具，激励效果不显著。因此，企业在制订股权激励计划时，要合理设计行权限制期限，让股权激励制度对高管起到激励效用而非福利效用。

表 5-4 激励期差异的影响

变量	（1）	（2）
	较长激励期组	较短激励期组
Ei	0.212** （1.983）	0.031 （0.381）
Size	−0.009 （−0.464）	0.058** （2.377）
Roa	1.240*** （6.419）	1.108*** （7.731）
Age	0.084** （2.238）	0.114*** （3.481）
Cash	0.296*** （3.596）	0.103* （1.674）
Lev	0.049 （0.592）	0.048 （0.664）
Tobin Q	0.004 （0.652）	0.012** （2.360）
Soe	−0.035 （−1.132）	0.018 （0.668）
Inp	−0.276 （−1.572）	−0.337* （−1.936）
DS	−0.013* （−1.669）	0.008 （1.061）
First	0.000 （0.179）	−0.001 （−0.753）
Year	控制	控制
常数项	3.787*** （8.250）	2.169*** （3.924）
N	897	1 173
Within_R^2	0.156	0.206

*、**和***分别表示在 10%、5%和 1%的水平上显著

二、产权性质的调节效应

（一）理论分析

股权激励对企业全要素生产率的作用效果，不仅受到股权激励方案设计的影响，还会受到企业自身异质性特征（产权性质）的影响。从企业产权性质角度分析，在我国特殊的制度背景下，根据实际控制人的不同可以将企业划分为国有企业与非国有企业。无论是在国有企业还是在非国有企业中，理论上股权激励制度是解决因两权分离而产生代理冲突的良好途径，但在实际执行的过程中，不同产权性质的企业，激励的作用效果会存在差异，主要体现在以下两个方面：一方面，当国有企业引入股权激励制度后，经营者因享有企业股权而可以参与剩余利润的分配，在这个过程中会伴随着所有权由公有向私有的转换及国有资产的保值和流失，因此，如何既要保证国有企业所有制性质又要有效激励经营者，就会存在一个问题，即股票授予数量的限制，股票授予数量不足会直接影响激励的作用效果。另一方面，《国有控股上市公司实施股权激励试行办法》规定，高管因股权激励而获取的收益不得超过薪酬的 30%，这意味着即使高管在行权时股票价格上涨得再高，其自身仍不会获取太多的收益，这会导致国有企业股权激励不足，难以有效地激励经营者。股票授予数量不足和收益受限会在一定程度上导致激励不足进而影响激励的作用效果。因此，相比国有企业，非国有企业股权激励的作用效果相对较好。

（二）实证结果

参照了盛明泉等（2016）的思路将总样本分为国有企业与非国有企业，进行分组检验产权性质差异对高管股权激励与企业全要素生产率之间关系的影响。表 5-5 展示了按产权性质分类的回归结果，发现高管股权激励对企业全要素生产率的影响在非国有企业中在 5%的水平上显著正相关，在国有企业中却不显著。说明在国有企业中，股票授予数量不足、激励收益受限等问题会导致股权激励难以达到实际激励的效果，但在非国有企业中股权激励制度的实施效果则相对较好。因此，国有企业要加快内部机构改革，优化治理机制，真正让政策计划落实，发挥其应有的作用。

表 5-5　产权性质差异的影响

变量	（1）	（2）
	国有企业	非国有企业
Ei	−0.372 （−1.108）	0.082** （1.974）

续表

变量	(1)	(2)
	国有企业	非国有企业
Size	0.030*** (2.735)	0.047*** (4.996)
Roa	0.499*** (9.455)	0.645*** (13.346)
Age	0.040** (2.480)	0.018 (1.607)
Cash	0.114** (2.535)	0.173*** (5.100)
Lev	−0.032 (−0.825)	−0.011 (−0.327)
Tobin Q	0.018*** (5.011)	0.011*** (4.119)
Inp	−0.308*** (−3.317)	−0.040 (−0.404)
DS	−0.002 (−0.581)	−0.004 (−0.902)
First	0.001* (1.658)	0.001 (1.566)
Year	控制	控制
常数项	2.988*** (11.950)	2.601*** (12.046)
N	3 780	5 162
Within_R^2	0.124	0.162

*、**和***分别表示在 10%、5%和 1%的水平上显著

第四节 员工持股计划错位与企业全要素生产率

一、市场化程度的调节效应

(一)理论分析

市场化程度作为比公司治理机制更为基础的外部制度环境因素，会对公司财务和经营行为产生约束，也会影响大股东监督与员工持股激励两种机制在公司经营者约束上的权衡。在所有权与经营权相分离的现代企业组织形式中，如何约束经营者行为，以符合企业组织的目标，是一个至关重要的基本命题。对经营者行为按公司目标加以约束，有大股东监督和员工持股激励两种手段，而且二者存在替代效应，即当大股东监督意愿较强时，员工持股激励被实施的可能性和必要性

就会下降；而当大股东监督意愿较弱时，实施员工持股激励就成为必要和可能。作为约束公司财务和经营行为的外部制度因素，市场化程度会对大股东监督意愿和员工持股激励产生影响。由于地理、交通、国家政策等方面的原因，我国各地区市场化进程很不平衡。东南沿海地区由于交通便利，还有20世纪末国家政策的支持，市场化进程较快，市场化程度较高，市场竞争机制及价格机制等各种市场机制在资源配置中所起的主导作用程度较高。在中西部地区，由于交通不便，相对封闭，因而市场化进程较慢，市场化程度不如东南沿海地区，政府干预等非市场机制在资源配置中所起的主导作用程度较高（王小鲁等，2017）。在市场化程度较高的地区，市场竞争等各种市场机制会对公司企业经营者行为产生约束，此时，大股东监督意愿和员工持股激励必要性都会有所下降，大股东监督意愿与员工持股激励的替代效应也会减弱甚至不存在。在市场化程度较低的地区，缺少来自市场竞争等机制的制约，当大股东监督意愿较弱时，则更需要实施员工持股激励以克服经营者道德风险从而最大化公司价值。当然，若大股东监督意愿较强并且有能力实施监督，那么，对员工实施持股激励的必要性和可能性就会减弱。也就是说，若所处地区市场化程度较低，大股东监督意愿与员工持股激励之间的替代效应会更加强烈；而当所处地区市场化程度较高时，大股东监督意愿与员工持股激励之间的替代效应就会减弱甚至不存在。据此，我们提出如下研究假说：市场化程度低会强化大股东监督意愿与员工持股激励之间的替代效应。

（二）实证结果

用地区市场化指数来衡量市场化程度（Market）。根据王小鲁、樊纲、余静文的《中国分省份市场化指数报告（2016）》，使用各省市场化指数评分和排名数据。《中国分省份市场化指数报告（2016）》中最新的各省市场化指数评分数据只截至 2014 年，而各个地区市场化程度的总体趋势具有稳定性和延续性。因此，2015 年和 2016 年的市场化程度数据，用 2014 年的市场化程度数据替代。

表 5-6 的回归结果显示，在低市场化程度样本组中，第一大股东持股比例（TOP1）的系数在全样本和员工持股样本回归中均显著为负，而在高市场化程度样本组中，第一大股东持股比例的系数均不显著。这说明，在低市场化程度样本组中，第一大股东持股比例与员工持股计划选择和激励强度均呈负相关关系，即第一大股东持股比例越低，大股东监督越弱，公司越倾向实行员工持股激励，并且，实施的员工持股激励强度也越高，也就是说，市场化程度低会强化大股东监督与员工持股激励之间的替代效应。原因在于，如果一个地区的市场化程度较高，那么市场机制在资源配置中起主要作用，法律环境和监管环境也相对比较完善，可以对管理层和员工的机会主义行为形成有力的约束，从而弱化了大股东的监督作用。如果一个地区的市场化程度较低，企业管理者和员工受到的外部环境因素约束较低，这

时，对公司管理者和员工机会主义行为的监督只能更多地依赖大股东。

表 5-6 市场化程度对大股东监督与员工持股计划替代效应的影响

变量	全样本（Stock）		员工持股样本（Intensity）	
	低市场化程度样本组	高市场化程度样本组	低市场化程度样本组	高市场化程度样本组
TOP1	−1.105 2** （−2.41）	−0.318 5 （−0.86）	−2.508 0** （−2.33）	−0.613 1 （−0.80）
Human	1.402 1** （2.28）	0.456 5* （1.72）	−1.040 4 （−0.72）	−0.849 7* （−1.68）
SOE	1.579 4*** （9.38）	2.014 3*** （11.37）	−0.594 2 （−1.60）	0.040 1 （0.12）
Inp	0.945 3 （0.87）	1.871 9** （2.25）	1.486 6 （0.67）	4.988 4*** （3.05）
Dual	0.591 6*** （4.45）	0.025 3 （0.24）	−0.060 6 （−0.23）	0.216 2 （1.11）
Size	0.185 7** （2.13）	0.259 9*** （3.63）	−0.030 6 （−0.15）	−0.059 0 （−0.41）
Lev	0.273 4 （0.78）	0.023 8 （0.08）	−0.519 3 （−0.67）	1.856 1*** （2.83）
Growth	−0.006 3 （−0.37）	−0.003 5 （−0.20）	0.004 0 （0.11）	0.046 0 （0.65）
Roe	−0.000 8 （−0.00）	0.574 0 （1.17）	1.021 2 （1.00）	−2.141 6* （−1.83）
Staff	0.146 1* （1.91）	0.071 8 （1.16）	−0.222 4 （−1.35）	0.288 9** （2.45）
FCFPS	−0.031 7 （−0.73）	−0.071 1* （−1.92）	−0.013 6 （−0.13）	0.009 8 （0.13）
Return	0.204 1** （1.96）	0.020 4 （0.28）	0.019 0 （0.10）	0.293 4 （1.56）
Incentive	−0.151 7 （−0.98）	−0.236 0** （−2.17）	0.738 0** （2.31）	0.148 1 （0.75）
Ind	控制	控制	控制	控制
Year	控制	控制	控制	控制
常数项	−11.886 1*** （−6.81）	−12.133 4*** （−8.68）	4.296 5 （1.04）	−2.264 2 （−0.79）
N	3 281	3 874	377	613
Pseudo R^2	0.199 2	0.174 8	0.124 6	0.074 3
LR chi^2	466.77***	590.84***	62.04***	61.38***

*、**和***分别表示在 10%、5%和 1%的水平上显著

二、人力资本禀赋的调节效应

（一）理论分析

人力资本禀赋是指一个公司所拥有人力资本的丰歉，在现代经济中，其决定了公司的竞争力和发展能力，不过，对人力资本禀赋的管理也存在监督与激励问题。根据周其仁（1996）的观点，人力资本具有以下两个产权特征：一是人力资本天然归属于个人；二是人力资本的产权权利一旦受损，其资产可以立刻贬值或荡然无存。人力资本的产权特征，决定了“就是奴隶制下仅仅为了利用奴隶的简单劳务也不能只靠棍棒和鞭子”，甚至在某些情况下，“人力资本的运用只可‘激励’而无法‘挤榨’”（周其仁，1996）。也就是说，对于人力资本禀赋的管理，在监督这根“大棒”之外，更重要的是考虑如何去激励人力资本。根据Herzberg（1968）的激励保健理论，不是所有的需要得到满足就能激励起员工的积极性，只有激励因素能给员工带来满足感，激励员工努力工作，调动员工工作积极性，而保健因素只能消除员工的不满，不能带来满足感。企业应该认识到保健因素是必不可少的，必须保障员工的基本工资，提供一个相对良好的工作环境。一旦消除这种不满意之后，保健因素就不能产生积极的激励效果，此时，就应该注意加入适当的激励因素，激发员工工作的热情。员工在获取基本工资的同时，为了激发他们的工作积极性，需要设计额外的激励计划。员工持股计划将企业的经济效益与员工的工作积极性紧密联系在一起，增加了员工的风险收入，不仅满足了员工的个人需求，增强了他们的归属感，也有利于企业长远发展，实现企业利益最大化。也就是说，员工持股计划是激励人力资本的一种有效方法。因此，对于人力资本禀赋较多的公司来说，为了激励员工努力工作，更需要实施员工持股计划。特别是当大股东监督意愿较低时，对员工实施持股激励尤为重要。当然，对于一个人力资本禀赋较少的公司来说，若大股东持股比例较高，监督意愿较强，员工持股激励的必要性就会减弱。也就是说，大股东监督与员工持股激励之间的替代效应会受到人力资本禀赋的影响。人力资本禀赋较多的公司，其大股东监督意愿越弱，就越需要对员工实施持股激励计划；而人力资本禀赋较少的公司，不论大股东监督意愿强弱如何，对员工实施持股激励计划都没有什么必要。可见，人力资本禀赋高能够强化大股东监督与员工持股计划之间的替代效应。

（二）实证结果

表 5-7 的回归结果显示，在人力资本禀赋不同的样本组中，大股东监督对员工持股激励的替代效应存在差异。具体而言，当人力资本禀赋较高时，第一大股

东持股比例（TOP1）的系数分别为−1.343 5 和−1.632 5，均通过统计显著性检验，表明替代作用显著存在。当人力资本禀赋较低时，第一大股东持股比例的系数虽然为负，但并不显著。此种差异说明，人力资本禀赋高能够强化大股东监督与员工持股计划之间的替代效应。

表 5-7 人力资本禀赋对大股东监督与员工持股计划替代效应的影响

变量	全样本（Stock）		员工持股样本（Intensity）	
	高人力资本禀赋组	低人力资本禀赋组	高人力资本禀赋组	低人力资本禀赋组
TOP1	−1.343 5*** （−2.70）	−0.385 7 （−1.11）	−1.632 5* （−1.70）	−0.470 0 （−0.63）
Market	0.098 5** （2.37）	0.083 9*** （2.59）	0.029 2 （0.37）	−0.077 0 （−1.15）
SOE	1.672 5*** （7.98）	1.842 9*** （12.49）	−0.858 2** （−1.97）	0.314 2 （1.08）
Inp	3.338 2*** （3.26）	0.440 6 （0.51）	1.202 7 （0.65）	3.193 9* （1.83）
Dual	0.141 0 （1.10）	0.321 6*** （3.01）	0.392 3* （1.69）	0.114 4 （0.55）
Size	0.140 8 （1.47）	0.271 6*** （4.06）	0.105 4 （0.51）	−0.043 5 （−0.32）
Lev	−0.391 9 （−1.04）	0.512 3* （1.73）	0.800 4 （1.01）	0.667 2 （1.09）
Growth	−0.022 7 （−0.47）	−0.005 3 （−0.46）	0.032 1 （0.90）	−0.009 4 （−0.31）
Roe	0.119 7 （0.22）	0.063 4 （0.32）	−1.187 0 （−0.78）	0.402 0 （0.48）
Staff	0.189 4** （2.15）	0.051 1 （0.90）	0.071 6 （0.43）	0.026 6 （0.24）
FCFPS	−0.146 0** （−2.47）	−0.023 2 （−0.75）	−0.224 9* （−1.78）	0.027 1 （0.44）
Return	0.046 4 （0.55）	0.123 0 （1.44）	0.052 3 （0.24）	0.248 7 （1.34）
Incentive	−0.147 9 （−1.13）	−0.205 5* （−1.71）	0.280 1 （1.21）	0.333 6 （1.42）
Ind	控制	控制	控制	控制
Year	控制	控制	控制	控制
常数项	−10.805 3*** （−6.08）	−12.892 7*** （−9.67）	−3.123 2 （−0.78）	0.928 8 （0.33）
N	2 212	4 943	402	588
Pseudo R^2	0.165 5	0.182 0	0.053 2	0.059 2
LR chi^2	351.44***	649.75***	28.93***	45.78**

*、**和***分别表示在 10%、5%和 1%的水平上显著

第五节　激励机制错位与企业全要素生产率

一、内部控制质量与股权集中度的调节作用分析

激励机制内生于组织架构之中，当激励机制错位阻碍全要素生产率增长时，组织中的控制系统（如内部控制制度、大股东监督）可能起到调节作用。内部控制以合理保障企业实现经营目标、报告目标和合规目标为宗旨，客观上对降低代理成本、促进创新均具有一定影响。一方面，内部控制能够对于企业内部权力运作进行约束、监督与控制，本质上对代理人存在治理效应（张会丽和吴有红，2014）。具体而言，高水平的内部控制不仅可以影响组织结构、决策机制、执行机制，还会影响控制程序与方法，从而实现对公司决策与实施行为的监督，抑制代理人的自利与偷懒行为，降低代理成本。另一方面，高水平的内部控制有助于提高信息沟通与传递的效率，降低信息不对称程度（方红星和金玉娜，2013），以及降低创新活动实施风险，对于缓解创新投入不足、成效不显著等问题发挥着积极影响（王亚男和戴文涛，2019）。总而言之，当激励措施难以发挥作用时，良好的内部控制制度可以缓解代理冲突与创新不足，对激励机制错位的负面影响具有正向调节作用。

大股东存在“控制权共享收益”以及参与决策制定、实施并进行监督的权限，对于约束管理层自利行为并增强其支持技术创新的力度具有重要作用（Shleifer and Vishny，1986；Holderness et al.，1999）。在缓解代理问题方面，经营改善引致的收益增加使大股东具有充足动力积极行使监督权，能够有效克服股权分散时的“搭便车”问题（周仁俊和高开娟，2012）；而在某些情况下直接参与经营管理过程的事实，有助于其收集掌握信息，从而缓解与管理层之间的信息不对称，提高实现有效监督的可能性（徐菁和黄珺，2009）。因此，在理论上，大股东监督应当有利于缓解激励机制错位所产生代理成本增加的问题。在促进技术创新方面，较为集中的股权结构安排有利于降低与创新有关的代理成本和签约成本（Francis and Smith，1995），大股东可以通过一定的激励手段引导经营者追求高风险、高回报，也可以通过控制措施来约束自利与偷懒行为，从而改变其对于企业技术创新活动的支持力度（杨建君等，2010）。因此，在理论上，大股东控制有助于缓解激励机制错位引发的创新产出不足。

二、调节效应的实证检验

表 5-8 列出了调节效应的实证结果。第（1）列和第（2）列分别表明了内部控制质量和第一大股东持股比例的调节作用。可以看出，内部控制质量（IC）正向影响企业全要素生产率，但不显著。激励机制错位与内部控制的交互项（DIXIC）系数为0.014 1，通过5%的统计显著性检验，表明有效的内部控制能够缓解激励机制错位对企业全要素生产率的负面影响，即内部控制存在调节效应。此外，第一大股东持股比例（TOP1）显著负向影响企业全要素生产率，而激励机制错位与第一大股东持股比例的交互项（DI×TOP1）系数为 0.008 3，且在 5%的水平上显著，表明大股东控制有助于缓解激励机制错位的生产率抑制效应，即大股东持股存在调节效应。

表 5-8 内部控制与股权集中度的调节效应检验

变量	（1）	（2）
	TFP_LP	TFP_LP
DI	−0.012 6*** （−2.611 0）	−0.007 1*** （−4.452 6）
IC	0.164 3 （0.283 0）	
DI × IC	0.014 1** （1.960 7）	
TOP1		−0.649 1* （−1.957 3）
DI × TOP1		0.008 3** （2.067 5）
Size	0.553 5*** （90.171 2）	0.547 9*** （64.497 1）
Lev	0.685 2*** （19.579 7）	0.276 6*** （8.443 4）
Roe	1.261 7*** （12.794 5）	0.772 1*** （25.103 4）
Growth	−0.011 0*** （−2.697 4）	0.013 5*** （6.419 2）
Dual	−0.054 0*** （−4.646 6）	−0.013 8 （−1.347 3）
Insti	0.001 9*** （7.047 0）	0.000 1 （0.441 4）
DS	−0.010 8*** （−3.047 0）	0.010 2*** （2.709 8）
Inde	−0.154 2 （−1.496 9）	0.182 2* （1.915 1）
Age	0.016 0* （1.670 5）	0.038 0* （1.795 6）

续表

变量	（1）	（2）
	TFP_LP	TFP_LP
Soe	0.070 0*** （5.551 1）	−0.031 3** （−2.188 1）
常数项	2.731 7*** （6.547 2）	3.617 9*** （12.627 6）
Year & Ind	控制	控制
N	12 385	12 387
R^2	0.744 7	0.557 5

*、**和***分别表示在 10%、5%和 1%的水平上显著

第六节　本章总结

针对我国企业激励机制错位现象，我们提出外部治理与内部治理相耦合的治理机制，即激励机制错位对企业提升全要素生产率产生影响所遵循的治理思路。激励机制的类别和激励对象存在差异，因此激励机制错位现象与企业全要素生产率间的调节效应亦有区别。基于上述对调节效应的阐述，我们可以将其划分为两个层面，即内部治理和外部治理。外部治理需要充分结合企业所在的市场环境和竞争环境进行分析，而内部治理则与企业内部控制、股权制衡、大股东行为监督等相挂钩。

一方面，外部治理机制能够起到有效的调节作用。外部治理可以从企业面临的市场竞争程度、市场化程度等角度阐述。市场竞争对高管薪酬差距的激励效应产生影响，具体而言，激烈的市场竞争所产生的外在压力强化了高管薪酬差距与全要素生产率之间的正相关关系。由于市场竞争能够加强薪酬差距的激励作用，故需要营造良好的市场竞争环境，降低一些垄断行业的门槛，打破地区间存在的人为市场壁垒，促进有效竞争，进而提升市场竞争对企业的外部治理效应。此外，减少政府对国有企业的行政干预和政策性资源的支持，增加国有企业的竞争压力，以发挥市场竞争对国有企业的治理效应。市场环境也会影响公司对于员工持股计划的选择，当所处地区市场化程度较低时，外部治理效率低下，大股东监督与员工持股激励之间的替代效应得到强化。

另一方面，内部治理机制能够调节激励机制错位与全要素生产率二者间的关系。内部治理机制主要包括内部控制制度、激励有效期、人力资源管理等。激励机制错位所产生的不利影响受到内部控制制度与监督机制的遏制，这表明当激励机制不能引领组织成员朝着企业价值最大化的方向努力时，来自内部控制制度与

监督机制的规制能够有效威慑并制止过分的自利行为，在一定程度上抚平了失效激励机制的部分影响。因此，若想要长久地实现高效的管理以提升生产效率，在优化激励机制的同时也应当辅以切实有效的内部控制制度与监督机制。在股权激励方面，较长的激励有效期更具效率提升效应，而相对于国有企业而言，民营企业的股权激励效率更高。此外，人力资本禀赋高能够强化大股东监督与员工持股计划之间的替代效应。也就是说，对于人力资本禀赋较高的公司，当大股东监督不足时，更需要实施员工持股计划以激励公司管理者和员工。

本章充分结合了实证研究和机理研究的内容，针对我国企业激励机制错位现象，提出由外部治理与内部治理相耦合的治理机制，耦合要点在于外部治理均应充分结合企业的市场环境、竞争程度与产权性质等特征。另外，内部治理也应与监督机制、内部控制、股权制衡、大股东行为监督等内部治理机制挂钩，为提升企业全要素生产率、矫正激励机制错位提供可行的治理思路，也为政府部门优化分配政策提供一定的参考。

第六章　其他视域下全要素生产率提升思路拓展

第四章从技术创新及资源配置效率两个方面探究了激励机制错位与生产率效应的传导路径，第五章从货币薪酬激励、薪酬差距、股权激励和员工持股计划错位四个方面探究企业全要素生产率的提升思路。作为主题的拓展，本章旨在探究其他视域下全要素生产率的治理思路。

首先，高管是企业重要的人力资本，高层管理者是企业的决策层，对企业的战略决策具有重要的影响。根据“高层梯队理论”，企业的经营行为深受企业高管团队背景特征的影响，包括性别、学历、职业经历等因素。不同的经历将带来管理者个人特质与自身能力的差异，从而影响企业的生产经营决策。董事会尽管不直接参与公司的生产经营管理，但却是企业最高的决策机构，是公司治理的核心。董事会的结构将对企业的治理产生影响，合理安排董事会席位是提高企业治理能力的有效途径。

其次，战略对公司发展具有重要影响。财务与经营战略作为企业重要的内部战略，决定着企业资金的筹集与使用及生产经营决策，影响着企业的资源配置效率。当企业采取与行业差异较大的战略时会给企业带来较大的风险：一方面，阻碍了企业与内外部环境进行互动，降低了生产经营效率；另一方面，加大了企业的经营风险与信息风险，提升了企业的融资成本。因此，战略采用的恰当与否在很大程度上决定着企业的经营成败和竞争优势能否维系。

最后，完善的市场机制、良好的政府治理和较高的法治化水平是经济增长的必要条件。企业全要素生产率的提高也取决于其所处的制度环境，任何一项政策的颁布都可能对全要素生产率造成影响。

以上三个方面都是影响全要素生产率的重要因素，基于此，本章将从管理者特征、企业内部战略环境及外部制度环境视域探究全要素生产率的治理思路。

第一节 管理者特征视域下的提升思路

一、高管海外经历与企业全要素生产率

（一）理论分析

1. 高管海外经历对企业全要素生产率的影响

全要素生产率主要来源于效率改善、技术进步及规模效应，其中，效率改善与技术进步是影响全要素生产率最为主要的因素。因此，本节从效率改善与技术进步这两个方面阐述高管海外经历与企业全要素生产率的逻辑关系。

从效率改善的角度，已有研究表明资源配置效率对企业全要素生产率有较大的影响。作为企业的决策者和管理者，管理层对企业资源配置会产生至关重要的影响，且这种影响依赖于高管自身具有的人力资本水平。具有海外经历的高管由于能够接受更好的教育或培训，有利于提高高管自身具有的人力资本水平。同时，海外经历使高管更具国际性视野，提升了他们的宏观把握能力，有助于企业采取更适当的筹资、投资等决策。因此，海归因其在发达国家中接受过良好教育或经历过管理实践，当他们回国后，过往的海外经历能够帮助管理层制定更有利于企业发展的决策，能够帮助企业引进并遵循更严格的公司治理准则，提高企业的资源配置效率。

从技术进步的角度，自主创新是提升企业乃至国家技术进步的重要方式。已有研究表明，企业研发投入与全要素生产率之间存在显著的正向关系。上市企业研发投入受到多种因素的制约，管理层的短视行为就是影响企业研发投入的重要因素之一，高管的海外经历使其具有前沿的知识、广阔的国际视野、丰富的海外工作和学习经验，有利于提高管理层多元化程度、减轻管理层短视，在一定意义上能够促进企业创新。此外，研发投入增加并不必然带来创新产出和创新效率的提高。根据烙印理论，具有海外经历的高管由于受到发达国家优质的教育和文化熏陶，通常具有较前沿的专业知识和较完善的知识结构及较高的“失败”容忍度，因此，对外部溢出知识的获取以及吸收能力较强，且在加工信息时倾向通过复杂系统的信息处理过程对有限的信息进行分类与比较，并通过将海外更健全的公司治理机制“嫁接”到所在组织以提高创新效率。基于以上分析，笔者认为高管海外经历对企业全要素生产率具有显著的正向影响。

2. 内部制度环境的影响

所有者与经营者之间的委托代理冲突一直是现代企业的主要问题，代理人出于自利动机，从而做出以牺牲股东利益为代价的经营决策行为。监督和激励作为防止经营者背离股东目标的两种制度性措施，在缓解企业代理问题上具有重要影响。

从企业内部来看，内部控制作为企业不完全契约的必要补充，本质上是为了实现组织目标，协调和维护企业利益相关者之间利益关系，避免利益冲突的一种制度安排和控制机制，是公司内部监督的主要组成部分（Altamuro and Beatty，2009）。我国企业内部控制信息披露经历了由无到自愿披露、由自愿披露到强制披露的过程，由此可见，内部控制作为企业的监督机制成为日益关注的重点。内部控制通过五大要素，有效监督和制约高管机会主义行为，降低代理成本，提高代理效率。同时，良好的内部控制有利于对管理者决策的管理和牵制，增加了高管违约的机会成本，抑制高管非意愿性非效率投资，提高企业资源配置效率。因此，内部控制作为企业的"免疫系统"，能够抑制管理层自利动机，减轻代理冲突，通过制度安排和控制系统提高企业经营效率与效果，最终提升企业全要素生产率。

同时，薪酬激励作为缓解代理冲突的重要内部制度，在缓解企业代理问题上同样具有重要影响。薪酬激励主要包括货币薪酬激励和股权激励，货币薪酬激励既是企业最基本的薪酬激励方式，也是高管最基本的物质保障；相比于货币薪酬激励，股权激励最大的特点在于赋予管理层一定的股权，减小了管理层与股东之间的利益冲突，从而在一定程度上缓解代理问题，是一种长期的激励机制。近些年，越来越多的上市公司开始实施股权激励，已有研究表明，高管股权激励能够显著影响企业代理效率、创新效率、投资效率等（吕长江和张海平，2011），而资源配置效率的改善可以显著提高企业全要素生产率（Hsieh and Klenow，2009）。因此，股权激励有利于强化高管海外经历对企业全要素生产率的影响。

综上所述，本节认为企业内部控制质量越高、薪酬制度越完善，相应的内部制度环境也就越好，海外高管的能力越能得以充分发挥。

3. 外部制度环境的影响

从企业外部看，外部制度环境影响塑造企业内部契约安排，对高管行为存在潜移默化的影响（许家云，2018）。外部制度环境可以从产权环境、契约环境和对投资者的保护等不同的角度认识（Acemoglu and Johnson，2005）。结合我国实践，产权环境主要是指企业产权性质；契约环境主要是指外部市场竞争状况及法治水平；对投资者的保护主要是指资本市场对企业的监管机制，这可通过资产市场中的主要监督力量——机构投资者来体现。因此，本节认为外部制度环境对高管行为影响途径有三条：一是政府监管；二是市场化程度；三是资本市场的影响。

首先，在我国资本市场中的投资者保护机制尚不完善时，政府监管可作为公司治理机制失效的替代机制。与非国有企业相比，国有企业受到更为严格的政府监管，国有企业高管决策行为受到更为严格的约束，有利于抑制高管机会主义行为，缓解管理层自利行为引发的代理冲突。因此，本节认为高管海外经历对企业全要素生产率的影响在国有企业中更显著。

其次，关于市场化程度对高管行为的影响，我国各地区的市场化进程存在较大差异，对企业高管决策行为的影响也存在显著不同。随着我国区域市场化程度不断加快，对高管管理行为的监督力度也加大，能够有效抑制高管权力的膨胀和寻租行为，提高企业资本配置效率（Fee and Hadlock，2000）。因此，本节认为高管海外经历对企业全要素生产率的影响在市场化水平高的地区更显著。

最后，机构投资者作为资本市场的主力军，可以通过直接参与公司治理或者通过控制权市场来间接参与公司治理，加强对管理层的监督，提高公司治理水平和治理效率。因此，本节认为高管海外经历对企业全要素生产率的影响在有机构投资者持股的企业中更显著。

综上所述，本节认为受政府监管、存在机构投资者持股及市场化进程较高地区的企业，相应的外部制度环境越好，高管的管理行为越能够被充分监督，从而更好地履行自己的代理职责。

（二）实证结果

1. 高管海外经历的影响效应

表 6-1 报告了高管海外经历与企业全要素生产率的实证结果。高管海外经历（Oversea）的回归系数均显著为正，且在 1%及 10%的水平上显著，这表明在控制各种异质性条件的基础上，假设仍然成立，说明具有海外经历的高管可以通过提高企业资源配置效率和创新效率等，进而影响企业全要素生产率，最终作用于企业绩效。控制变量的实证结果与以往研究基本保持一致，不再一一叙述。

表 6-1 高管海外经历与企业全要素生产率的实证结果

变量	（1）	（2）	（3）	（4）
Oversea	0.055^{***} （6.596）	0.025^{***} （3.435）	0.026^{***} （3.509）	0.013^{*} （1.816）
Size		0.085^{***} （32.160）	0.085^{***} （31.054）	0.069^{***} （23.575）
Age		0.055^{***} （8.488）	0.053^{***} （8.112）	0.010 （1.533）

续表

变量	（1）	（2）	（3）	（4）
Lev		−0.058*** （−3.446）	−0.065*** （−3.834）	−0.002 （−0.093）
Roa		2.196*** （32.725）	2.187*** （32.532）	2.301*** （33.726）
Fix		−0.360*** （−19.748）	−0.367*** （−19.820）	−0.317*** （−16.856）
DS			−0.000 （−0.202）	0.001 （0.853）
Inp			−0.103* （−1.928）	−0.113** （−2.177）
Dual			−0.028*** （−4.479）	−0.031*** （−5.044）
Year & Ind	未控制	未控制	未控制	控制
常数项	−0.009*** （−2.668）	−1.996*** （−36.905）	−1.928*** （−33.626）	−1.805*** （−29.462）
N	16 271	16 271	16 271	16 271
调整 R^2	0.003	0.204	0.205	0.248

*、**和***分别表示在 10%、5%和 1%的水平上显著

注：（1）表示自变量与因变量之间的相关关系；（2）、（3）表示加入部分控制变量后的模型关系，（4）表示加入所有控制变量后的回归关系；Fix 为固定资产占总资产的比重

2. 内部制度环境的影响

表 6-2 报告了基于内部制度环境的分组回归结果，企业内部制度环境通过内部控制和股权激励制度进行衡量。第（1）、（2）列结果表明，在内部控制质量较高的样本中，高管海外经历（Oversea）与企业全要素生产率（TFP）之间存在显著正相关关系；反之则不存在显著相关关系。该分组结果说明，有效的内部控制制度为约束代理人自利动机与行为提供了全面保障，从而更能够激发管理层付诸努力与发挥才学的行为，最终产生提升企业全要素生产率的效果。第（3）、（4）列结果表明，在实施股权激励的样本中，Oversea 与 TFP 之间显著正相关；而在未实施股权激励的样本中，Oversea 与 TFP 虽然正相关，却不显著。这表明股权激励作为一种长期激励制度，能够显著影响企业代理效率，提高企业经营绩效。

表 6-2　基于内部制度环境的分组回归

变量	（1）	（2）	（3）	（4）
	内部控制质量较高	内部控制质量较低	实施股权激励	未实施股权激励
Oversea	0.020** （2.314）	−0.006 （−0.454）	0.018** （2.069）	0.006 （0.494）
Control	控制	控制	控制	控制
Year & Ind	控制	控制	控制	控制

续表

变量	(1)	(2)	(3)	(4)
	内部控制质量较高	内部控制质量较低	实施股权激励	未实施股权激励
常数项	-1.815*** (-25.522)	-1.761*** (-14.768)	-1.950*** (-25.387)	-1.685*** (-16.099)
N	11 444	4 827	10 436	5 835
调整 R^2	0.255	0.208	0.270	0.228

和*分别表示在 5%和 1%的水平上显著

3. 外部制度环境的影响

表 6-3 报告了基于外部制度环境的分组回归结果，外部制度环境从产权性质、市场化程度及机构投资者持股情况考虑。第（1）、（2）列结果表明，在国有企业样本中，高管海外经历（Oversea）与企业全要素生产率（TFP）之间存在显著正相关关系；而在民管企业样本中，Oversea与TFP虽然为正相关关系，却不显著。该分组结果说明政府监管可作为公司治理机制失效的替代机制，约束管理层滥用权力进行自利投机的非效率行为。第（3）、（4）列结果说明，在市场化程度较高的样本中，Oversea 与 TFP 在 1%的水平上显著正相关；反之则不存在显著相关关系。这表明市场化程度越高，管理者的声誉价值越大，从而基于职业生涯预期的考虑将约束寻租行为，对资本配置效率产生积极影响。第（5）、（6）列结果说明，在机构投资者持股的样本中，Oversea 与 TFP 之间存在显著正相关关系，在机构投资者未持股的样本中，Oversea与TFP关系则不显著。这表明机构投资者的参与，大大提高了监督效率与能力，有利于促使海外高管积极提升企业全要素生产率。

表 6-3 基于外部制度环境的分组回归

变量	(1)	(2)	(3)	(4)	(5)	(6)
	国有企业	民营企业	市场化程度较高	市场化程度较低	机构投资者持股	机构投资者未持股
Oversea	0.028*** (2.799)	0.001 (0.108)	0.044*** (3.814)	-0.005 (-0.583)	0.013* (1.705)	0.008 (0.350)
Control	控制	控制	控制	控制	控制	控制
Year & Ind	控制	控制	控制	控制	控制	控制
常数项	-1.747*** (-21.409)	-1.589*** (-15.858)	-1.555*** (-14.029)	-1.894*** (-23.897)	-1.812*** (-28.032)	-1.497*** (-5.167)
N	7 876	8 395	6 709	9 562	14 463	1 808
调整 R^2	0.233	0.283	0.270	0.245	0.244	0.141

*和***分别表示在 10%和 1%的水平上显著

二、高管学术经历与企业创新

（一）理论分析

1. 高管学术经历对企业创新的影响效应

大量文献研究表明，企业的创新会受到信息不对称的严重影响（Manso，2011）。具体而言，创新活动是需要企业对外执行一定的保密工作，且其极大的不确定性在无形中导致企业内外信息的不对称。因此，对于投资者来说，由于信息的不对称，其无法准确把握企业实际的盈利水平和发展状况，而往往会低估那些实际上创新实力较强企业的价值。由此，企业管理者进行创新的积极性严重受挫，在一定程度上会降低对研发的投入力度。同时，研发创新是一项长期决策，在研发过程中需要大量的资金作为支撑，而信息不对称往往会提升企业的融资约束，使其融资渠道受限，从而限制企业进行创新活动。基于此，企业信息不对称往往是阻碍其进行研发创新的关键，而具有学术经历的高管能够有效地缓解这种信息不对称。具有学术经历的高管曾经或者正在高校或科研机构任职，这些经历往往使得高管具有更高的道德准则和社会责任感（Cho et al.，2017；黄灿等，2019）。企业高管较高的道德水平能够有效缓解企业与投资者之间的信息不对称（Cho et al.，2017）。

此外，具有学术经历的高管对于企业价值的重要性往往会被证券分析师追踪。学术经历高管越多的企业，往往越能够吸引到更多分析师的关注，而已有研究表明，分析师追踪有助于促进中国上市公司的创新（陈钦源等，2017；余明桂等，2017）。根据已有研究可知，分析师能够及时地搜集整理上市公司的信息，并对这些信息加以分析和传播，创新活动作为企业价值创造的关键，其传达的信息更容易被分析师重点关注，分析师向外界传达真实信息能够有效地缓解企业和众多投资者间存在的信息不对称（Frankel and Li，2004）。综上所述，高管学术经历能够促进企业的创新。因此，笔者认为给定其他条件不变，高管学术经历能够促进企业创新。

2. 不同学历类型高管影响的差异性

上一部分将具有学术经历的高管视为同质的，实际上尽管都曾经有过学术经历，但这些高管也存在差异性，他们可能有不同的能力和学历，高管在参与创新活动时所展现出来的实力不同，从而也会对企业创新产生不同的影响。对于企业创新来说，其往往需要较高的技术性和原创性，因此，对于参与者的技术水平和知识储备有相当高的要求（黄灿等，2019）。高管的学历水平在一定程度上能够体现出其拥有的知识储备及将知识转化为实际运用的能力。基于此，笔者推断在学术型高管中，学历越高的高管所拥有的学术资本对企业创新的促进作用越显著。

3. 高管学术经历对不同产权性质企业的影响

由于我国特殊的制度背景，不同产权性质的企业对创新活动做出的决策存在较大的差别。一方面，国有企业通常需要承担一定的政策性负担，因此其做出的决策会受到很多因素的影响，如需要承担更多的社会责任等（谢德仁和陈运森，2009）。对于国有企业而言，具有学术经历的高管在对创新活动做出决策时往往会受到政府的约束，其灵活性较低，而具有原创性的创新活动通常需要更多的尝试和更长的周期，因此，具有学术经历的高管所受到的约束将不利于企业创新活动的开展。另一方面，与非国有企业相比，国有企业往往缺乏对于创新的激励机制，因此，高管努力创新的积极性不高，不愿意投入高风险的创新而更倾向追求安稳的经营活动（田轩和孟清扬，2018）。然而，创新本来就是具有高不确定性和高风险性的活动。基于此，笔者推论，相比于国有企业而言，非国有企业中具有学术经历的高管对于企业创新的促进作用更为显著。

（二）实证结果

1. 高管学术经历与企业创新

表 6-4 报告了高管学术经历（Academic）对企业创新影响的核心回归结果，其中第（1）列展示了高管学术经历与企业创新之间的关系，回归系数为 0.017，且在 1%的水平上显著，初步验证了企业高管学术经历与企业创新存在正相关的关系。第（2）列和第（3）列分别在第（1）列的基础上对高管层面的因素变量及企业层面的因素变量进行控制，结果显示仍存在显著的正相关关系。第（4）列在上述基础上，同时加上企业层面及高管层面的控制变量，并且对行业和年度也进行了控制，结果显示高管学术经历与企业创新之间的回归系数为 0.007，且仍在 1%的水平上显著。另外，与第（1）列相比，第（4）列的调整 R^2 稳步提升，在一定程度上验证了模型构建的合理性。综上所述，高管学术经历能够促进企业创新。

表 6-4　高管学术经历与企业创新

变量	（1）	（2）	（3）	（4）
Academic	0.017*** （22.201）	0.016*** （20.509）	0.013*** （17.913）	0.007*** （11.946）
Tsize		0.005*** （4.868）	0.085*** （31.054）	0.005*** （6.677）
Tage		−0.053*** （−11.962）	0.053*** （8.112）	−0.019*** （−4.917）

续表

变量	（1）	（2）	（3）	（4）
Female		0.009*** （4.118）	−0.065*** （−3.834）	−0.004** （−2.205）
Degree		−0.010*** （−9.345）	2.187*** （32.532）	0.008*** （7.842）
Returnee		0.042*** （12.197）	−0.367*** （−19.820）	0.008*** （2.911）
Size			0.001*** （2.701）	−0.001*** （−4.354）
Lev			−0.056*** （−28.710）	−0.032*** （−17.508）
Cash			0.038*** （14.985）	0.028*** （12.495）
Roa			−0.081*** （−12.580）	−0.032*** （−5.567）
Eqinc			0.044** （2.257）	0.020 （1.169）
Growth			0.003*** （8.703）	0.001*** （4.356）
Corage			−0.009*** （−17.980）	−0.010*** （−20.601）
Year & Ind	未控制	未控制	未控制	控制
常数项	0.024*** （61.881）	0.219*** （13.119）	0.046*** （8.072）	0.108*** （7.330）
N	13 091	13 091	13 091	13 091
调整 R^2	0.036	0.068	0.221	0.431

和*分别表示在 5%和 1%的水平上显著

注：（1）表示自变量与因变量之间的相关关系，（2）、（3）表示加入部分控制变量后的模型关系，（4）表示加入所有控制变量后的回归关系；Tsize 表示高管规模；Tage 表示高管年龄；Female 表示高管团队中女性高管占比；Degree 表示具有硕士以上学历的高管比重；Returnee 表示具有海外背景的高管的比重；Eqinc 表示投资收益；Corage 表示企业年龄

2. 不同学历类型高管的影响

仅保留有硕士以上学历的高管，基于此样本来检验具有学术经历的高管对企业创新的影响，从而去除样本中教育背景的影响。结果如表 6-5 第（1）列和第（2）列所示，结果未发生改变。然后按照高管硕士以上学历占比对样本进行分组，将硕士以上学历的高管定义为高学历高管，结果如第（3）列至第（5）列所示，高学历的高管学术经历与企业创新间相关系数更高，且组间差异检验中分组差异性显著。因此，相对于低学历高管而言，高学历高管学术经历对企业创新作用更加显著。

表 6-5 不同学历类型高管的影响

变量	被解释变量：Innovation					
	（1）	（2）	（3）	（4）	（5）	（6）
	硕士以上学历		高学历	低学历	高学历	低学历
Academic	0.007*** （11.523）		0.008*** （11.848）	0.005* （1.826）		
Acaper		0.036*** （13.704）			0.037*** （14.224）	0.023** （2.003）
Contorls	控制	控制	控制	控制	控制	控制
Year	控制	控制	控制	控制	控制	控制
Ind	控制	控制	控制	控制	控制	控制
常数项	0.106*** （6.817）	0.112*** （7.163）	0.105*** （6.750）	0.139*** （2.840）	0.111*** （7.123）	0.139*** （2.834）
N	12 211	12 211	12 211	880	12 211	880
调整 R^2	0.436	0.439	0.434	0.376	0.437	0.376
组间差异检验			0.005*		0.027**	

*、**和***分别表示在 10%、5%和 1%的水平上显著

注：Acaper 表示具有学术经历的高管的比重；Contorls 表示所有控制变量

3. 高管学术经历对不同产权性质企业的影响

基于产权制度对样本进行分组，国有企业（State）取值为 1，否则为 0。结果如表 6-6 所示，不论是采用虚拟变量还是替换变量，国有企业和非国有企业中高管的学术经历均能显著促进企业的创新。进一步对组间差异进行检验，非国有企业中具有学术经历的高管与企业创新的相关系数显著大于国有企业中具有学术经历的高管与企业创新的相关系数，两组的差异系数均不为 0，且在 1%的水平上显著。因此，相比于国有企业，非国有企业中具有学术经历的高管对创新的促进效应更强。

表 6-6 高管学术经历对不同产权性质企业的影响

变量	被解释变量：Innovation			
	非国有企业	国有企业	非国有企业	国有企业
Acaper	0.050*** (13.324)	0.018*** (5.941)		
Academic			0.011*** （11.454）	0.003*** （3.754）
Controls	控制	控制	控制	控制
Year	控制	控制	控制	控制
Ind	控制	控制	控制	控制

续表

变量	被解释变量：Innovation			
	非国有企业	国有企业	非国有企业	国有企业
常数项	0.093*** (4.056)	0.113*** (5.941)	0.088*** (3.818)	0.111*** (5.830)
N	7 248	5 843	7 248	5 843
调整 R^2	0.424	0.389	0.420	0.387
组间差异检验	0.034***		0.009***	

***表示在 1%的水平上显著

三、非执行董事与企业全要素生产率

（一）理论分析

1. 非执行董事对企业全要素生产率的影响

在现代企业两权分离的情况下，如何避免管理者利用自身的权力使自己的利益最大化从而做出有损企业的行为就变得十分重要，如投资净现值为负的项目、寻求过度的在职消费（Hart，2001）等。所以由股东与管理者利益相悖而引发的第一类代理问题，就成为公司治理的关键。因而需要不断改善公司的治理结构，合理安排董事会的席位（郑志刚等，2019）以加强对 CEO 的监督，减轻第一类代理问题。

董事分为执行董事和外部董事，外部董事包括独立董事和非执行董事（胡诗阳和陆正飞，2015）。不少文献研究表明，独立董事在公司治理中扮演着重要角色（郑志刚等，2019）。根据《中华人民共和国公司法》，独立董事的数量不得少于董事会规模的 1/3，独立董事在董事会中占有相当的比例。独立董事的聘任、薪酬等都由管理层来决定（Hwang and Kim，2009；Stevenson and Radin，2009），所以他们常常听从于管理层，因而独立董事又常与“花瓶董事”联系起来。不少公司都是为了满足监管的要求而设立此席位（辛清泉等，2013），且独立董事对上市公司的情况获取并不充分，很多重要的信息企业并不愿意透露给这类“外部人”。此外，在我国，独立董事在解决大股东对小股东利益侵占的问题上所发挥的作用较大，但在解决第一类代理问题上所发挥的作用十分有限。

我国企业的股权集中度普遍较高，大股东在监督管理层方面起着重要的作用。大股东监督的重要手段之一就是向董事会委派非执行董事。非执行董事所占比例一般在董事会规模的 1/3 以上，在公司治理方面发挥着重要作用。一方面，非执行董事多由大股东或者上级单位直接派出，所以相较于独立董事而言更加独立于管理层，对管理层的监督效果更好。另一方面，他们大都为专职的董事，相较于“繁忙”的独立董事，他们更有时间与精力去了解公司的信息，对管理层有更充分的了解。例如，非执行董事能更有针对性地对管理层制定合理的激励机制，使其对公司更加“忠心”（盛明泉等，2020b），且非执行董事为公司内部人，能获得更多的内部信息（桂荷发和黄节根，2016）。若非执行董事的数量在董事会中占有较大的比重，当有关的提案有损股东的利益且对企业的发展不利时，管理层事先便能预知有关的提案在董事会上不能通过便不会提出。所以非执行董事通过对管理层实施有效的监督，使管理者做出决定时更加谨慎，因而能更好地缓解股东与管理层之间由于利益冲突所引发的第一类代理问题。陆正飞和胡诗阳（2015）的相关研究表明，非执行董事能有效抑制企业的过度投资，并对企业的盈余平滑行为有着抑制作用，在一定程度上提高并购效率，促进企业全要素生产率的提高。赵健梅等（2017）的研究表明，非执行董事对管理层超额薪酬的获得能进行有效监督，而超额薪酬的制定将会抑制企业全要素生产率的提高（盛明泉等，2019）。

通过上述分析，我们发现非执行董事在董事会中占有重要的席位，他们通过积极参与公司治理对管理者实施有效监督以此来抑制管理层的自利行为，有效地缓解股东与 CEO 之间的代理问题，从而使 CEO 的决策更加符合股东及企业的目标，更加有利于企业的生产经营，从而提高企业的全要素生产率。据此，笔者认为，非执行董事与企业全要素生产率具有正相关关系。

2. 股权制衡度的调节作用

现有文献关于股权制衡对公司治理效果的研究并未达成一致结论。当企业存在多个大股东时，不但可以实现股东之间的相互监督，而且在抑制第一大股东私利行为方面发挥了积极作用，有效地抑制了控股股东对其他股东利益侵占的行为。此外，股权制衡对管理层也起到一定的监督作用，即降低代理人的机会主义倾向。

也有不少文献表明股权制衡存在负向影响。朱红军和汪辉（2004）以案例研究的方式探究了股权制衡在民营上市公司的治理效果，认为股权制衡并不比一股独大更有效率。一方面，当股权制衡度较高，即存在多个大股东时，其他大股东对控股股东监督与制衡作用更强，能有效地控制其与管理层合谋掏空企业的行为。由于其他大股东委派的非执行董事对公司治理有着较高的积极性，对管理层进行严格的监督，由此形成了“过度监督”效应，从而有可能导致 CEO 决策僵化，行为保守。在面临风险决策时，管理层会因其过度保守的行为而放弃一些有风险但有利于提高企业绩效的项目，不利于提高企业的全要素生产率（朱冰等，2018）。另一方面，股权制衡将会削弱控股股东委派的非执行董事对管理层的监督作用。股权制衡往往意味着其他股东有着较多的股权，实际控制人的相对股权下降，影响力下降，从而影响非执行董事监督管理层行为的积极性。此外，股权制衡度较高，股东们委派的董事可能对提案提出不同的意见，很难达成一致，从而降低决策效率。股权制衡度较高将使得内部控制人逐渐成为企业的主导力量（花冯涛等，2017），从而为管理层的过度自利行为提供便利，容易出现过度在职消费、超额薪酬、过度投资等现象（Malmendier and Tate，2007；姜付秀等，2009）。

股权制衡一方面可能造成其他股东委派的非执行董事对CEO的过度监督，使企业放弃一些风险与收益并存的项目。另一方面，过高的股权制衡度，会削弱控股股东委派的非执行董事对管理层的有效监督。综上所述，股权制衡将起到负向调节作用。

（二）实证结果

1. 非执行董事的影响效应

表 6-7 显示了非执行董事对企业全要素生产率的影响。在第（1）列与第（2）列中，非执行董事（NOE）的系数分别为0.369与0.126，均在1%的水平上显著，表明非执行董事的监管确实有助于企业全要素生产率的提升。第（3）、（4）列区分产权性质来探究二者的关系，发现无论是在国有企业中还是在非国有企业中，非执行董事的有效监督都能促进企业全要素生产率的提升。

表 6-7 非执行董事对企业全要素生产率的影响

变量	（1）	（2）	（3）	（4）
	全样本	全样本	国有企业	非国有企业
NOE	0.369*** （17.914）	0.126*** （6.255）	0.195*** （5.968）	0.090*** （3.440）
Inde		0.068** （2.009）	0.170*** （3.038）	−0.023 （−0.549）
DS		0.002** （1.963）	0.001 （0.861）	0.002* （1.876）
Roe		0.764*** （27.468）	0.672*** （16.800）	0.862*** （22.308）
Growth		0.053*** （8.176）	0.049*** （4.424）	0.052*** （6.513）
Size		0.145*** （58.276）	0.150*** （44.455）	0.134*** （34.148）
Age		0.080*** （23.285）	0.086*** （13.145）	0.084*** （17.982）
Lev		−0.150*** （−9.910）	−0.109*** （−4.453）	−0.171*** （−8.767）
TOP1		0.001*** （4.816）	0.002*** （7.911）	0.000 （0.190）

续表

变量	（1）	（2）	（3）	（4）
	全样本	全样本	国有企业	非国有企业
Dual		-0.013^{**} （-2.431）	0.008 （0.637）	-0.020^{***} （-3.282）
常数项	5.796^{***} （721.718）	2.118^{***} （40.532）	1.885^{***} （25.720）	2.433^{***} （29.093）
Year & Ind	未控制	控制	控制	控制
N	19 390	19 390	7 526	11 864
调整 R^2	0.016	0.420	0.428	0.376

*、**和***分别表示在 10%、5%和 1%的水平上显著

注：（1）表示加入控制变量，（2）表示加入了全部控制变量

2. 股权制衡度的调节作用

表 6-8 显示了股权制衡对非执行董事与全要素生产率之间正相关关系的调节效应。从第（1）列的回归结果来看，非执行董事（NOE）与企业全要素生产率（TFP）的回归系数为 0.163，且在 1%的水平上显著正相关，说明非执行董事的设立有利于提高企业全要素生产率。非执行董事与股权制衡的交乘项（S_NOE）与企业全要素生产率（TFP）的回归系数为−0.123，并在 5%的水平上显著，表明股权制衡在一定程度上削弱了非执行董事对企业全要素生产率的促进作用。原因可能在于：其一，股权制衡度较高将导致其他股东委派的非执行董事对 CEO 的过度监督；其二，股权制衡度较高意味着第一大股东的股权集中度下降，对企业失去了完全的控制力，而大股东们委派的非执行董事对同一件事难以形成统一的意见，不能很好地对 CEO 形成制约，使 CEO 更有可能做出利己但有损公司的事，所以股权制衡削弱了非执行董事与企业全要素生产率之间的正相关关系。

表 6-8 股权制衡的调节效应回归分析

变量	（1）	（2）	（3）
	全样本	国有样本	非国有样本
NOE	0.163^{***} （5.992）	0.274^{***} （6.466）	0.090^{**} （2.342）
S	0.073^{***} （3.131）	0.230^{***} （4.688）	-0.014 （-0.481）
S_NOE	-0.123^{**} （-2.137）	-0.353^{***} （-3.272）	0.004 （0.056）
Inde	0.066^{*} （1.950）	0.169^{***} （3.044）	-0.022 （-0.525）

续表

变量	(1)	(2)	(3)
	全样本	国有样本	非国有样本
DS	0.002* (1.890)	0.001 (0.626)	0.002* (1.895)
Roe	0.762*** (27.390)	0.666*** (16.672)	0.863*** (22.303)
Growth	0.052*** (8.121)	0.048*** (4.352)	0.052*** (6.531)
Size	0.144*** (57.471)	0.146*** (42.091)	0.134*** (34.347)
Age	0.083*** (23.048)	0.092*** (13.555)	0.082*** (17.222)
Lev	−0.147*** (−9.687)	−0.104*** (−4.262)	−0.172*** (−8.798)
TOP1	0.001*** (5.200)	0.003*** (8.717)	−0.000 (−0.409)
Dual	−0.013** (−2.414)	0.009 (0.716)	−0.020*** (−3.282)
常数项	2.103*** (39.777)	1.873*** (25.434)	2.436*** (28.685)
Year	控制	控制	控制
Ind	控制	控制	控制
N	19 390	7 526	11 864
调整 R^2	0.421	0.430	0.376

*、**和***分别表示在 10%、5%和 1%的水平上显著

第（2）列与第（3）列为区分产权性质的回归分析，国有样本 S_NOE 的回归系数为−0.353，显著水平为 1%。非国有样本 S_NOE 的回归系数为 0.004 且不显著。这可能是因为，国有企业面临的主要问题是“所有者缺位”（侯青川等，2015），控股股东与经理层的代理问题较为严重，非执行董事能够对 CEO 的行为起到监督作用，有效地缓解第一类代理问题。股权制衡不能很好地解决第一类代理问题，反而会导致其他股东委派的非执行董事对 CEO 的过度监督及对控股股东委派的非执行董事监督积极性的削弱，所以在国有样本中股权制衡对非执行董事与企业全要素生产率的正相关关系的抑制作用较为明显。大股东对中小股东的利益侵占等第二类代理问题在非国有企业中较为显著，而股权制衡很好地解决了第二类代理问题，股权制衡度越大，非控股股东对控股股东的监督就越强，也可能因为股权制衡度在非国有企业中本身就比较大，所以抑制效果就相对较弱。

第二节　企业内部战略环境视域下的提升思路

一、“短贷长投”与企业全要素生产率

（一）理论分析

债务期限结构理论指出，企业债务融资期限与资产期限相匹配具有诸多益处，如缓解投资不足、降低债务代理成本和减轻流动性风险等（DeMarzo and Fishman，2007）。在现实中，由于受到多重因素的影响，企业利用短期债务资金支持长期资产发展的现象一直广泛存在。一方面，银行等金融机构作为信息获取的劣势方，往往会为了缓解逆向选择行为与道德风险问题，而倾向投放短期信贷以管理风险与应对信贷考核（Custodio et al.，2013）；另一方面，作为信贷的需求方，高质量的公司有动机举借债务成本较低且能够传递积极信号的短期债务，也有能力承担由此产生的流动性风险压力（方军雄，2010）。在美国发达的融资环境下，Kahl 等（2015）发现在并购等大型资本投资的前期，企业会为了降低交易成本而利用短期资金缓冲融资压力，并且信用质量较高的公司更乐于如此筹划。由此说明，“短贷长投”其实存在双面性：一方面，“短贷长投”这一激进型投融资策略可能引发资金流动性风险，对企业经营实践产生严重不利影响；另一方面，企业结合自身情况的融资期限决策确实可以产生一定的积极效应。

然而，在我国独特的金融体系制度环境下，由于金融抑制程度较高、融资渠道与融资工具较为单一并且投资者保护较为薄弱，企业层面的“短贷长投”可能更多表现为一种替代性融资方式，而非主动选择的决策结果（钟凯等，2016）。当然，期限结构的错配也可能与部分企业管理者的非理性决策有关（孙凤娥，2019）。因而，就我国的金融环境而言，企业“短贷长投”行为所产生的消极影响可能会覆盖由融资交易成本降低带来的积极效应，从而不利于企业的业绩提升与长期发展。刘晓光和刘元春（2019）的研究为该论断提供了支撑，他们借助回归分析证实，“短贷长投”降低了企业总资产回报率与净资产收益率。理论与实践均表明，“短贷长投”虽然可以满足暂时的资金需求，但以短期负债为主导的债务期限结构容易引发流动性风险，使企业陷入“借旧换新”“借新还息”“资产负债恶化”的财务困境，甚至导致企业因资金链断裂而破产（Gopalan et al.，2014）。用短期资金来维持长期投资的行为，不仅使企业面临更大的财务与经营风险，更会导致企业偏好于短期投资项目而降低投资效率（罗宏等，2018）。此外，为了长期投资项目得以延续，需要持续注入资金，这意味着短期债务展期谈

判或者新一轮“借新还旧”这样的借贷往来将频繁发生，而企业不得不为额外的利息成本与营运成本买单。

企业是一个复杂的系统，而“短贷长投”行为作为重要的财务决策结果，与企业的生产经营活动密切相关。全要素生产率体现企业总体的生产效率，反映出企业未来的发展能力与潜力。现有研究表明，企业的全要素生产率水平主要取决于技术创新能力与资源配置效率，而“短贷长投”行为事实上已经产生增加财务风险、引发非效率投资、降低企业绩效等负面影响，这无疑导致企业全要素生产率的部分损失。鉴于此，我们理论上认为，“短贷长投”导致了全要素生产率的部分损失。循着上述论述思路，笔者认为，给定其他条件不变，企业的“短贷长投”行为将负向影响其全要素生产率。

（二）实证结果

表 6-9 报告了“短贷长投”（Seli）对企业全要素生产率的基础回归结果。其中，第（1）列的实证结果表明，“短贷长投”不利于全要素生产率的提升；第（2）列中加入了全部控制变量，“短贷长投”的回归系数依然为负，且在 1%的水平上显著；第（3）列中则进一步加入了年度与行业效应，系数方向与显著性水平未发生较大变化。实证结果和预期一致，“短贷长投”的估计系数显著为负，说明在控制各异质性条件后，“短贷长投”对企业全要素生产率产生了显著的负向影响。另外，相较于第（1）列而言，第（2）、（3）列回归模型的调整 R^2 有所上升，在一定程度上佐证了模型设计的合理性。

表 6-9　“短贷长投”与全要素生产率

变量	（1）	（2）	（3）
	TFP_OP	TFP_OP	TFP_OP
Seli	−0.051*** （−8.190）	−0.021*** （−3.392）	−0.025*** （−3.964）
Size	0.199*** （61.082）	0.134*** （27.193）	0.136*** （26.602）
Lev	−0.199*** （−10.280）	−0.055*** （−2.874）	−0.041** （−2.111）
Roe		0.554*** （27.811）	0.545*** （27.056）
Growth		0.004** （2.231）	0.010*** （5.261）
Dual		−0.007 （−1.033）	−0.007 （−0.995）
Insti		0.000* （1.945）	0.000** （2.023）
DS		0.003 （1.269）	0.002 （0.979）

续表

变量	(1)	(2)	(3)
	TFP_OP	TFP_OP	TFP_OP
Inde		-0.003 (-0.053)	-0.006 (-0.110)
Age		0.018*** (18.179)	0.017*** (13.610)
常数项	1.616*** (23.093)	2.728*** (26.084)	2.595*** (21.458)
Year & Ind	未控制	未控制	控制
N	17 162	17 162	17 162
调整 R^2	0.085	0.148	0.155

*、**和***分别表示在10%、5%和1%的水平上显著

二、企业杠杆率与全要素生产率

（一）理论分析

理论上而言，债务杠杆的运用有利于推动企业全要素生产率的提升，但杠杆率过高会增加企业风险，提高企业融资成本，进而降低企业全要素生产率。因此，企业杠杆率与全要素生产率之间并非简单的促进或抑制关系，不同的杠杆率对全要素生产率的影响效应可能存在着差异。下面分别从促进和抑制两种效应机制进行分析。

1. 适度的杠杆率促进全要素生产率的提升

适度的杠杆率能够放大杠杆效应，为企业生产经营提供资金保障，推动全要素生产率的提升。债务杠杆的运用，有利于企业实现以较少的资本控制更大的资产规模，产生更多的现金流量，为企业的生存发展提供资本支持（罗能生等，2018）。现金流量是企业生产经营活动的基础，现金流量越大，表明企业的资金和运营状况越好，因而出于长远发展的考虑，企业会增加投资和技术创新投入，进而促进全要素生产率的提升。

适度的杠杆率具有税盾作用。债务利息支出作为财务费用而不计入税前利润，借款成本因避免缴纳所得税而部分抵消，因此，负债融资具有避税效应。适当提升企业杠杆率，可扩大避税作用，进而降低企业的加权平均资本成本，推动企业资源配置效率的提升（樊勇和王蔚，2014）。

适度的杠杆率能够抑制过度投资，提高投资效率。债务具有付息性，管理者只能支出现金来进行付息，因此债务融资能够约束管理层可控制的现金流量，从

而有效抑制管理者浪费资源和过度投资行为（窦炜和刘星，2011），提高投资效率，促进企业生产效率的提升。

适度的杠杆率能够有效约束和激励管理者，降低代理成本，进而促进全要素生产率的提升。在所有权和经营权相分离的情况下，管理者更加注重自身利益最大化，适当地提高负债比例能够增加管理层的持股比例，从而减轻管理者的自利行为，降低代理成本（何瑛和张大伟，2015）。代理成本越低，企业治理能力越强，有利于企业在成本控制和提高生产效率方面保持明显的优势（徐茗丽等，2016）。此外，杠杆率的提高会加大企业破产的可能性，而企业破产会损害管理者的声誉，对其职业发展产生不利影响，因此，适当地提高杠杆率有利于激励管理者努力工作，降低代理成本，提升经营效率（Grossman and Hart，2004）。

2. 过高的杠杆率抑制全要素生产率的提升

过高的杠杆率会增加企业破产风险，造成融资成本上升，不利于全要素生产率的提升。过高的杠杆率使得企业需要支付更多的债务利息，这不仅降低了财务稳定性，还增加了发生财务危机和破产的可能性。破产风险的增加，加剧了企业与银行间的信息不对称问题，银行会要求更高的风险升水，造成外部融资溢价，增加融资成本（刘一楠，2016）。融资成本的上升，对企业投资、技术创新和其他经营活动均会造成不利影响，导致管理层无法做出最优生产决策，进而对全要素生产率的提升产生抑制作用（任曙明和吕镯，2014）。

过高的杠杆率会增加企业利息成本负担，挤压企业利润，削弱企业投资和创新投入动力，不利于全要素生产率的提升。杠杆率过高，企业利息成本负担加重，导致企业自身利润积累不足而无法购买先进的生产设备，进而对通过技术进步来提升全要素生产率的渠道机制产生抑制效应（张杰，2019）。此外，高额的利息成本所引发的自身利润积累不足，也会抑制企业的创新研发活动（Hsu et al.，2014），不利于企业生产效率的提高。

过高的杠杆率会降低企业风险承担能力，削减研发投入活动，进而抑制全要素生产率的提升。过高的杠杆率增加了企业陷入财务困境的可能性，为了规避和转移风险，企业会降低风险偏好，减少高风险项目投入（King and Wen，2011）。由于创新活动周期较长、风险较高且所产生的收益具有不确定性，在杠杆率过高的条件下，企业会减少研发投入。全要素生产率是技术进步的表现，而技术进步来源于企业创新（Li et al.，2017）。企业创新活动的减少，降低了企业技术进步的速度，必然阻碍全要素生产率的提升。

由此可见，企业杠杆率对全要素生产率的影响在不同的杠杆率水平下存在差异。一方面，适度的杠杆率可以通过提供资本支持、降低资本成本、提高投资效率、降低代理成本等路径对全要素生产率的提升起到促进作用。另一方面，杠杆率过高又会加大企业破产风险，造成企业融资成本上升，降低风险偏好，减少创新投入，对全要素生产率的提升产生抑制作用。随着杠杆率的增加，两种效应此消彼长。因此，当企业杠杆率低于一定阈值时，提高杠杆率有利于全要素生产率的提升；当杠杆率高于一定阈值时，提高杠杆率将抑制全要素生产率的提高。基于以上分析，笔者认为，企业杠杆率与全要素生产率呈倒“U”形关系，即随着杠杆率水平的提高，企业全要素生产率呈上升趋势，当杠杆率超过一定阈值时，企业全要素生产率开始下降。

（二）实证结果

回归结果如表 6-10 所示。第（1）列为不考虑控制变量以及年度与行业效应的回归结果，第（2）列加入企业年龄、现金流等控制变量，并对行业和年度效应进行控制，解释变量杠杆率（Lev）的符号方向和显著性水平均无明显变化。此外，与第（1）列相比，第（2）列的 Within_R^2 显著提升，在一定程度上表明了模型建立的合理性。由第（1）、（2）列的回归结果可知，杠杆率的回归系数在 1%的水平上显著为正，杠杆率的二次项系数在 1%的水平上显著为负，表明杠杆率与全要素生产率间呈倒“U”形关系。这表明在低于临界值范围内，提高杠杆率有利于促进全要素生产率的提升，但当高于临界值时，杠杆率过高则会对全要素生产率的提升产生抑制，不利于公司的成长。

表 6-10　杠杆率与全要素生产率

变量	（1）	（2）	（3）	（4）
Lev	0.524*** （9.439）	0.194*** （3.901）	0.068*** （2.783）	−0.151*** （−3.601）
Lev^2	−0.470*** （−7.918）	−0.191*** （−3.618）		
Age		0.013 （0.366）	0.010 （0.306）	0.029*** （2.578）
Cash		1.053*** （41.318）	1.025*** （30.412）	1.067*** （26.760）
Cap		0.033*** （11.519）	0.007* （1.847）	0.064*** （13.649）
Growth		0.015*** （9.678）	0.017*** （7.488）	0.011*** （4.963）
Tbq		0.004*** （2.766）	0.009*** （5.523）	−0.011*** （−2.917）
Msr		0.002*** （3.711）	0.002*** （3.473）	0.001 （1.037）
TOP		0.132*** （4.202）	−0.088** （−1.981）	0.282*** （5.468）
Soe		−0.043*** （−3.107）	−0.006 （−0.326）	−0.048** （−2.196）

续表

变量	（1）	（2）	（3）	（4）
常数项	5.453*** （456.312）	5.011*** （9.719）	5.408*** （12.873）	4.479*** （22.282）
Year & Ind	未控制	控制	控制	控制
N	19 755	19 755	12 127	7 628
Within_R^2	0.006	0.290	0.279	0.302

*、**和***分别表示在 10%、5%和 1%的水平上显著

注：（1）表示自变量与因变量之间的相关关系，（2）、（3）表示加入部分控制变量后的模型关系，（4）表示加入所有控制变量后的回归关系

三、产权性质、企业战略差异与资本结构动态调整

（一）理论分析

已有研究结果显示，企业战略差异度越高，其面临的风险就越大。首先，根据资源依赖理论，企业的经营发展是企业在特定环境下与社会环境的互动性结果。采用行业常规战略的企业更容易获得合法性和发展所需的社会资源，而偏离行业常规的战略不能为领域内的专家所熟知且易造成管理层决策分歧，阻碍了企业与其内外部环境进行互动，降低了企业的经营效率，此时企业经营风险较高。其次，利益相关者可能缺乏对非常规企业战略的了解，这就加剧了信息不对称程度。同时，企业也可能为掩饰战略差异带来的业绩波动而进行盈余管理等投机行为，进一步加大了企业的信息风险。风险是影响企业融资成本的重要因素，偏离行业常规战略带来的经营风险和信息风险将提升企业融资成本。投资者为应对企业可能存在的经营风险，会要求更高的回报率以补偿这种不确定性，从而提升了企业融资成本。信息不对称使得投资者对企业决策不甚了解进而更易低估企业价值，从而导致企业直接融资成本上升。最后，企业通过银行等金融中介机构进行融资的间接融资成本也将显著提升，企业为补偿风险可能带来的损失需要偿还更高的利息，甚至面临清算和破产的可能。资本结构调整速度主要取决于调整成本的大小，企业可借助内外部资本市场融资来进行调整。因此，由风险带来的高融资成本导致调整成本上升，可能会减慢企业实际资本结构向目标资本结构调整的速度，即企业与同行业竞争对手的战略差异不利于资本结构的动态调整。基于以上分析，笔者认为企业战略差异越大，资本结构调整速度越慢。

（二）实证结果

表 6-11 报告了样本企业的资本结构动态调整情况及战略差异对资本结构调整

要素生产率变动的影响，发现中国制造业至今的子行业存在着资源错配现象，并且这种错配导致实际产出与潜在产出相差 15%，而这个缺口在近年来并没有得到显著纠正。龚关和胡关亮（2013）使用资本与劳动的边际产出方差来度量要素配置的扭曲，可以得出，资本和劳动一旦达到更有效的配置，我国制造业全要素生产率将会有大幅提高。综上所述，为使我国经济继续保持强劲的走势，必须在给定的资源约束下，提高资源的使用效率。

2. 要素价格扭曲与技术进步

技术进步是一国经济增长的动力（戴小勇，2018），是全要素生产率增长的重要来源（Mizobuchi，2015），更是经济发展质量的体现。我国存在要素市场的市场化程度滞后于产品市场的市场化程度而导致资本和劳动要素扭曲，技术进步受到严重的抑制作用，从而阻碍了全要素生产率的增长。

Acemoglu（2002）指出，要素的禀赋和价格是诱导技术进步发生变化的根本原因。李平等（2014）用全要素生产率作为技术进步的代理指标，选取省际面板数据进行实证分析，结果发现我国资本和劳动要素均存在一定程度的扭曲，并且该扭曲抑制了技术进步。同样地，李平和刘雪燕（2015）采用门槛回归方法探讨了要素价格扭曲是否会对技术进步产生抑制作用，得出的结果是肯定的。

从短期来看，要素市场扭曲可以调动各种资源来使经济更快地增长，但长远来看，这种扭曲会导致技术溢出和技术创新所需要的市场化“土壤”被丧失，而无法走向产业链上游，最终沦为经济“殖民地”。自主创新和国际技术溢出是提升一国技术进步的重要方式。李平和季永宝（2014）得出要素价格扭曲与资本交互项系数和劳动的交互项系数分别都为负值的结果，指出资本和劳动要素价格扭曲会抑制我国的自主创新活动。黄鹏和张宇（2014）基于微观企业数据的检验，发现劳动力价格相对低估对企业研发和创新动机产生抑制作用，并且广大民营企业面临的劳动力价格低估情况更为严重，这抑制了企业的创新活力。此外，我国内资部门企业所面临的要素价格扭曲也十分严重，导致创新资源配置效率提高受到限制并且影响结构红利的获得。为加快转变我国的经济发展方式，提升本土企业的自主创新能力是最核心的内容。然而，研发投入的不足严重制约了我国本土企业自主创新能力的提升。大量研究表明要素市场扭曲对研发资本投入的增长有很明显的抑制作用（戴魁早和刘友金，2015），而研发投入与企业全要素生产率之间存在的正效应作用（Griliches，1986；Dilling-Hansen et al.，2000），将导致这种抑制作用间接影响企业全要素生产率的增长。更有研究发现，在要素市场扭曲程度越深的地区，要素市场扭曲对中国企业研发投入的抑制效应越大（张杰等，2011）。郑振雄和刘艳彬（2013）对大中型工业企业面板数据进行研究，认为企业的研发投入会随着价格扭曲而下降。此外，李永等（2013）对已有垄断竞争模型进行扩展，结果表明要素价格扭曲会显著抑制国际技术溢出。

3. *要素价格扭曲与规模效应*

由于规模经济效应很大程度受到成本的影响，而投入要素的价格与成本之间存在较强关联，故要素价格的扭曲程度直接关乎规模经济效应的大小。部分研究表明在要素价格扭曲的情况下，实际规模与潜在规模存在差异。Atkinson 和 Halvorsen（1984）对美国电力行业进行研究，发现当市场价格扭曲时，实际的规模经济基本上都小于潜在的规模经济。同样地，Kumbhakar（1992）对美国的航空业进行研究，结果表明，除了极少数的航空公司外，在当时的美国绝大多数企业的规模经济效应是保持不变甚至是递减的。除此之外，在韩国，由于当时政府正在大力推进重工业导向性发展战略，故企业的集中化严重，由此形成的市场势力促使了各种要素发生扭曲，使企业更容易形成规模经济，所以，规模经济大于要素价格扭曲导致的负效应，使当时的韩国经济快速发展（Park and Kwon，1995）。

朱顺林（2005）对中国化工业和制造业的研究也表明，在要素市场扭曲条件下，产业发展中都存在着不同的程度的规模效率损失。陈敏等（2007）指出由于中国的改革具有较为明显的地方分权特征，容易引起地方分割，从而产生市场扭曲。这种市场分割导致的市场扭曲会带来巨大的效率损失（郑毓盛和李崇高，2003）。张雄等（2017）通过对土地资源错配进行研究，发现土地资源要素相对扭曲程度越大，所导致的经济效率损失就越大；而随着土地资源错配的不断纠正，企业的经济效率也会不断提高。另外，在平衡地区发展过程中，政府主导的产业转移与要素资源迁移速度不匹配问题普遍存在，而这也将导致要素资源的空间错配，从而造成了经济效率的损失。谢呈阳等（2014）构建了存在要素价格扭曲的N行业M地区生产模型，并以江苏为案例，测算要素空间错配与效率损失之间的关系，得出如果纠正产业转移中要素资源的空间错配将提升传统产业10%~41%的产出。

二、“营改增”与生产性服务业企业全要素生产率

（一）理论分析

“营改增”带来的分工效应（陈钊和王旸等，2016；范子英和彭飞，2017）、价格效应（Alberto，2002；刘行和叶康涛，2018；刘柏惠，2015；程子建，2011）和收入分配效应（赵颖和王亚丽，2013；葛玉御等，2015；聂海峰和岳希明，2013；倪红福等，2016；杨玉萍和郭小东，2017）能够很好地实现其进

行结构性减税、形成产业间联动升级的初衷。关于“营改增”的税负效应，现有研究还未给出一个被普遍认可的结论。实际上，对“营改增”政策效果的评价不能太过局限于税负水平方面，也就是说，不能简单地以税负水平的变化来衡量“营改增”的政策效果。张龙和刘金全（2019）研究发现，“营改增”所带来的结构性减税效应对经济增长具有拉动效果，能够很好地起到增强企业活力的作用（张龙和刘金全，2019；马双等，2019）。因此，我们应该更多地关注企业全要素生产率这一受到广泛认可的、衡量企业综合素质的指标。目前对生产性服务业企业全要素生产率的研究相对较少。黄玉霞和谢建国（2019）提到服务业工业增加值在2015年就超过了制造业企业，同时生产性服务业与制造业之间具有相互促进、融合发展的关系，可见服务业全要素生产率的提升对经济整体全要素生产率的提升具有重大意义。基于此，与已有文献不同，研究了“营改增”对生产性服务业这一上游企业的全要素生产率的影响效应，使用双重差分法，将2012年纳入“营改增”试点范围的六大现代服务业作为实验组，2016 年后纳入试点范围的生活服务业作为对照组，以“营改增”政策的实施作为自然实验，进行实证研究。

（二）实证结果

表 6-12 显示了“营改增”对企业全要素生产率影响的双重差分回归结果，其中treat为实验组企业，用虚拟变量1表示，否则为0；post表示“营改增”时间，2012 年前为 0，2012 年后为 1。主要关注的是企业全要素生产率在“营改增”政策前后发生的变化，即treat×post的系数，该系数的正负直接表明政策对企业全要素生产率是否具有促进作用。第（1）列为未加入控制变量的固定效应回归结果，第（2）列为加入了公司层面上的企业特征变量作为控制变量后的回归结果。第（1）列结果显示，在不加入任何控制变量时，treat×post 系数为 0.175，且在 1%水平上显著为正；第（2）列结果显示，在加入企业特征变量后，该系数为0.155，显著为正，这表示受“营改增”政策影响的生产性服务业企业的全要素生产率比未受“营改增”影响的生活服务业企业的全要素生产率高 15.5%的政策所带来的全要素生产率的提升。回归结果表明，生产性服务业企业在“营改增”过后，其全要素生产率显著提高，“营改增”的政策效果得以体现。“营改增”所带来的分工效应使得制造业企业对生产性服务的需求扩大，随着市场范围的扩大，生产性服务业的专业化程度提高，规模效应显著，并且“营改增”的减税效应能带来一定的资金支持。

宏观经济政策在微观企业中的经济效应可能会因为控制权的不同而存在异质性。第（3）列与第（4）列区分企业所有制结构后进行回归，实证结果显示“营改增”政策对国有企业全要素生产率具有显著正向影响，对非国有企业也存在着正向影响，但结果并不显著。对于非国有企业来说，考虑到“营改增”政策可能带来的税收上升，非国有企业短期内可能并不会做出太大调整，因而受政策影响相对较小。国有企业作为改革的先锋队，不仅要为经济发展作出贡献，还承担着推动政策发展的任务，国有企业的固有性质使得其对政策的响应程度高于非国有企业，因而受到更大的政策影响。

表 6-12　“营改增”与企业全要素生产率

变量	（1）	（2）	（3）	（4）
	全样本	全样本	国有企业样本	非国有企业样本
treat×post	0.175*** （2.626）	0.155*** （2.839）	0.158** （2.153）	0.106 （1.175）
Control	未控制	控制	控制	控制
Year	控制	控制	控制	控制
Firm	控制	控制	控制	控制
N	1 072	1 072	368	704
R^2	0.257	0.505	0.464	0.510

和*分别表示在 5%和 1%的水平上显著

注：（1）表示未加入控制变量，（2）表示加入了控制变量

三、国有企业混合所有制改革与全要素生产率

（一）理论分析

在经济新常态下，提高全要素生产率是实现我国经济高质量、高效率、可持续发展的关键。我国的全要素生产率整体水平还比较低（杨汝岱，2015），在国有企业与非国有企业中有着较大差异（Brandt et al.，2011），相较于其他所有制企业，国有企业的效率较低。国有企业的混合所有制改革通过积极引入非国有资本，不但有利于改善企业的治理水平，提升国有资产配置效率，而且有利于增强企业创新能力，实现国有企业高质量发展。

一方面，企业的内部治理水平是影响效率的重要因素。国有企业混合所有制改革，通过引入不同性质的资本，发挥不同资本间的“互补”效应，改善企业的内部治理水平。首先，部分国有企业因“所有者缺位”、“内部人控制”、“高管薪酬管制”以及“高管政治晋升”等，而存在较强的委托代理问题，从而导致效率低下。基于财富支持观，非国有股东在获得企业的一定所有权后，出于自身利益及企业价值最大化考虑，更有动力完善管理层的监督和激励机制（李炳堃，2017；杨志强等，2016），从而有效地缓解了管理层的机会主义和道德风险。国有企业改制后，经济效益显著提高，主要是由于代理成本的降低（白重恩等，2006）。其次，随着非国有股东持股比例的不断增加，逐渐形成了多元制衡的股

权结构。国有股东与非国有股东之间形成的制衡关系，在改善企业治理水平方面发挥着重要的作用（郝云宏和汪茜，2015），抑制了大股东对小股东的利益侵占和非效率投资等行为（Boateng and Huang，2017），从而提高了企业的价值。最后，混合所有制改革有效地缓解了部分国有企业由于“半政半企”所带来的效率低下问题，降低了企业的政策性负担（陈林和唐杨柳，2014），使企业的经营目标纯化，更加致力于生产经营。行业内公司平均治理能力越好则资源配置效率越高（周中胜，2011）。所以，混合所有制改革通过提高企业的治理水平，改善了企业的资源配置效率，从而提高了全要素生产率。

另一方面，由创新活动所带来的技术进步是提高企业全要素生产率的途径之一，要想获得技术进步，就需要进行更多的创新活动，从而增加创新投入。国有企业历来被认为创新投入不足、创新效率低下（赵放和刘雅君，2016）、创新效率普遍低于民营企业（董晓庆等，2014）。这是因为政府对国有企业的干预以及国有企业因承担过多的冗员等而形成的政策性负担，加之由于面临着严重的委托代理问题，从而削弱国有企业的创新意愿，挤占企业的创新资源，由此降低了企业的创新能力，抑制了全要素生产率的提升。国有企业进行混合所有制改革：一是降低企业所承担的政策性负担，使企业的生产经营目标得以纯化，从而增加了企业的创新资源；二是缓解了国有企业所面临的委托代理问题，提高了公司的治理能力，使管理层更多地考虑企业的长远发展。此外，非国有企业股东更多地以企业利益为目标，从而增加了企业的创新意愿。所以，混合所有制改革提升了国有企业的创新资源与创新意愿，最终使得企业创新投入得以增加。研究表明，混合所有制改革能够有效促进研发效率的提升（赵放和刘雅君，2016），提高企业创新绩效（张斌等，2019）。这些都是提升全要素生产率的重要条件。

综上所述，国有企业引入非国有资本进行混合所有制改革，不但能够通过改善公司治理，提高企业资源配置效率，而且能够通过增加企业创新投入，使企业获得技术进步，这些都是提升全要素生产率的关键因素。基于此，笔者认为国有企业混合所有制改革有利于提升全要素生产率。

（二）实证结果

采用混合所有制改革的深度（Mixdep）来表示国有企业混合所有制改革的程度。借鉴杨兴全和尹兴强（2018）的有关做法，首先计算出前 10 大股东中国有股东与非国有股东的持股比例，分别用 Gy 与 nGy 表示，并用二者的比值表示混合所有制改革的深度（Mixdep）（当 Gy>nGy 时，Mixdep=nGy/Gy；当 nGy>Gy 时，Mixdep=Gy/nGy），比值越大，说明混合所有制改革的深度越大，即混合所有制改革的程度越大。

表 6-13 报告了国有企业混合所有制改革与全要素生产率的回归结果。在第

（1）列中，未加入控制变量，未控制年度和行业效应。在第（2）列中，加入了控制变量但未控制年度和行业效应。在第（3）列中，加入了控制变量，同时控制了年度和行业效应。根据第（3）列结果显示，混合所有制改革深度（Mixdep）与全要素生产率（TFP_OP）的系数为 0.069 且在 1%的水平上显著，表明国有企业的混合所有制改革具有积极的全要素生产率提升作用。

表 6-13　国有企业混合所有制改革与全要素生产率

变量	（1）	（2）	（3）
	TFP_OP	TFP_OP	TFP_OP
Mixdep	0.124*** （3.627）	0.068*** （2.871）	0.069*** （2.877）
Control	未控制	控制	控制
Year & Ind	未控制	未控制	控制
N	7 137	7 137	7 137
调整 R^2	0.005	0.314	0.327

***表示在 1%的水平上显著

注：（1）表示加入控制变量，（2）表示加入了部分控制变量，（3）表示加入所有控制变量

四、国有股权参股与家族企业全要素生产率

（一）理论分析

1. 国有股权参股对家族企业全要素生产率的影响

混合所有制改革是我国市场化改革的重大举措。在加速国有企业改革进程和释放民营企业活力方面起着重要的作用（刘泉红和王丹，2018）。家族企业作为民营企业中一种重要的组织形态，已有研究表明，产权歧视、控股家族内部冲突及对控制权的重视将导致家族企业的创新投入不足（Block，2012；朱沆等，2016）；家族成员参与家族管理降低了中小家族企业的决策效率，从而损害企业价值（陈志斌等，2017）；家族成员对非家族成员的利益侵占导致家族企业面临着严重的第二类代理问题（Ali et al.，2007），从而导致家族企业全要素生产率较低。国有股权参股家族企业这种特殊的混合所有制改革，一方面，将给家族企业带来资源与声誉效应，存在国有股权参股的企业将获得更多的银行贷款及更长的贷款期限（宋增基等，2014）。同时，国有股权参股为企业提供了一种隐性担保，对企业商业信用的获取具有积极作用（应千伟和蒋天骄，2012）。当企业资金较为充足时，更可能投资于一些具有长期价值的项目，如投资于风险高、周期长、投入大的研发活动，提高了企业的创新效率与资本配置效率。另一方面，带来治理效应，国有股东参股能显著影响管理层的决策，并对企业内部人形成有效的监督（Fan et al.，

2014），有效缓解了企业的委托代理问题，提高了企业的管理效率。因而，国有股权参股提高了家族企业的创新效率、资源配置效率、管理效率，企业将拥有更高的产出。由此，笔者认为，国有股权参股有利于提升家族企业全要素生产率。

2. 融资约束的中介作用

控股家族一股独大，对企业有着绝对的控制权，是家族企业典型的股权安排特征，从而相较于非家族企业，家族企业面临着更严重的第二类委托代理问题（Ali et al.，2007）。第二类委托代理问题越严重，企业面临的融资约束水平就越高（Lin et al.，2011），从而对企业全要素生产率的增长产生抑制作用。国有股权参股可以缓解家族企业面临的融资约束，从而提升企业的全要素生产率。首先，国有股权参股可以提高家族企业的声誉机制。国有股权参股向社会公众及银行等金融机构传递出家族企业经营状况良好，实力强大，得到了政府部门支持的信号。其不但有利于社会资本流入企业，而且在一定程度上缓解了由于信息不对称所造成的银行等金融机构对企业的信贷歧视，信息不对称是导致企业融资约束的重要因素之一，从而缓解了企业的融资约束。同时，存在国有企业的背书，有利于降低企业的融资成本（苟琴等，2014）。其次，政府掌握着企业发展所需的资源，然而家族企业通常缺乏这种资源（Gomez-Mejia et al.，2011），且在资源的分配上会受到人际关系中“差序格局”的影响。国有股权参股拉近了企业与政府的关系（李维安和徐业坤，2013），这些外在因素直接缓解了企业的融资约束。融资约束的缓解，一方面将改善企业的创新效率（张璇等，2017）、投资效率（张莉芳，2013）、资本配置效率等（卢慧芳和吴华晶，2013），起到间接提升企业全要素生产率的作用（Hsieh and Klenow，2009）；另一方面融资约束的缓解也能够直接对企业全要素生产率产生积极影响（Ayyagari et al.，2010）。

3. 创新投入的中介作用

创新是企业发展的动力，由创新能力提升所带来的技术进步和效率提升，是提高全要素生产率的重要途径（李平，2016）。家族企业由于创新资源及创新意愿的缺乏（Patel and Chrisman，2014），而面临着创新投入不足、创新能力低下的问题（吴炳德，2016），进而抑制了全要素生产率的提升。国有股权参股有利于提升家族企业的创新资源、创新意愿，进而增加创新投入。首先，创新活动需要企业较多资源的投入，家族企业通常缺乏这些创新资源，进而减少了企业的创新投入。国有股东的进入将给家族企业带来资源效应，不但使家族企业获得政府补助、市场准入等政策支持；而且可以帮助家族企业突破体制障碍，获得银行贷款等关键资源。因而，国有股权参股将给企业带来更多的创新资源，增加企业的创新投入。其次，创新具有高风险的特点，一旦失败，公司股价可能面临崩盘的风险，控股家族的控制权将受到威胁，因而家族企业创新意愿不强。国有股权参股家族企业，建立起了与政府的联系（余汉等，2017）。当企业陷入困境时，国有股东通过向企业输送必要的资源，提高企业的风险承担能力，增加其进行创新活动的意愿。最后，作为家族和企业的连接体，家族企业不仅追求经济目标，也会追求社会情感财富的非经济目标，实现代际传承是追求非经济目标的核心内容。国有股权参股家族企业使之形成股权层面的政治关联，政治关联的存在有助于提升家族企业代际传承意愿（胡旭阳和吴一平，2017），从而增加企业延伸型社会情感财富，进而提升家族企业的创新投入（朱沆等，2016）。技术进步是提高全要素生产率的重要途径，前沿技术进步已成为促进全要素生产率增长的核心动力（严兵，2008）。创新投入的增加将带来技术创新，促进技术进步，进而提升企业全要素生产率（唐未兵等，2014）。创新投入的增加是企业全要素生产率提升的重要原因（Raymond et al.，2015）。因而，国有股权参股增加了企业的创新投入，进而促进了家族企业全要素生产率的提升。

4. 企业治理水平的中介作用

国有股权参股能提高家族企业的治理水平。一方面，股权制衡是一种有效的治理机制，家族企业引入非国有股东，能够形成多元制衡的股权结构。为了防止国有资产的流失，国有股东有足够的动机对家族控股股东进行监督。国有股东参股的治理效应有效抑制了企业的过度投资行为，优化了企业的现金持有，进而带来了企业价值的提升（韦浪和宋浩，2020）。另一方面，国有股权受到更强的社会监督（姜付秀等，2014），而诸如媒体报道等社会监督具有重要的外部治理作用（周开国等，2016），能够加强审计对盈余管理的抑制作用（马壮等，2018），提升企业的治理水平。国有股权参股后，这种关注也将带到家族企业，从而有利于提高家族企业的治理水平，促进企业全要素生产率提升。综上所述，国有股权参股一方面通过形成不同性质股权之间的制衡结构，有效地提升了企业的全要素生产率（郭于玮和马弘，2016）；另一方面通过影响企业的投资效率（方红星和金玉娜，2013）、代理效率（梁红玉等，2012）等因素，间接作用于全要素生产率（盛明泉等，2020b；Amable et al.，2016）。

（二）实证结果

1. 国有股权参股的影响效应检验

表 6-14 报告了国有股权参股与家族企业全要素生产率之间关系的回归结果。在第（1）、（2）列中，未加入控制变量，也未控制年度和行业效应，国有股权参股（Mix1）和国有股权持股比例（Mix2）与家族企业全要素生产率（TFP_OP）均在 1%的水平上显著为正。第（3）、（4）列，加入了公司财务、

治理、控股家族特征变量及年度和行业效应。Mix1 与 Mix2 的系数分别为 0.042 与 0.006，均在 1%的水平上显著为正。以上结果表明国有股权参股将促进家族企业全要素生产率的提升。此外，相较于第（1）、（2）列，第（3）、（4）列调整 R^2 有所上升，在一定程度上表明了模型设计的合理性。

表 6-14 国有股权参股与家族企业全要素生产率之间关系的回归结果

变量	（1）	（2）	（3）	（4）
	TFP_OP	TFP_OP	TFP_OP	TFP_OP
Mix1	0.059*** （6.654）		0.042*** （5.604）	
Mix2		0.008*** （5.590）		0.006*** （4.240）
Size			0.032*** （6.957）	0.033*** （7.273）
Dual			−0.042*** （−5.839）	−0.043*** （−5.903）
Growth			0.061*** （4.775）	0.060*** （4.726）
Lev			0.238*** （8.566）	0.233*** （8.374）
Roa			2.107*** （22.711）	2.101*** （22.633）
Tang			−0.057 （−1.499）	−0.053 （−1.396）
Turnover			0.109*** （7.900）	0.107*** （7.767）
Holdshare			−0.001*** （−3.811）	−0.001*** （−3.539）
Dev			−0.122*** （−6.454）	−0.124*** （−6.539）
常数项	6.653*** （1 366.718）	6.662*** （1 525.283）	6.111*** （105.922）	6.101*** （105.136）
Year & Ind	控制	控制	控制	控制
N	8 639	8 639	8 639	8 639
调整 R^2	0.005	0.004	0.267	0.266

***表示在 1%的水平上显著相关

注：（1）表示自变量与因变量之间的相关关系，（2）、（3）表示加入部分控制变量后的模型关系，（4）表示加入所有控制变量后的回归关系

在控制变量方面，企业规模、企业成长性、总资产周转率（Turnover）、资产负债率、资产收益率均在 1%的水平上与企业全要素生产率显著正相关。两职合一、控股家族持股比例（Holdshare）及两权背离率与全要素生产率显著负相关，表明管理层权力过大、股权过于集中、代理链条过长，企业所面临的委托代理问题越严重，从而将抑制家族企业全要素生产率的提升。有形资产比重（Tang）对家族企业全要素生产率并未产生显著影响。

2. 中介效应检验

表 6-15 列示了中介效应的检验结果。Panel A 报告了缓解融资约束的检验结果，第（1）、（2）、（3）列报告了国有股权是否参股（Mix1）作用于家族企业全要素生产率的缓解融资约束渠道。第（1）列 Mix1 的系数为 0.045 且在 1%的水平上显著，表明国有股权参股提高了家族企业全要素生产率；第（2）列 Mix1 的系数为−0.007 但不显著；第（3）列 Mix1 与 KZ[①]的系数均显著，所以参考温忠麟等（2004）的有关做法，对 KZ 进行 Sobel 检验，*Z* 值为 0.415 9，*P* 值为 0.677，并未通过显著性检验，即 Mix1 并未通过缓解融资约束渠道作用于家族企业全要素生产率。第（4）、（5）、（6）列报告了国有股权参股比例作用于家族企业全要素生产率的融资约束渠道。第（4）列国有股权持股比例（Mix2）的系数显著为正；第（5）列 Mix2 的系数在 5%的水平上显著为负，表明国有股权参股比例有利于缓解家族企业融资约束；第（6）列 Mix2 与 KZ 的系数均显著，通过了中介效应检验。上述结果部分验证了国有股权参股影响家族企业全要素生产率缓解融资约束渠道。Panel B 列示了国有股权作用于创新投入的渠道。结果表明，国有股权是否参股与国有股权参股比例均通过增加创新投入作用于家族企业全要素生产率。上述结果验证了国有股权参股通过增加企业的创新投入渠道最终提高家族企业的全要素生产率。Panel C 列示了国有股权作用于家族企业全要素生产率的治理效应渠道，第（1）、（2）、（3）列与第（4）、（5）、（6）列分别列示了国有股权是否参股与参股比例作用于家族企业全要素生产率的具体路径，实证结果表明公司治理水平具有部分中介作用。综上所述，国有股权参股通过缓解融资约束、增加创新投入、提高治理水平提升家族企业全要素生产率。

表 6-15　中介效应检验

Panel A：融资约束						
变量	（1）	（2）	（3）	（4）	（5）	（6）
	TFP_OP	KZ	TFP_OP	TFP_OP	KZ	TFP_OP
Mix1	0.045*** （5.486）	−0.007 （−0.757）	0.044*** （5.433）			
Mix2				0.006*** （3.717）	−0.003** （−2.073）	0.005*** （3.513）
KZ			−0.131*** （−11.418）			−0.131*** （−11.366）
常数项	6.138*** （96.147）	−0.424*** （−5.076）	6.082*** （96.715）	6.129*** （95.495）	−0.417*** （−5.011）	6.075*** （95.995）
Control	控制	控制	控制	控制	控制	控制

① KZ 表示衡量融资约束程度的指标。

续表

Panel A：融资约束						
变量	（1）	（2）	（3）	（4）	（5）	（6）
	TFP_OP	KZ	TFP_OP	TFP_OP	KZ	TFP_OP
Year & Ind	控制	控制	控制	控制	控制	控制
N	6 964	6 964	6 964	6 964	6 964	6 964
调整 R^2	0.259	0.202	0.277	0.258	0.202	0.275

Panel B：创新投入						
变量	（1）	（2）	（3）	（4）	（5）	（6）
	TFP_OP	RD	TFP_OP	TFP_OP	RD	TFP_OP
Mix1	0.035*** （4.648）	0.145* （1.771）	0.034*** （4.545）			
Mix2				0.005*** （4.206）	0.043*** （3.161）	0.005*** （4.020）
RD			0.005*** （3.985）			0.005*** （3.930）
常数项	6.028*** （101.197）	3.533*** （4.998）	6.010*** （100.961）	6.019*** （100.473）	3.442*** （4.884）	6.001*** （100.285）
Control	控制	控制	控制	控制	控制	控制
Year & Ind	控制	控制	控制	控制	控制	控制
N	7 864	7 864	7 864	7 864	7 864	7 864
调整 R^2	0.279	0.386	0.281	0.279	0.387	0.281

Panel C：治理水平						
变量	（1）	（2）	（3）	（4）	（5）	（6）
	TFP_OP	Agency	TFP_OP	TFP_OP	Agency	TFP_OP
Mix1	0.043*** （5.305）	−0.173* （−1.852）	0.042*** （5.240）			
Mix2				0.005*** （4.065）	−0.029** （−2.018）	0.005*** （3.550）
Agency			−0.004*** （−3.917）			−0.004*** （−3.943）
常数项	6.121*** （96.609）	6.075*** （7.495）	6.147*** （99.533）	6.111*** （96.261）	6.134*** （7.551）	6.137*** （98.665）
Control	控制	控制	控制	控制	控制	控制
Year & Ind	控制	控制	控制	控制	控制	控制
N	7 552	7 552	7 552	7 552	7 552	7 552
调整 R^2	0.262	0.129	0.264	0.261	0.130	0.263

*、**和***分别表示在 10%、5%和 1%的水平上显著

注：Agency 表示第二类代理成本，等于其他应收款/总资产×100

五、外商直接投资与企业全要素生产率

（一）理论分析

1. 外商直接投资对企业全要素生产率的影响分析

随着我国对外开放进程不断深化，外商投资对国民经济发展和深化改革的促进作用也越来越明显。改革开放以来，我国通过不断加大招商引资力度，加强对外投资保护，逐步成为外商投资的选择对象。因此，探讨外商直接投资对企业发展的影响显得尤为重要。从理论上讲，一方面，外商资本流入可以在一定程度上分散企业创新不确定性所带来的风险，促进企业积极开展研发及创新活动，提升企业在人力资本（刘家悦等，2020）、技术创新（江小涓，2002）等方面的竞争优势。另一方面，外商直接投资所具有的信号传递作用能够使企业获得更多的融资支持（杨向阳和童馨乐，2015），特别是在金融高度发达的地区，外商直接投资不仅可以通过提高全要素生产率实现经济增长，还可以通过要素积累来实现经济增长（罗军，2016）。此外，外商直接投资为企业带来了丰富的资源和更为广阔的视角，使企业在进行生产和经营决策时，避免了单一国内投资者的认知偏差问题，有利于企业管理质量和生产率的提升。因此，外商直接投资有助于提升企业全要素生产率。

2. 外商直接投资、创新能力与企业全要素生产率

现有文献对外商直接投资如何影响企业创新能力一直存在分歧，主要形成了创新促进论和创新抑制论这两种截然不同的观点。在促进创新方面，有研究发现，随着服务业外资开放水平的提高，企业有效降低了制造业的生产和交易成本（苏二豆和薛军，2019），将国外先进技术与管理理念融入国内科技服务业上市公司，形成外商直接投资技术溢出效应，进而提升国内企业的创新能力（刘德学和刘帷韬，2016）。在抑制创新方面，与国外相比，我国技术创新能力相对较弱，外商投资的引入使企业具有技术与管理优势。随着对外开放不断扩大，具有不完全竞争市场的科技服务业将形成一定的垄断，对国内科技服务业公司形成“挤出”效应，进而对企业创新能力产生不利影响（李文秀，2012）。然而，创新对企业全要素生产率的正向影响已经达成共识。已有研究表明，创新是企业全要素生产率提升的主要途径，企业想要提升其全要素生产率，主要渠道就是进行研发创新（Romer，1986；Desbordes，1997）。然而研发具有成本高、周期长和风险大的特点，对于企业来说，只有在资金充足的情况下，才会考虑把资金投入产品或技术的研发上。外资流入不仅给企业带来了额外的资金流，也为企业带来了国外的先进技术。因此，笔者认为企业选择引入外商投资这一模式能够更有效

地进行产品开发和技术创新，从而提高企业全要素生产率。

3. 外商直接投资、融资约束与企业全要素生产率

企业获取资金的来源主要有两种：内部渠道和外部渠道。内部渠道是指企业从内部开辟资金来源，主要表现形式为股东资金和从事经营活动的增值财产。内部融资具有原始性、低成本的特点。企业除了要维持日常生产经营活动，还需要满足扩大市场规模、提升生产能力的需要，因此很大一部分资金还是要依靠外部融资来解决。外资企业作为重要的外部投资者，因其自身独特性会对企业的融资成本产生重要影响。一方面，与国内投资者相比，外商投资者在技术、管理等方面的竞争优势要胜于国内投资者，并体现在企业全要素生产率方面（刘斌和傅欣璐，2019）。他们充分利用其丰富的投资和管理经验，积极参与到企业的监督和治理中来，提高并有效改善公司信息环境和治理水平。公司治理水平的提升能够有效降低信息不对称，缓解公司面临的融资约束（甄红线和王谨乐，2016），进而有利于企业全要素生产率的提升。另一方面，外商在做出投资决策前，收集了大量与被投资企业有关的内外部信息。经过对信息的全面识别和分析，信息最终会以投资报告的形式对外传递，这在一定程度上提高了企业信息的透明度，降低了其他投资者的信息搜索成本（王芬，2020）。当外商投资比例增加时，会向市场传递出公司经营效益良好的信号，那么公司从银行等金融机构获取资金就比较容易。此时投资者对企业的未来收益预期会有所提升，进而通过信息效应与治理效应两个渠道降低企业融资成本（王芬，2020；王乐等，2020）和提升全要素生产率。项松林和魏浩（2014）也发现，如果企业面临的融资约束较低，那么其较为容易得到资金进行创新投资，进而提升全要素生产率。综上所述，外商直接投资的介入将使企业以较低的资金成本从外部融资。企业只有打破融资约束这一企业发展的重要瓶颈，才能做出科学合理的经营决策，减少资源错配，从而提升其全要素生产率（李政和杨思莹，2019）。

4. 外商直接投资、内部管理质量与企业全要素生产率

企业管理优势包括两个方面。一是外商投资者进入中国市场，面临着文化、政治等差异带来的障碍，使得提高自身管理水平更为重要。同时，外商投资的引入促进了企业组织形式的变化，而组织形式的变化会影响企业的行为，为企业带来综合解决方案和全方位视角。因此，企业越重视内部管理，决策质量也就越高，最终对全要素生产率的提升效果就会越明显（刘斌和傅欣璐，2019）。二是引进外资有助于企业形成畅通的沟通渠道，为交流信息、学习管理模式和进行技术创新提供了可能（亓朋等，2008）。外商直接投资通过示范效应和竞争效应等产生知识溢出，为我国市场带来前沿技术和先进的管理经验（陈琳和林珏，

2009），进而有利于企业管理质量和生产率的提升，实现长远发展。

（二）实证结果

1. 外商直接投资对企业全要素生产率的影响分析

表 6-16 报告了外商直接投资（FDI）对企业全要素生产率（TFP）的回归结果。该结果验证了外商直接投资对企业全要素生产率的影响。第（1）列直接检验了外商直接投资与企业全要素生产率之间的关系，第（2）列考虑了一系列控制变量对二者关系的影响，第（3）列为加入控制变量并控制年度和行业效应的回归结果。在上述所有的回归结果中，外商直接投资的系数均显著为正，且均在1%的水平上显著，表明无论是否加入控制变量或控制年度和行业效应，外商直接投资均可有效提高企业全要素生产率。另外，相较于第（1）列，第（2）列和第（3）列的调整 R^2 明显提高，符合逐步回归法的设计思路。

表 6-16　外商直接投资与企业全要素生产率

变量	（1）	（2）	（3）
	TFP	TFP	TFP
FDI	1.875*** （11.855）	0.186*** （3.791）	0.152*** （3.19）
lnSize		0.693*** （141.1）	0.712*** （142.85）
Roa		3.907*** （30.255）	3.449*** （26.753）
Growth		0.007* （1.874）	0.009*** （2.754）
Lev		1.622*** （37.086）	1.638*** （36.634）
Tobin *Q*		−0.026*** （−6.417）	−0.015*** （−3.305）
Liq		−0.383*** （−9.514）	−0.365*** （−8.753）
Liquid		0.673*** （18.267）	0.709*** （19.23）
常数项	17.743*** （1 696.215）	1.587*** （15.221）	1.053*** （8.258）
Year & Ind	未控制	未控制	控制
N	11 479	11 479	11 479
调整 R^2	0.024	0.823	0.848

*和***分别表示在 10%和 1%的水平上显著

注：Liquid 表示资本流动率

控制变量方面，企业规模（lnSize）与营利能力（Roa）的系数均在 1%的水平上显著为正，表明企业的规模效应与营利能力能够显著提升企业全要素生产率。资产负债率（Lev）的系数在 1%的水平上显著为正，表明企业融资能力越强，全要素生产率越高。现金比率（Liq）的系数在 1%的水平上显著为负，表明企业留存过多的现金会对企业全要素生产率产生负面影响，也说明公司的资金利用效率对企业全要素生产率具有重要影响。其他控制变量结果与现有相关文献的估计结果基本一致，并符合预期结果。

2. 创新能力与融资约束的中介效应检验

前文已证实，外商直接投资显著提高了企业全要素生产率，但并未表明二者之间的作用机制。这里引入创新能力、融资约束及企业内部管理中介变量，就外商直接投资是否通过增加创新投入（R&D）、缓解融资约束（KZ）和提高治理水平（Manage）三大机制提升企业全要素生产率（TFP）进行检验。

表 6-17 的第（1）、（2）、（3）列报告了外商直接投资 – 创新能力 – 企业全要素生产率的回归结果。对于创新能力的衡量上，以上市公司专利数值作为代理变量。中介效应检验的第一步回归结果显示，外商直接投资（FDI）能够显著提升企业的全要素生产率。第二步检验了外商直接投资与企业创新能力的关系，回归系数为 0.424，通过 5%的统计显著性检验，证明外商直接投资对创新能力有促进效应。第三步将外商直接投资与创新能力同时纳入模型中进行检验，结果如第（3）列所示，外商直接投资的系数为 0.149 且在 1%的水平上显著，说明当企业将引入的外商资本金用于创新的比重越大，企业对创新能力的提升越重视，转化得到的全要素生产率也就越高。

表 6-17 创新能力与融资约束的中介效应检验

变量	（1）	（2）	（3）	（4）	（5）	（6）
	TFP	R&D	TFP	TFP	KZ	TFP
FDI	0.153*** （3.213）	0.424** （2.874）	0.149*** （3.137）	0.152*** （3.19）	−0.303** （−2.550）	0.140*** （2.991）
R&D			0.012*** （3.736）			
KZ						−0.039*** （−10.574）
Manage						
lnSize	0.712*** （142.684）	0.390*** （22.601）	0.707*** （137.664）	0.712*** （142.85）	0.004 （0.304）	0.712*** （144.852）
Roa	3.451*** （26.728）	2.300*** （6.045）	3.420*** （26.615）	3.449*** （26.753）	1.444*** （3.53）	3.505*** （27.205）

续表

变量	(1)	(2)	(3)	(4)	(5)	(6)
	TFP	R&D	TFP	TFP	KZ	TFP
Growth	0.010*** (2.767)	−0.027* (−1.859)	0.010*** (2.767)	0.009*** (2.754)	0.088*** (4.369)	0.013*** (3.286)
Lev	1.635*** (36.504)	0.639*** (4.889)	1.626*** (36.244)	1.638*** (36.634)	3.425*** (31.794)	1.771*** (39.138)
Tobin Q	−0.015*** (−3.249)	−0.012 (−0.808)	−0.015*** (−3.191)	−0.015*** (−3.305)	0.122*** (8.229)	−0.011** (−2.287)
Liq	−0.364*** (−8.716)	−0.118 (−0.937)	−0.364*** (−8.714)	−0.365*** (−8.753)	1.770*** (12.614)	−0.296*** (−6.969)
Liquid	0.705*** (19.1)	0.630*** (5.955)	0.698*** (18.808)	0.709*** (19.23)	0.501*** (5.895)	0.728*** (19.818)
常数项	1.047*** (8.199)	−8.137*** (−19.319)	1.140*** (8.731)	1.053*** (8.258)	−0.496 (−1.525)	1.034*** (8.205)
Year & Ind	控制	控制	控制	控制	控制	控制
N	11 434	11 428	11 428	11 479	11 479	11 479
调整 R^2	0.848	0.209	0.848	0.848	0.198	0.849

*、**和***分别表示在 10%、5%和 1%的水平上显著

表 6-17 的第（4）、（5）、（6）列报告了外商直接投资–融资约束–企业全要素生产率的回归结果，采用 KZ 度量企业融资约束。第（5）列的外商直接投资回归系数为−0.303 且在 5%的水平上显著；第（6）列将外商直接投资和融资约束同时纳入模型后，外商直接投资的回归系数在 1%的水平上显著为正，说明外商投资的引入缓解了企业融资约束，使企业能够获得外部资金支持，并根据自身生产经营状况和未来经营发展需要作出合理的预测和决策，进而有利于企业全要素生产率的提升。

3. 内部管理质量的中介效应检验

表 6-18 报告的是外商直接投资–内部管理–企业全要素生产率的回归结果。借鉴刘斌和傅欣璐（2019）的做法，采用管理费用比率衡量企业内部管理水平。在第（1）列中，外商直接投资（FDI）对企业全要素生产率（TFP）产生显著的正向影响，为中介效应检验奠定基础。在第（2）列中，外商直接投资（FDI）回归系数为 0.028，且在 1%的水平上显著，表明引入外商直接投资能够有效提升企业内部管理水平。在第（3）列中，外商直接投资（FDI）的系数为 0.143，同样通过 1%的统计显著检验，说明外商投资的引入促进了企业组织形式的变化，能够为企业带来综合的解决方案和全方位的视角，从而对企业全要素生产率产生影响。因此，当企业花费的相对管理费用越多时，决策质量也就越高，最终对全要素生产率的提升效果就会越明显。

表 6-18 内部管理质量的中介效应检验

变量	(1)	(2)	(3)
	TFP	Manage	TFP
FDI	0.152*** (3.19)	0.028*** (4.035)	0.143*** (3.017)
Manage			0.312*** (3.264)
lnSize	0.712*** (142.85)	0.015*** (14.443)	0.707*** (136.364)
Roa	3.449*** (26.753)	−0.035** (−2.287)	3.460*** (26.931)
Growth	0.009*** (2.754)	−0.000 (−0.570)	0.010*** (2.74)
Lev	1.638*** (36.634)	−0.026*** (−3.813)	1.646*** (39.96)
Tobin Q	−0.015*** (−3.305)	0.003*** (5.862)	−0.016*** (−3.530)
Liq	−0.365*** (−8.753)	0.003 (0.521)	−0.366*** (−8.786)
Liquid	0.709*** (19.23)	−0.004 (−0.795)	0.710*** (19.291)
常数项	1.053*** (8.258)	−0.088** (−2.120)	1.080*** (8.423)
Year & Ind	控制	控制	控制
N	11 479	11 479	11 479
调整 R^2	0.848	0.391	0.848

和*分别表示在 5%和 1%的水平上显著

六、精准扶贫响应与企业融资约束

（一）理论分析

1. 上市公司精准扶贫响应的资金压力效应

与商业性投入以经济利益为出发点获取商业回报不同，企业的扶贫投入是一种典型的非市场行为。另外，由于扶贫项目往往位于贫困地区与“三农”行业，盈利的不确定性同样较高，无论是从主观的投入目的还是从客观的投入收益角度，从短期来看，企业的扶贫投入资金很有可能成为企业资金的净流出，这将加剧企业所面临的资金压力。另外，按照王雨磊和苏杨（2020）的梳理，中国的扶贫事业能够取得如此巨大成效的重要基础是在国家治理体系下构建了精准行政扶贫模式，这一模式下的政府主导多方参与能够有效整合社会资源，建立严格的考评机制及问责体系，以保证扶贫效率。作为对口帮扶单位，上市公司通过接受地方政府的行政指令与被扶贫单位进行对接，在这一个大的背景下，地方政府有着强烈的动机将其承担的扶贫考核压力转嫁于辖区企业（周黎安，2007；胡宁和靳庆鲁，2018）。聂军等（2020）的研究表明，上市公司的扶贫行为会受到地方政府财政压力的影响，财政压力越高，企业的扶贫压力越大，这在一定程度上说明企业的扶贫响应亦有可能因为地方政府的政策性负担转嫁而增加资金投入。此时，精准扶贫响应（targeted poverty alleviation response，TPAS）将体现为资金压力效应。

2. 上市公司响应精准扶贫的政策支持效应

企业对精准扶贫这一基本国策的响应能够为其带来政府方面的支持，进而缓解企业融资约束，这一政策效应主要来源于如下在两个方面。

首先，对企业而言，政企关系对于企业的投融资活动具有重要影响，特别是在中国，由于政府干预这一“有形之手”存在的事实，政企关系对于企业的影响更为强烈。上市公司响应精准扶贫行为可以分担地方政府的扶贫考核压力，有助于建立和强化政企关系。在金融体系受到政府干预的影响下，良好的政企关系能够帮助企业更为便利地获取银行信贷、进入资本市场，直接缓解融资约束。另外，由于当下中国尚未完全形成以市场为主导的资源配置体系，企业能够通过政企关系获得各种政策优惠，甚至以低于市场的价格获得各种资源，这种隐性优势提高了企业的偿债能力，也降低了资金供给方提供资金的风险（于蔚等，2012），间接缓解了外部融资约束。

其次，为鼓励上市公司响应精准扶贫工作，相关部门会为企业在产业政策、信贷政策等方面的扶贫响应企业提供支持。通过对上市公司年报中精准扶贫部分内容的分析，不难发现，产业扶贫的资金投入占据了很大比例，而发展产业扶贫项目符合产业政策导向，有利于企业获得带来产业政策的扶持效应（杨兴全等，2018），不仅提供了更多的融资机会，并且受政策倾斜的项目在获取资金时也可以进一步避免烦琐的审批程序。另外，《“十三五”脱贫攻坚规划》指出，金融机构应当“发挥多种货币政策工具正向激励作用，用好扶贫再贷款，引导金融机构扩大贫困地区涉农贷款投放，促进降低社会融资成本”。由此可见，金融机构将会根据政策指引，对参与产业扶贫政策支持的企业发放优惠贷款，以此推动上市公司精准扶贫工作的进行，这同样有利于企业缓解融资约束。

3. 上市公司响应精准扶贫的声誉效应

上市公司参与精准扶贫是企业履行社会责任的重要内容（杜世风等，2019）。在各种企业声誉的评价体系中，企业社会责任是其中的重要指标，企业社会责任对企业声誉的作用已经得到各界的公认（李海芹和张子刚，2010），通行董事与企业全要素生产率”。在“高管海外经历与企业全要素生产率”这一小节中发现，高管的海外经历显著正向影响企业全要素生产率，还发现企业内外部制度环境越好，高管海外经历对企业全要素生产率影响越显著。在“高管学术经历与企业创新”小节中发现，具有学术经历高管的企业对创新活动的投入力度更大，这种影响主要是通过降低企业信息不对称实现的。此外，在高管学历越高、企业规模越小和非国有企业中，高管学术经历更能够促进企业创新。进一步分析表明，高管学术经历不仅有助于提高企业创新数量，还对创新质量产生正向促进作用。虽然此部分并没有直接探究高管学术经历与企业全要素生产率的关系，而是探究其与创新之间的关系，但由创新活动所带来的技术进步，是提高企业全要素生产率的重要途径。所以，高管学术经历对企业创新的促进作用，最终将带来企业全要素生产率的提升。在“非执行董事与企业全要素生产率”小节中发现，非执行董事在监督管理层方面起着重要作用，能够有效缓解股东与管理层之间的代理问题，减少管理层的自利行为，从而有助于提高企业全要素生产率。同时，股权制衡削弱了非执行董事与企业全要素生产率之间的正相关关系，国有企业与非国有企业有着不同类型的代理问题，这使得股权制衡的削弱效果在国有企业中更加明显。

其次，从企业内部战略环境角度来看，获得了三个方面的研究发现，分别是“‘短贷长投’与企业全要素生产率”、“企业杠杆率与全要素生产率”及“产权性质、企业战略差异与资本结构动态调整”。在“‘短贷长投’与企业全要素生产率”小节中发现，“短贷长投”通过非效率投资及现金柔性，负向影响企业的全要素生产率，并且在国有企业、高融资约束企业以及内部控制质量较低样本组内更为显著。在“企业杠杆率与全要素生产率”小节中发现，杠杆率与企业全要素生产率呈倒“U”形关系；大规模企业的内部管理和财务制度相对规范，更易获得金融机构的贷款，进而大型企业的杠杆率相对于小规模企业而言较高。同时，随着市场竞争程度的增加，企业降低自身杠杆率的动机将得到强化，因此，高杠杆对全要素生产率的抑制作用仅在大规模企业和低市场竞争环境中更加显著。在“产权性质、企业战略差异与资本结构动态调整”小节中发现，战略差异度对资本结构动态调整具有显著的负向影响，在非国有企业中这种负向影响更加显著。虽然，本章并未直接探究企业战略差异与企业全要素生产率之间的关系，但资本结构的动态调整，将影响企业的资源配置效率与公司治理，从而影响企业的全要素生产率。

最后，从外部制度环境角度来看，从三方面得出研究发现，一是市场环境方面，包括要素价格扭曲、外商直接投资与债券违约的行业信用风险传染议题；二是技术发展情况，主要讨论数字金融发展的影响；三是宏观政策方面，具体包括“营改增”、混合所有制改革。本书首先探讨要素价格扭曲对全要素生产率的影过声誉效应获取市场资源已经成为企业融资的重要手段。脱贫帮扶是近年来党和国家集中关注的重要任务。在这一特殊的阶段，相比于其他社会责任行为，企业的精准扶贫响应可能会导致更强的社会效应。上市公司的扶贫工作不仅披露于年报，同时也会在政府公告及大众媒体报道中进行传播扩散，能够被投资者所感知，并向其传达企业与社会规范和准则保持一致的信号，提升组织的合法性（孟猛猛等，2019）。组织合法性不仅影响企业的存续，还能够帮助企业获取社会受众提供的其他重要资源（Zimmerman and Zeitz，2002），因而组织合法性可被视为反映企业未来发展状况的一种重要声誉机制。由于上市公司响应精准扶贫在一定程度上提升的组织合法性水平，而组织合法性是企业获取其他市场资源的重要前提，对于投资者而言，认可企业合法性的表现便是提供资金支持（高洪利等，2017），这将缓解企业所面临的外部融资约束。

另外，按照经典信号理论文献的观点，高质量的公司可以通过付出一定的成本发送信号，将其与低质量的公司进行分离（Jensen and Meckling，1976）。在研究场景中，精准扶贫投入的作用便是创建这样一个分离均衡，在这个均衡中，高质量的公司通过扶贫响应发送信号，而低质量的公司对此却难以模仿。这是因为，对于低质量的公司而言，作为资金流出的扶贫响应过程具有更高的成本。此时，精准扶贫响应可以向外部利益相关者提供关于公司质量及其前景的增量信息，并降低企业与潜在投资者之间的信息不对称，并最终软化融资约束。

综上所述，上市公司扶贫响应作为资金净流出以及政策性负担会强化企业的融资约束，而扶贫响应所带来的政策支持效应和声誉效应能够有效缓解企业的融资约束，基于此，笔者认为，上市公司的精准扶贫响应对融资约束的影响存在不确定性。

（二）实证结果

参考潘越等（2019）、李君平和徐龙炳（2015）的方法，通过构建 KZ 来衡量企业的融资约束，该指数由经营性净现金流量比率、现金股利、现金持有、资产负债率及 Tobin Q 变量构建而成，数值越高表明企业面临的融资约束越严苛。精准扶贫响应（TPAS）为核心解释变量，如果公司 i 在 t 年末已参与精准扶贫则取值为 1，否则为 0。

在表 6-19 内，我们对核心的双重差分模型进行了检验。具体而言，第（1）列为未控制公司财务特征、治理特征及行业效应之前的回归结果，精准扶贫响应（TPAS）的系数为−0.230 8，且在1%的水平上显著，初步表明上市公司响应精准扶贫能够缓解企业融资约束。另外，按照逐步回归的思路，第（2）列为加入公司财务层面的控制变量后的回归结果，TPAS 的系数依然显著为负。第（3）列进一步控制了公司治理特征。第（4）列在上述处理的基础上进一步控制了行业固定效应，但 TPAS 的系数符号以及显著性水平均无明显改变，仍于 1%水平负向显著，表明在控制各种异质性特征后，上市公司的精准扶贫响应对企业融资约束的缓解效应依然显著。上述结果表明企业扶贫响应对于企业融资而言，主要体现为政策支持效应和声誉效应，而非资金压力效应。

表 6-19　精准扶贫响应与企业融资约束

变量	（1）	（2）	（3）	（4）
	KZ	KZ	KZ	KZ
TPAS	−0.230 8*** (−4.17)	−0.199 7*** (−3.84)	−0.205 3*** (−3.95)	−0.205 8*** (−3.96)
Control	控制	控制	控制	控制
Year FE	控制	控制	控制	控制
Ind FE	未控制	未控制	未控制	控制
Firm FE	控制	控制	控制	控制
N	8 784	8 784	8 784	8 784
R^2	0.009	0.13	0.132	0.14

***表示在 1%的水平上显著

注：（1）表示自变量与因变量之间的相关关系，（2）、（3）表示加入部分控制变量后的模型关系，（4）表示加入所有控制变量后的回归关系

七、数字金融发展与工业企业技术创新

（一）理论分析

企业创新活动具有周期长、风险高且不可逆的特征（谢绚丽等，2018），不仅需要大量的前期投入，还存在较高的调整成本。此外，在创新过程中需不断投入新设备和技术人才，因此企业创新活动对于资金的需求非常大（蔡竞和董艳，2016）。同时，创新项目通常难以快速得到资金回报，且不确定性较强，导致银行更不愿意将大量的资金贷给创新活动多的企业而承担更高的风险（喻平和豆俊霞，2020），因此企业在进行创新活动时容易面临较强的融资约束。尤其是成长于长期以银行系统为主导的金融体系下的中国企业，其创新融资压力更大。此外，创新水平是企业核心竞争力的体现，企业的研发创新项目通常被作为重要的商业机密，企业在发布相关信息时会尽量避免披露与研发创新相关的具体内容，导致企业与投资者之间的信息不对称程度更严重，也进一步加剧了企业的外部融资约束（唐嘉励和唐清泉，2010）。Kaplan 和 Zingales（1997）的研究也表明，信息不对称是企业融资约束的主要原因之一。数字普惠金融作为一种新兴的金融服务，融合了人工智能、大数据和云计算等新兴技术，不仅使金融服务覆盖范围

更为广泛，还增强了金融服务的可获得性，为缓解企业融资约束和促进企业创新提供了一条切实可行的解决路径。具体而言，数字普惠金融主要是通过缓解企业融资约束来对企业创新产生促进作用的。

一方面，数字普惠金融的发展能够降低金融服务成本和门槛，拓宽企业的融资渠道。近年来，传统金融服务的供给在数量和质量上都无法满足社会的需求，这是数字普惠金融迅速发展的原因之一（唐松等，2020）。数字普惠金融利用数字技术对传统金融产品和商业模式等进行创新，拓展了金融服务的覆盖广度和使用深度，实现了对传统金融服务在数量和质量上的补充。金融规模的扩张能够提高信贷总量，总体而言能够给企业提供更多的资金，避免信贷出现严重扭曲的现象，有利于企业合理有效地利用金融资源，从而缓解企业的融资约束（Claessens and Laeven，2003）。同时，金融市场中还存在大量的“尾部”群体，即数量庞大但创新活跃的小规模企业，这些企业往往被传统金融服务拒之门外，难以获得有效的金融服务。数字普惠金融扩展了金融服务范围和触及能力，为这些企业缓解创新融资约束提供了更多的可能。

另一方面，数字普惠金融的发展能够有效缓解企业信息不对称程度，从而降低外部融资约束。在 MM 理论的假设下，金融市场是完善且没有交易成本的，企业的融资决策和投资决策之间相互分离（Modigliani and Miller，1959）。但是，MM 理论的假设过于理想化，现实中企业与投资方往往存在较为严重的信息不对称现象，易导致大量的交易成本，从而限制了企业进行外部融资（Myers and Majluf，1984）。数字普惠金融所建立的风险控制体系和信息处理及监测系统能够高效率地收集客户的征信数据，让投资者更全面地了解企业真实的经营情况和实际信用等级，在很大程度上缓解了双方之间的信息不对称程度。此外，Love（2003）利用 40 多个国家和地区的数据研究发现，企业的信息不对称程度越低越有利于减轻融资约束。企业与投资者之间有较高的信息透明度，投资者便能够快速准确地掌握与企业投融资决策相关的信息，向优质企业进行投资。企业的融资问题一旦得到有效解决，将有利于激发其进行创新的积极性。

此外，数字普惠金融提升了传统金融审批速度，降低了企业融资成本，缓解了企业融资约束。传统金融服务为了降低信贷风险，在对企业进行贷款时往往需要严格审查企业的资信状况，从而导致高额的审查费用和风险评估成本。通常情况下，这些审查成本会以上浮信贷利率的形式转嫁给企业，从而增加企业融资负担（聂秀华，2020）。然而，数字普惠金融基于云计算、大数据及移动互联网等数字技术，能够迅速在互联网上获取客户征信信息，简化信贷审查程序，大大缩短信贷审核周期，从而为企业节约大量的线下审查成本。同时，数字普惠金融全面升级传统金融的服务方式，更合理有效地配置资源，以更少的人力和物力完成审贷过程，使信贷审批更加高效快捷。Fuster 等（2019）利用美国住房信贷数据进行研究，结果发现人工智能、大数据等数字技术手段使贷款审批速度提升近20%，且没有因审批流程的快速推进而提升信贷的违约风险。这种基于数字技术的审贷方法，有效降低企业信息成本和创新融资成本，激发企业创新动力，进而促进企业创新活动的顺利进行。综上所述，笔者认为，数字普惠金融的发展有利于促进企业创新。

（二）实证结果

表 6-20 中第（1）列报告了在纳入企业层面控制变量、城市层面控制变量以及控制行业、年度和省份后，数字普惠金融对工业企业创新活动的影响结果。结果表明，数字普惠金融（Index）与工业企业创新水平（Patent），即专利申请数间存在正相关关系，并在 1%的水平上显著。说明数字普惠金融的发展有助于激励中国工业企业开展创新活动，即企业所在地区数字普惠金融越发达，该企业创新申请数量越多。

表 6-20　数字金融发展与工业企业创新

变量	（1）	（2）	（3）
	Patent	Patent	Patent
Index	1.238*** （5.721）		
Breadth		0.996*** （6.528）	
Depth			1.109*** （4.294）
Size	0.626*** （9.984）	0.619*** （9.861）	0.641*** （10.232）
Lev	0.131 （1.065）	0.114 （0.921）	0.162 （1.314）
Age	−0.000 （−0.116）	−0.001 （−0.156）	−0.000 （−0.042）
Roa	−0.110 （−1.396）	−0.109 （−1.384）	−0.112 （−1.427）
MF	7.711*** （12.189）	7.624*** （12.040）	7.858*** （12.444）
Capital	0.196*** （2.684）	0.200*** （2.740）	0.188*** （2.582）
Income	0.955*** （14.211）	0.959*** （14.277）	0.945*** （14.076）
IS	0.128** （2.483）	0.110** （2.155）	0.131** （2.504）
PGDP	−0.000*** （−3.144）	−0.000** （−2.013）	−0.000** （−2.458）
EI	−1.975 （−0.631）	−2.506 （−0.800）	−1.610 （−0.513）

续表

变量	(1)	(2)	(3)
	Patent	Patent	Patent
FDI	−1.923 (−0.106)	6.565 (0.372)	−0.220 (−0.012)
年份、行业、省份固定效应	控制	控制	控制
常数项	−18.046*** (−5.143)	−20.350*** (−6.045)	−18.891*** (−5.266)
N	907 609	907 609	907 609
调整 R^2	0.01	0.01	0.01

和*分别表示在 5%和 1%的水平上显著

为了更深入地探究数字普惠金融哪些层面的发展促进了企业创新活动，本章进一步将数字普惠金融指标分解为两个相对称的维度，即覆盖广度（Breadth）和使用深度（Depth）。基于前文所述，数字普惠金融的覆盖广度指标主要是根据地区支付宝账户数量编制而成的，体现数字普惠金融所覆盖人群；而数字普惠金融的使用深度则是用地区实际使用互联网金融服务的频率等来衡量的。借鉴唐松等的研究思路，本章进一步探究数字普惠金融覆盖广度和使用深度对企业创新的影响。第（2）列和第（3）列实证结果展示了两个维度的回归结果，即数字普惠金融发展的覆盖广度和使用深度与工业企业创新的关系。结果显示，数字普惠金融的覆盖广度和使用深度均对企业创新产生显著的促进作用，且均在 1%的水平上显著。由此可以说明，数字普惠金融对于实体经济创新的促进效应，不仅只是依靠面积上的大范围覆盖，还需要进行深层次的挖掘，为企业创新提供持续的动力，体现了数字普惠金融发展的全面性。

八、公司债券违约的信用风险传染效应

（一）理论分析

信息是资本市场的核心要素，而且信息具有显著的外部性。现有研究表明，当行业内公司出现负面事件并释放出风险信息时，在信息外部性的作用下，风险信息会在同行业渠道中进行传染，进而导致行业内其他公司也会受到一定程度的负面影响（Le and Ngo，2018；Leitner，2005），由此构成行业内的传染效应。而且，当同一审计机构审计的关联公司盈余质量越差时，股票价格下跌越剧烈；此外，规模较大的公司发布的关于收入的重述报告所导致的传染效应也越强。公司债券违约对于金融市场而言是影响较为恶劣的负面事件，其释放的信用风险将可能在行业内进行传染，并对同行业公司发债融资构成严重的负面影响，由此形

成信用风险在一级市场中的同行业传染效应。

首先，同行业公司在经营政策和投融资行为偏好上具有相似性（Leary and Roberts，2004），这将可能导致行业内公司的风险变化趋于同步。其一，在经营方面，同行业公司经营范围、产品结构及日常运营所面临的客户供应商群体等方面都较为类似。因此，同行业公司的经营政策和盈利模式具有一致性，这就决定了行业内公司经营风险的变化将呈现出同步性。其二，在投资方面，根据信息外部性，大部分同行业公司的投资决策是依据少数公司的决策行为而进行修订并改进的，这种行为学习模式会导致同行业公司在投资方向和方式上出现“同群效应”（万良勇等，2016），进而促使同行业公司的投资效率、回报及投资风险的变化也渐趋相似。其三，在融资方面，同行业公司在融资渠道和结构方面偏好较为一致（Graham and Harvey，2001；Ngo et al.，2015）。现有研究表明，公司管理层在调整公司资本结构时，会趋向于同行业水平并进行实时动态调整（陆蓉等，2017），由此增加了同行业公司资本结构趋同和财务风险同步变化的可能性。因此，同行业公司间相似的经营和投融资行为会促使彼此间业绩回报与风险变化趋于同步。公司间同质性的特征也会由此得到进一步加强，并为信用风险在行业内传染提供了客观的现实基础。

其次，债券违约释放的信用风险会提高投资者感知的风险水平并加深投资者情绪的紧张程度，这将导致投资者提高对同行业公司债券的风险投资回报。由前述分析可知，同行业公司之间风险同步变化和同质性特征是客观存在的。因此，当违约事件爆发后，投资者会在主观上提高对同行业公司信用风险的预期，即投资者感知的信用风险会增加。而且，随着违约规模和次数增加，还可能加深债券市场投资者的恐慌情绪。现有研究表明，投资者情绪的变化会影响证券价格的波动（Aissia，2014；宋顺林和唐斯圆，2016）。尤其是尚处于发展阶段的中国资本市场，非理性投资者的普遍存在会强化投资者情绪波动对证券定价的消极影响。因此，当违约事件爆发后，投资者主观认知及市场情绪的波动将共同助推投资者提高对同行业公司债券的风险投资回报。

最后，对于一级发债市场而言，当公司进行债券融资时，发债定价是核心问题；而更高的定价水平则取决于投资者感知的风险。由前述逻辑可知，发债前违约事件释放的信用风险会经行业途径进行传染，并会提高债券投资者对行业内公司信用风险的预期和估值。因此，当同行业公司进行债券融资并与投资者议价时，投资者必然会索取更高的风险溢价以补偿可能的风险损失。由此造成信用风险在一级市场中经同行业传染的定价效应。

深入中国的现实背景而言，债券市场长期存在政府或金融机构隐性担保这一非正式制度（王博森等，2016）。基于破窗理论，当同行业内一家发债公司出现债务违约行为时，由于政府或金融机构的兜底而并没有受到相应的市场惩罚，仍然能通过社会融资渠道获得资金，这将会给其他公司产生“债券违约”成本较小的暗示，从而诱发“搭便车”心理和潜在的违约动机。这一特殊制度背景下的经济现象将进一步加深中国债券投资者对发生违约事件后信用风险的感知，由此增强了信用风险在中国债券市场中的传染性。

综上所述，公司在一级市场发债前，行业内公司债券爆发违约而诱发的信用风险传染会促使债券投资者对发债公司的信用风险给予更高的预期估值，由此导致投资者会以索取更高风险溢价的方式补偿可能的风险损失，并最终造成债券发行定价水平的提高。因此，提出如下假设：公司发债前，行业内若爆发债券违约事件，则公司发债定价水平会显著提高。

（二）实证结果

表 6-21 报告了公司发债前同行业债券违约的风险传染效应。回归结果表明，在控制了债券特征、公司特征及外部因素的情况下，公司发债时的风险溢价（Spreads）与同行业是否发生违约事件（Def_Dummy）之间显著正相关。由此可知，同行业爆发债券违约事件确实可以释放信用风险信号，进而对债券发行时的溢价水平产生显著的提升作用，由此产生了信用风险在行业内传染而形成的定价效应。

表 6-21 公司发债风险溢价与同行业违约事件

变量	Spreads
Def_Dummy	0.134*** （2.80）
Control	控制
债券类型、利率类型、行业、年度	控制
N	2 264
调整 R^2	0.642

***表示在 1%的水平上显著

第四节 本章总结

本章在探讨其他视域下全要素生产率提升路径时，基于已有研究分别从管理者特征视域下的提升思路、企业内部战略环境视域下的提升思路及外部制度环境视域下的提升思路三方面进行探讨。

首先，从管理者视域的角度来看，在以下三个方面得出研究结论，分别是“高管海外经历与企业全要素生产率”、“高管学术经历与企业创新”及“非执响。在“要素价格扭曲与全要素生产率”小节，梳理与总结既有文献发现，要素价格扭曲对资源配置效率、技术进步以及规模效应产生影响，继而作用于全要素生产率。进一步地，在“‘营改增’与生产性服务业企业全要素生产率”小节中发现，“营改增”政策促进生产性服务业企业的发展，提升生产性服务业企业的整体素质，显著提高生产性服务业企业的全要素生产率。在“国有企业混合所有制改革与全要素生产率”小节中发现，国有企业混合所有制改革能够促进不同属性资本间的优势互补，从而有利于提升全要素生产率。在“国有股权参股与家族企业全要素生产率”小节中发现，国有股权参股家族企业，有助于提高家族企业的全要素生产率。“外商直接投资与企业全要素生产率”小节认为，外商直接投资能够通过提高创新能力、弱化融资约束、加强内部管理促进企业全要素生产率增长。然后，在“精准扶贫响应与企业融资约束”一节中发现，企业扶贫响应对于企业融资而言，主要体现为政策支持效应和声誉效应，而非资金压力效应。在“数字金融发展与工业企业技术创新”一节中发现，数字金融的发展缓解了企业融资约束，从而有助于提高全要素生产率。最后，在“公司债券违约的信用风险传染效应研究”一节中发现，企业的债券违约事件会在行业内部引发风险传染，表现为债券发行的溢价显著提高。虽然精准扶贫响应与信用风险传染效应研究并非直接与全要素生产率相关，但是企业是否响应精准扶贫政策、公司债权违约的信用风险等外部环境依旧会对企业进行的决策以及资源配置产生影响，进而对企业全要素生产率产生影响。

第七章　研究结论与启示

围绕“激励机制错位与企业全要素生产率”这一主题进行研究，共形成多篇研究论文，以已发表的论文为基础，本书主要介绍了四部分的研究成果，分别是企业激励机制错位生产率效应的现象测度、激励机制错位生产率效应的传导路径、激励机制错位与企业全要素生产率的治理思路及其他视域下全要素生产率提升思路拓展。本章是对报告的总结，包括三部分内容：研究结论、启示与建议、未来研究方向。

第一节　研 究 结 论

一、企业激励机制错位及其生产效应的测度

激励机制设计作为企业内部治理制度的安排，是企业基本的治理构件，与“人”这一核心要素息息相关，能够有效缓解企业内部的委托代理问题，提高企业决策运行效率，对企业的全要素生产率有着重要影响。当企业的激励制度存在重大缺陷时，会诱发严重的代理问题，从而产生高昂的代理成本，对管理效率、创新效率与经营效率均会产生影响，最终将体现在对全要素生产率的抑制上。当前研究已经关注到单一激励契约（如高管货币薪酬激励、股权激励、薪酬差距）对企业全要素生产率的影响，但是单一激励安排存在激励效用递减现象，束缚于局部均衡分析的激励研究难免有所局限。基于对激励机制的系统性思考，注重其整合协同效应的一般均衡分析呈现发展趋势。本书着眼于企业内部存在的激励机制错位现象，通过对企业单项激励措施失当进行分析，通过文献回顾与理论分析明确激励机制错位的含义，以及其对于企业全要素生产率存在的影响后，构建了企业激励机制错位指数以度量错位程度，继而测度了高管货币薪酬激励、股权激励、薪酬差距、国企高管职业生涯预期及激励机制整体错位状态的生产率效应。

通过分析与检验，得出以下结论。

第一，目前我国企业激励机制普遍存在错位现象，整体错位指数偏高；随着时间的推移，企业间激励机制错位程度的差异度有所降低；从激励机制的具体内容来看，股权激励与心理激励错位现象更为严重；从区域分布来看，东部地区上市公司激励机制错位程度低于中西部地区与东北地区上市公司；从产权性质来看，民营企业激励机制错位程度低于国有企业。

第二，当高管货币薪酬处于较低水平时，企业全要素生产率随着货币薪酬增加而逐渐增加，而高管货币薪酬过高亦会导致高管过度激励，同样不利于企业全要素生产率的提升。

第三，对高管进行股权激励能够显著提升企业全要素生产率。在现阶段，可以通过增加高管持股比例来激励其努力工作、约束其自利行为，从而提升企业全要素生产率。

第四，高管薪酬差距拉大有助于提升企业全要素生产率。锦标赛激励制度在我国上市公司中依然适用，即拉大高管薪酬差距能够促使高管更加勤勉尽责，提高其管理水平，从而促进企业全要素生产率水平的提升。

第五，国企高管职业生涯预期显著影响企业的风险承担水平，而这种影响更可能缘起于“政治晋升”这一逻辑内核。对于国企高管更重视政治晋升这一特性，企业在激励设计过程中应当更关注类似于职业生涯预期等隐性激励制度的设计。

第六，企业内部激励机制错位会显著降低企业全要素生产率。通过系统化地设计激励机制，及时纠正激励机制运行错误，能够有效减少全要素生产率的损失。

二、激励机制错位影响企业全要素生产率的具体路径

有效的激励制度的设计应该囊括短期与长期、员工与管理层、实在的利益与心理的满足、当前的利益与职业生涯的晋升等方面，各项激励契约间的协同作用，能够很好地适应不确定的外部环境以及企业内部复杂的治理情境。激励机制通过影响企业创新行为及资源配置效率，进而影响企业全要素生产率。对于企业创新而言，不同的激励措施发挥着不同的激励效用，从而对企业创新投入带来不同的影响。此外，系统全面的激励机制设计能够有效改善资源配置效率，如人力资源配置效率、资金配置效率、投资效率等，从而促进企业全要素生产率增长。在探讨激励机制错位的传导路径时在前人研究的基础上，分别从技术创新及资源配置效率两方面进行探讨，得出以下结论。

第一，有效的激励机制会通过提升技术创新及资源配置效率来作用于企业全要素生产率，技术创新及资源配置效率在激励机制与企业全要素生产率二者的关

系中存在中介效应。

第二，技术创新特别是探索式创新对于提升企业全要素生产率的重要性，具体表现为探索式创新对企业全要素生产率的影响存在“拐点效应”，当企业的创新投入突破“拐点”时，企业的全要素生产率会随着创新投入的增加而增加。

第三，企业的金融资产配置作为企业资源配置效率的重要组成部分，对企业全要素生产率造成显著影响。企业应当合理分配内部资源，错配的金融资产不仅会影响企业整体的资源配置效率，还会影响企业的整体效率。

第四，企业轻资产运营能够有效提升企业的全要素生产率。企业改善低附加值的生产环境，将资源配置于更有利于企业发展核心业务，获得企业的核心竞争力，最终提升企业全要素生产率。

三、矫正激励机制错位以提升全要素生产率的内外部机制设计

企业内部激励机制的错位通过各种传导路径对全要素生产率产生差异化的影响。内外部的治理机制又进一步影响着激励机制错位与企业全要素生产率之间的关系。内部治理与外部治理的相互耦合形成的治理机制为提升企业全要素生产率、矫正激励机制错位提供可行的治理思路，也为政府部门优化分配政策提供一定的参考。

从外部治理的角度来看，市场竞争能够强化高管薪酬差距与全要素生产率之间的正向相关性，即当市场竞争强度越强时，企业信息传递的透明度越高，因此将约束高管的自利行为，从而降低代理成本，促使高管有更强的动机去努力提高企业生产效率和竞争力，为自己的薪酬和职位提供保障。此外，市场化程度表明经营环境、商业关系、信息披露的透明度与规范化，对公司治理具有潜在的影响。企业所处的市场环境既会影响员工持股计划的决策，也会影响大股东监督与员工持股计划之间的关系，具体而言，其能够强化二者之间的替代关系。

从内部治理的角度来看，内部控制制度作为企业治理重要的组成部分，能够起到有效的监督作用。内部控制在很大程度上遏制了激励机制错位对企业全要素生产率的不利影响。内控制度与监督机制的规制能够有效威慑并降低管理层的自利行为，在一定程度上抚平失效激励机制的部分影响。针对股权激励制度，激励有效期与产权性质会对其激励效果产生重要影响，企业应当关注具体的制度设计细节，避免福利化倾向。人力资本禀赋高能够强化大股东监督与员工持股计划之间的替代效应，即当大股东监督不足时，人力资本禀赋越高，企业越需要实施员工持股计划以激励公司管理者和员工。

参考文献

白俊、连立帅，2014：《国企过度投资溯因：政府干预抑或管理层自利》，《会计研究》，第2期。

白重恩、路江涌、陶志刚，2006：《国有企业改制效果的实证研究》，《经济研究》，第8期。

毕晓方、翟淑萍、姜宝强，2017：《政府补贴、财务冗余对高新技术企业双元创新的影响》，《会计研究》，第1期。

蔡昉，2013：《理解中国经济发展的过去、现在和将来——基于一个贯通的增长理论框架》，《经济研究》，第11期。

蔡竞、董艳，2016：《银行业竞争与企业创新——来自中国工业企业的经验证据》，《金融研究》，第11期。

曹伟、杨德明、赵璨，2016：《政治晋升预期与高管腐败——来自国有上市公司的经验证据》，《经济学动态》，第2期。

曹越、胡新玉、陈文瑞等，2020：《客户关系型交易、高管薪酬业绩敏感性与非效率投资》，《管理评论》，第8期。

常涛、廖建桥，2009：《基于博弈论视角的团队知识共享激励机制研究》，《软科学》，第4期。

钞小静、惠康，2009：《中国经济增长质量的测度》，《数量经济技术经济研究》，第6期。

陈冬华、范从来、沈永建，2015：《高管与员工：激励有效性之比较与互动》，《管理世界》，第5期。

陈林、唐杨柳，2014：《混合所有制改革与国有企业政策性负担——基于早期国企产权改革大数据的实证研究》，《经济学家》，第11期。

陈琳、林珏，2009：《外商直接投资对中国制造业企业的溢出效应：基于企业所有制结构的视角》，《管理世界》，第9期。

陈敏、桂琦寒、陆铭等，2007：《中国经济增长如何持续发挥规模效应？——经济开放与国内商品市场分割的实证研究》，《经济学（季刊）》，第1期。

陈钦源、马黎珺、伊志宏，2017：《分析师跟踪与企业创新绩效——中国的逻辑》，《南开管理评论》，第3期。

陈日清、亓爱凤，2014：《市场约束、内部公司治理与上市公司全要素生产率——基于面板随机前沿模型的分析》，《投资研究》，第 10 期。
陈文强，2018：《股权激励、契约异质性与企业绩效的动态增长》，《经济管理》，第 5 期。
陈险峰、陈志强、李佳宾等，2019：《非执行董事对企业技术创新的影响研究》，《管理学报》，第 8 期。
陈晓珊、刘洪铎，2019：《内部控制质量与高管超额薪酬》，《审计研究》，第 5 期。
陈效东、周嘉南、黄登仕，2016：《高管人员股权激励与公司非效率投资：抑制或者加剧？》，《会计研究》，第 7 期。
陈永佑、胡伟民，2011：《价格扭曲、要素错配和效率损失：理论和应用》，《经济学（季刊）》，第 4 期。
陈钊、王旸，2016：《“营改增”是否促进了分工：来自中国上市公司的证据》，《管理世界》，第 3 期。
陈震、张鸣，2008：《业绩指标、业绩风险与高管人员报酬的敏感性》，《会计研究》，第 2 期。
陈志斌、吴敏、陈志红，2017：《家族管理影响中小家族企业价值的路径：基于行业竞争的代理理论和效率理论的研究》，《中国工业经济》，第 5 期。
成力为、孙玮，2012：《市场化程度对自主创新配置效率的影响——基于 Cost-Malmquist 指数的高技术产业行业面板数据分析》，《中国软科学》，第 5 期。
程虹、王明明、李唐，2018：《管理效率与全要素生产率——基于“中国企业-劳动力匹配调查”（CEES）的新证据》，《南方经济》，第 9 期。
程惠芳、陈超，2017：《开放经济下知识资本与全要素生产率——国际经验与中国启示》，《经济研究》，第 10 期。
程新生、武琼、刘孟晖等，2020：《企业集团现金分布、管理层激励与资本配置效率》，《金融研究》，第 2 期。
程子建，2011：《增值税扩围改革的价格影响与福利效应》，《财经研究》，第 10 期。
戴魁早、刘友金，2015：《要素市场扭曲、区域差异与 R&D 投入——来自中国高技术产业与门槛模型的经验证据》，《数量经济技术经济研究》，第 9 期。
戴觅、余淼杰，2012：《企业出口前研发投入、出口及生产率进步——来自中国制造业企业的证据》，《经济学（季刊）》，第 1 期。
戴天婧、张茹、汤谷良，2012：《财务战略驱动企业盈利模式——美国苹果公司轻资产模式案例研究》，《会计研究》，第 11 期。
戴小勇，2018：《资源错配视角下全要素生产率损失的形成机理与测算》，《当代经济科学》，第 5 期。
邓翔、李德山、李双强等，2017：《价格扭曲、资源错配与全要素生产率》，《软科学》，第 9 期。

邓晓兰、鄢伟波，2018：《农村基础设施对农业全要素生产率的影响研究》，《财贸研究》，第 4 期。
董晓庆、赵坚、袁朋伟，2014：《国有企业创新效率损失研究》，《中国工业经济》，第 2 期。
窦炜、刘星，2011：《债务杠杆、所有权特征与中国上市公司投资行为研究》，《经济与管理研究》，第 2 期。
都阳、蔡昉、屈小博等，2014：《延续中国奇迹：从户籍制度改革中收获红利》，《经济研究》，第 8 期。
杜世风、石恒贵、张依群，2019：《中国上市公司精准扶贫行为的影响因素研究——基于社会责任的视角》，《财政研究》，第 2 期。
杜勇、张欢、陈建英，2017：《金融化对实体企业未来主业发展的影响：促进还是抑制》，《中国工业经济》，第 12 期。
杜勇、张欢、陈建英，2018：《CEO 海外经历与企业盈余管理》，《会计研究》，第 2 期。
樊纲，2010：《“十二五”规划与城市化大趋势》，《开放导报》，第 6 期。
樊勇、王蔚，2014：《市场化程度与企业债务税盾效应——来自中国上市公司的经验证据》，《财贸经济》，第 2 期。
范子英、彭飞，2017：《“营改增”的减税效应和分工效应：基于产业互联的视角》，《经济研究》，第 2 期。
方红星、金玉娜，2013：《公司治理、内部控制与非效率投资：理论分析与经验证据》，《会计研究》，第 7 期。
方洪波，2010：《雇佣关系期望及其双向互动的内在机理》，《改革》，第 6 期。
方杰、温忠麟、梁东梅，2015：《基于多元回归的调节效应分析》，《心理科学》，第 2 期。
方军雄，2010：《民营上市公司，真的面临银行贷款歧视吗？》，《管理世界》，第 11 期。
方军雄，2011：《高管权力与企业薪酬变动的非对称性》，《经济研究》，第 4 期。
方政、徐向艺、陆淑婧，2017：《上市公司高管显性激励治理效应研究——基于“双向治理”研究视角的经验证据》，《南开管理评论》，第 2 期。
冯根福、赵珏航，2012：《管理者薪酬、在职消费与公司绩效——基于合作博弈的分析视角》，《中国工业经济》，第 6 期。
付丙海、谢富纪、韩雨卿，2015：《创新链资源整合、双元性创新与创新绩效：基于长三角新创企业的实证研究》，《中国软科学》，第 12 期。
傅家骥，1998：《企业重建与技术创新》，《科技潮》，第 8 期。
高洪利、李莉、陈靖涵等，2017：《政府研发支持行为影响高科技企业外部融资吗——基于组织合法性理论的解释》，《南开管理评论》，第 6 期。
高娟，2018：《绩效激励对企业全要素生产率的影响效应——基于“中国企业-劳动力匹配调查”数据的实证研究》，《中国软科学》，第 10 期。
高梦捷、柳志南，2019：《民营企业金字塔结构、高管超额薪酬与薪酬辩护》，《中国软科学》，第 9 期。
葛玉御、田志伟、胡怡建，2015：《“营改增”的收入分配效应研究——基于收入和消费的双重视角》，《当代财经》，第 4 期。
龚关、胡关亮，2013：《中国制造业资源配置效率与全要素生产率》，《经济研究》，第 4 期。
苟琴、黄益平、刘晓光，2014：《银行信贷配置真的存在所有制歧视吗？》，《管理世界》，第 1 期。
谷丰、张林、张凤元，2018：《生命周期、高管薪酬激励与企业创新投资——来自创业板上市公司的经验证据》，《中南财经政法大学学报》，第 1 期。
桂荷发、黄节根，2016：《非执行董事与股东-管理层代理冲突——兼论管理层权力与产权属性对非执行董事治理效应的影响》，《当代财经》，第 12 期。
郭家堂、骆品亮，2016：《互联网对中国全要素生产率有促进作用吗》，《管理世界》，第 10 期。
郭于玮、马弘，2016：《混合所有制中的股权结构与企业全要素生产率》，《经济学报》，第 2 期。
韩先锋、惠宁、宋文飞，2014：《信息化能提高中国工业部门技术创新效率吗》，《中国工业经济》，第 12 期。
韩亚欣、文芳、许碧莲，2017：《管理者薪酬水平与企业研发投资——基于广东战略性新兴企业的研究》，《科技管理研究》，第 3 期。
韩永辉、黄亮雄、王贤彬，2017：《产业政策推动地方产业结构升级了吗？——基于发展型地方政府的理论解释与实证检验》，《经济研究》，第 8 期。
郝云宏、汪茜，2015：《混合所有制企业股权制衡机制研究——基于“鄂武商控制权之争”的案例解析》，《中国工业经济》，第 3 期。
何小钢、梁权熙、王善骝，2019：《信息技术、劳动力结构与企业生产率——破解“信息技术生产率悖论”之谜》，《管理世界》，第 9 期。
何瑛、张大伟，2015：《管理者特质、负债融资与企业价值》，《会计研究》，第 8 期。
侯静茹、黎文靖，2017：《高管团队薪酬差距激励了企业创新吗？——基于产权性质和融资约束的视角》，《财务研究》，第 5 期。
侯青川、靳庆鲁、陈明端，2015：《经济发展、政府偏袒与公司发展——基于政府代理问题与公司代理问题的分析》，《经济研究》，第 1 期。
胡海峰、窦斌、王爱萍，2020：《企业金融化与生产效率》，《世界经济》，第 1 期。
胡宁、靳庆鲁，2018：《社会性负担与公司财务困境动态——基于 ST 制度的考察》，《会计研究》，第 11 期。
胡诗阳、陆正飞，2015：《非执行董事对过度投资的抑制作用研究——来自中国 A 股上市公司的经验证据》，《会计研究》，第 11 期。
胡旭阳、吴一平，2017：《创始人政治身份与家族企业控制权的代际锁定》，《中国工业经济》，第 5 期。
胡奕明、王雪婷、张瑾，2017：《金融资产配置动机："蓄水池"或"替代"？——来自中国上市公司的证据》，《经济研究》，第 1 期。
花冯涛、王进波、尚俊松，2017：《股权结构、产品市场竞争与公司特质风险——基于深沪 A 股的经验证据》，《山西财经大学学报》，第 10 期。
黄灿、年荣伟、蒋青嫚等，2019：《"文人下海"会促进企业创新吗？》，《财经研究》，第 5 期。
黄鹏、张宇，2014：《中国要素价格相对扭曲对企业技术创新影响的研究——基于微观企业数据的 Probit 检验》，《上海经济研究》，第 7 期。
黄庆华、张芳芳、陈习定，2019：《高管短期薪酬的创新激励效应研究》，《科研管理》，第 11 期。
黄送钦、周炜、周红星，2020：《政府补贴、债务治理与高管在职消费——基于政企"资源互换"视角》，《审计与经济研究》，第 3 期。
黄先海、宋学印、诸竹君，2015：《中国产业政策的最优实施空间界定——补贴效应、竞争兼容与过剩破解》，《中国工业经济》，第 4 期。
黄新建、尤珊珊，2020：《股权激励契约、技术创新与创新效率》，《科研管理》，第 3 期。
黄玉霞、谢建国，2019：《垂直专业化分工与服务业全要素生产率——基于中国服务业分行业的实证研究》，《财经论丛》，第 5 期。
黄志基、贺灿飞，2013：《制造业创新投入与中国城市经济增长质量研究》，《中国软科学》，第 3 期。
纪志宏、周黎安、王鹏等，2014：《地方官员晋升激励与银行信贷——来自中国城市商业银行的经验证据》，《金融研究》，第 1 期。
简泽、张涛、伏玉林，2014：《进口自由化、竞争与本土企业的全要素生产率——基于中国加入 WTO 的一个自然实验》，《经济研究》，第 8 期。
江小涓，2002：《中国的外资经济对增长、结构升级和竞争力的贡献》，《中国社会科学》，第 6 期。
姜付秀、黄继承，2011：《经理激励、负债与企业价值》，《经济研究》，第 5 期。
姜付秀、伊志宏、苏飞等，2009：《管理者背景特征与企业过度投资行为》，《管理世界》，第 1 期。
姜付秀、朱冰、王运通，2014：《国有企业的经理激励契约更不看重绩效吗？》，《管理世界》，第 9 期。
蒋荣、陈丽蓉，2007：《产品市场竞争治理效应的实证研究：基于 CEO 变更视角》，《经济科学》，第 2 期。
孔东民、徐茗丽、孔高文，2012：《企业内部薪酬差距与创新》，《经济研究》，第 10 期。
雷宇、郭剑花，2017：《规则公平与员工效率——基于高管和员工薪酬粘性差距的研究》，

《管理世界》，第 1 期。
黎文靖、胡玉明，2012：《国企内部薪酬差距激励了谁？》，《经济研究》，第 12 期。
黎文靖、李茫茫，2017：《“实体+金融”：融资约束、政策迎合还是市场竞争？——基于不同产权性质视角的经验研究》，《金融研究》，第 8 期。
李百兴、王博、卿小权，2019：《内部控制质量、股权激励与审计收费》，《审计研究》，第 1 期。
李炳堃，2017：《国资改革与混合所有制——基于委托代理理论视角》，《经济问题》，第 12 期。
李春霞，2016：《产品市场竞争、所有权性质与全要素生产率——来自中国上市公司的经验证据》，《财贸研究》，第 1 期。
李海芹、张子刚，2010：《CSR 对企业声誉及顾客忠诚影响的实证研究》，《南开管理评论》，第 1 期。
李剑力，2009：《探索性创新、开发性创新与企业绩效关系研究——基于冗余资源调节效应的实证分析》，《科学学研究》，第 9 期。
李君平、徐龙炳，2015：《资本市场错误定价、融资约束与公司融资方式选择》，《金融研究》，第 12 期。
李平，2016：《提升全要素生产率的路径及影响因素——增长核算与前沿面分解视角的梳理分析》，《管理世界》，第 9 期。
李平、季永宝，2014：《要素价格扭曲是否抑制了我国自主创新？》，《世界经济研究》，第 1 期。
李平、季永宝、桑金琰，2014：《要素市场扭曲对我国技术进步的影响特征研究》，《产业经济研究》，第 5 期。
李平、简泽、江飞涛等，2019：《中国经济新常态下全要素生产率支撑型模式转变》，《数量经济技术经济研究》，第 12 期。
李平、刘雪燕，2015：《要素价格扭曲对技术进步影响因素的非线性研究》，《产业经济评论（山东大学）》，第 2 期。
李唐、董一鸣、王泽宇，2018：《管理效率、质量能力与企业全要素生产率——基于“中国企业——劳动力匹配调查”的实证研究》，《管理世界》，第 7 期。
李唐、王平田、余凡，2016：《新常态下企业全要素生产率的测算与分析》，《统计与决策》，第 11 期。
李万福、林斌、宋璐，2011：《内部控制在公司投资中的角色：效率促进还是抑制？》，《管理世界》，第 2 期。
李万利、徐细雄，2020：《集体决策能够改善国有企业投资效率吗？——基于“三重一大”意见的准自然实验研究》，《财贸研究》，第 2 期。
李维安、马超，2014：《“实业+金融”的产融结合模式与企业投资效率——基于中国上市公司控股金融机构的研究》，《金融研究》，第 11 期。
李维安、徐业坤，2013：《政治身份的避税效应》，《金融研究》，第 3 期。
李文秀，2012：《服务业 FDI 能促进服务业集聚吗》，《财贸经济》，第 3 期。
李永、王砚萍、孟祥月，2013：《要素市场扭曲是否抑制了国际技术溢出》，《金融研究》，第 11 期。
李政、杨思莹，2019：《创新型城市试点提升城市创新水平了吗？》，《经济学动态》，第 8 期。
梁红玉、姚益龙、宁吉安，2012：《媒体监督、公司治理与代理成本》，《财经研究》，第 7 期。
梁云、郑亚琴，2015：《FDI、技术创新与全要素生产率——基于省际面板数据的实证分析》，《经济问题探索》，第 9 期。
林忠、金星彤，2013：《组织公正、心理契约破裂与雇佣关系：基于民营企业样本的实证研究》，《中国软科学》，第 1 期。
刘柏惠，2015：《增值税改革物价效应的度量和预测——基于投入产出表的分析》，《财贸经济》，第 10 期。
刘斌、傅欣璐，2019：《外商独资是否会提高企业生产率》，《财贸研究》，第 5 期。
刘冲、吴群锋、刘青，2020：《交通基础设施、市场可达性与企业生产率——基于竞争和资源配置的视角》，《经济研究》，第 7 期。
刘春、孙亮，2010：《薪酬差距与企业绩效：来自国企上市公司的经验证据》，《南开管理评论》，第 2 期。
刘德学、刘帷韬，2016：《正负面清单视角下贸易开放度与制造业行业创新绩效》，《科技进步与对策》，第 23 期。
刘慧龙、张敏、王亚平等，2010：《政治关联、薪酬激励与员工配置效率》，《经济研究》，第 9 期。
刘家悦、胡颖、李波，2020：《人力资本、融资约束与企业全要素生产率——来自中国制造业企业的微观证据》，《华东经济管理》，第 10 期。
刘剑民、张莉莉、杨晓璇，2019：《政府补助、管理层权力与国有企业高管超额薪酬》，《会计研究》，第 8 期。
刘井建、赵革新、王健，2018：《高管股权激励合约特征与公司现金持有——基于 PSM-DID 的识别策略》，《管理评论》，第 7 期。
刘鹏飞、李莹，2018：《契约执行效率、人力资本与全要素生产率》，《山西财经大学学报》，第 11 期。
刘青松、肖星，2015：《败也业绩，成也业绩？——国企高管变更的实证研究》，《管理世界》，第 3 期。
刘泉红、王丹，2018：《我国混合所有制经济的发展历程与展望》，《经济纵横》，第12期。

刘生龙、胡鞍钢，2010：《基础设施的外部性在中国的检验：1988—2007》，《经济研究》，第 3 期。

刘万丽，2020：《高管短期薪酬、风险承担与研发投资》，《中国软科学》，第 7 期。

刘晓光、刘元春，2019：《杠杆率、短债长用与企业表现》，《经济研究》，第 7 期。

刘行、叶康涛，2018：《增值税税率对企业价值的影响：来自股票市场反应的证据》，《管理世界》，第 11 期。

刘一楠，2016：《企业杠杆、企业投资与供给侧改革——基于面板双门限回归模型的微观证据》，《上海经济研究》，第 12 期。

刘银国、孙慧倩、王烨等，2017：《业绩型股权激励与盈余管理方式选择》，《中国管理科学》，第 3 期。

卢慧芳、吴华晶，2013，《融资约束对管理层薪酬激励机制的影响——来自上市公司的实证研究》，《上海经济研究》，第 2 期。

鲁晓东、连玉君，2012：《中国工业企业全要素生产率估计：1999—2007》，《经济学（季刊）》，第 2 期。

陆蓉、王策、邓鸣茂，2017：《我国上市公司资本结构“同群效应”研究》，《经济管理》，第 1 期。

陆正飞、胡诗阳，2015：《股东-经理代理冲突与非执行董事的治理作用——来自中国 A 股市场的经验证据》，《管理世界》，第 1 期。

罗宏、黄敏、周大伟等，2014：《政府补助、超额薪酬与薪酬辩护》，《会计研究》，第 1 期。

罗宏、贾秀彦、陈小运，2018：《审计师对短贷长投的信息识别——基于审计意见的证据》，《审计研究》，第 6 期。

罗军，2016：《金融发展门槛、FDI 与区域经济增长方式》，《世界经济研究》，第 4 期。

罗能生、刘文彬、王玉泽，2018：《杠杆率、企业规模与企业创新》，《财经理论与实践》，第 6 期。

吕长江、张海平，2011：《股权激励计划对公司投资行为的影响》，《管理世界》，第 11 期。

吕长江、赵宇恒，2008：《国有企业管理者激励效应研究——基于管理者权力的解释》，《管理世界》，第 11 期。

吕长江、郑慧莲、严明珠等，2009：《上市公司股权激励制度设计：是激励还是福利？》，《管理世界》，第 9 期。

马光荣，2014：《制度、企业生产率与资源配置效率——基于中国市场化转型的研究》，《财贸经济》，第 8 期。

马双、吴夕、卢斌，2019：《政府减税、企业税负与企业活力研究——来自增值税转型改革的证据》，《经济学（季刊）》，第 2 期。

马壮、李延喜、王云等，2018：《媒体监督、异常审计费用与企业盈余管理》，《管理评论》，第 4 期。

孟猛猛、陶秋燕、朱彬海，2019：《企业社会责任对组织合法性的影响——制度环境感知和法律制度效率的调节作用》，《经济与管理研究》，第 3 期。
孟庆斌、李昕宇、张鹏，2019：《员工持股计划能够促进企业创新吗？——基于企业员工视角的经验证据》，《管理世界》，第 11 期。
纳超洪，2009：《高管激励、风险与投资偏好》，《金融经济》，第 8 期。
倪红福、龚六堂、王茜萌，2016：《“营改增”的价格效应和收入分配效应》，《中国工业经济》，第 12 期。
聂海峰、岳希明，2013：《间接税归宿对城乡居民收入分配影响研究》，《经济学（季刊）》，第 1 期。
聂辉华、张彧、江艇，2014：《中国地区腐败对企业全要素生产率的影响》，《中国软科学，第 5 期。
聂军、冉戎、唐源珑，2020：《地方政府财政压力与企业精准扶贫投入》，《商业研究》，第 3 期。
聂秀华，2020：《数字金融促进中小企业技术创新的路径与异质性研究》，《西部论坛》，第 4 期。
牛建波、李胜楠、杨育龙等，2019：《高管薪酬差距、治理模式和企业创新》，《管理科学》，第 2 期。
潘越、宁博、纪翔阁等，2019：《民营资本的宗族烙印：来自融资约束视角的证据》，《经济研究》，第 7 期。
庞廷云、罗福凯、王京，2020：《人力资源投资影响企业研发效率吗——基于职工教育投资的视角》，《南开管理评论》，第 3 期。
彭桃英、汲德雅，2014：《媒体监督、内部控制质量与管理层代理成本》，《财经理论与实践》，第 2 期。
彭俞超、韩珣、李建军，2018：《经济政策不确定性与企业金融化》，《中国工业经济》，第 1 期。
平新乔，2005：《关注民企劳资关系》，《中国改革》，第 4 期。
亓朋、许和连、艾洪山，2008：《外商直接投资企业对内资企业的溢出效应：对中国制造业企业的实证研究》，《管理世界》，第 4 期。
綦好东、郭骏超、朱炜，2017：《国有企业混合所有制改革：动力、阻力与实现路径》，《管理世界》，第 10 期。
钱雪松、康瑾、唐英伦等，2018：《产业政策、资本配置效率与企业全要素生产率——基于中国 2009 年十大产业振兴规划自然实验的经验研究》，《中国工业经济》，第 8 期。
权小锋、吴世农、文芳，2010：《管理层权力、私有收益与薪酬操纵》，《经济研究》，第 11 期。
饶育蕾、王颖、王建新，2012：《CEO 职业生涯关注与短视投资关系的实证研究》，《管理科学》，第 5 期。

任保平，2013：《经济增长质量：经济增长理论框架的扩展》，《经济学动态》，第 11 期。

任曙明、吕镯，2014：《融资约束、政府补贴与全要素生产率——来自中国装备制造企业的实证研究》，《管理世界》，第 11 期。

萨缪尔森 P A，1946：《经济分析基础》，甘华鸣，等译. 北京：北京经济学院出版社。

邵敏、包群，2012：《政府补贴与企业生产率——基于我国工业企业的经验分析》，《中国工业经济》，第 7 期。

沈坤荣、傅元海，2010：《外资技术转移与内资经济增长质量——基于中国区域面板数据的检验》，《中国工业经济》，第 11 期。

沈利生，2006：《我国经济增长有下降之忧》，《中国投资》，第 5 期。

盛安琪、汪顺、盛明泉，2018：《产融结合与实体企业竞争力——来自制造业样本的实证分析》，《广东财经大学学报》，第 1 期。

盛明泉、蒋世战，2019：《高管股权激励、技术创新与企业全要素生产率——基于制造业企业的实证分析》，《贵州财经大学学报》，第 2 期。

盛明泉、戚昊辰，2014：《高管薪酬差距与资本结构动态调整研究》，《商业经济与管理》，第 12 期。

盛明泉、任侨、鲍群，2020b：《企业激励机制错位指数构建及应用研究》，《改革》，第 1 期。

盛明泉、汪顺，2017：《年金与企业竞争力提升》，《中央财经大学学报》，第 6 期。

盛明泉、汪顺、鲍群，2018b：《国有企业高层管理人员职业生涯预期与企业风险关系研究》，《管理学报》，第 11 期。

盛明泉、汪顺、商玉萍，2018a，金融资产配置与实体企业全要素生产率：“产融相长”还是“脱实向虚”，《财贸研究》，第 10 期。

盛明泉、吴少敏、张娅楠，2020a：《探索式创新与企业全要素生产率》，《产业经济研究》，第 1 期。

盛明泉、张春强、王烨，2016：《高管股权激励与资本结构动态调整》，《会计研究》，第 2 期。

盛明泉、张敏、马黎珺等，2012：《国有产权、预算软约束与资本结构动态调整》，《管理世界》，第 3 期。

盛明泉、张娅楠、蒋世战，2019：《高管薪酬差距与企业全要素生产率》，《河北经贸大学学报》，第 2 期。

盛明泉、周洁，2017：《内部薪酬差距与企业竞争力》，《会计之友》，第 8 期。

盛仕斌、徐海，1999：《要素价格扭曲的就业效应研究》，《经济研究》，第 5 期。

宋常、黄蕾、钟震，2008：《产品市场竞争、董事会结构与公司绩效：基于中国上市公司的实证分析》，《审计研究》，第 5 期。

宋军、陆旸，2015：《非货币金融资产和经营收益率的 U 形关系——来自我国上市非金融公司的金融化证据》，《金融研究》，第 6 期。

宋顺林、唐斯圆，2016：《投资者情绪、承销商行为与 IPO 定价——基于网下机构询价数据的实证分析》，《会计研究》，第 2 期。

宋增基、冯莉茗、谭兴民，2014：《国有股权、民营企业家参政与企业融资便利性——来自中国民营控股上市公司的经验证据》，《金融研究》，第 12 期。

苏二豆、薛军，2019：《服务业外资开放与制造业企业创新》，《中南财经政法大学学报》，第 6 期。

苏坤，2015：《管理层股权激励、风险承担与资本配置效率》，《管理科学》，第 3 期。

苏昕、周升师，2019：《双元性创新与企业竞争地位——来自中国上市企业的经验数据》，《南方经济》，第 5 期。

孙凤娥，2019：《投融资期限错配：制度缺陷还是管理者非理性》，《金融经济学研究》，第 1 期。

孙晓华、王昀，2014：《R&D 投资与企业生产率——基于中国工业企业微观数据的 PSM 分析》，《科研管理》，第 11 期。

孙早、席建成，2015：《中国式产业政策的实施效果：产业升级还是短期经济增长》，《中国工业经济》，第 7 期。

谭庆美、魏东一，2014：《管理层权力与企业价值：基于产品市场竞争的视角》，《管理科学》，第 3 期。

唐嘉励、唐清泉，2010：《我国企业 R&D 投入与 R&D 资源获取的摩擦力——基于问卷调查的研究》，《当代经济管理》，第 7 期。

唐清泉、甄丽明，2009：《管理层风险偏爱、薪酬激励与企业 R&D 投入——基于我国上市公司的经验研究》，《经济管理》，第 5 期。

唐松、孙铮，2014：《政治关联、高管薪酬与企业未来经营绩效》，《管理世界》，第 5 期。

唐松、伍旭川、祝佳，2020：《数字金融与企业技术创新——结构特征、机制识别与金融监管下的效应差异》，《管理世界》，第 5 期。

唐未兵、傅元海、王展祥，2014：《技术创新、技术引进与经济增长方式转变》，《经济研究》，第 7 期。

唐雪松，2016：《内部控制与非金融公司金融化》，西南财经大学工作论文。

唐衍军、蒋煦涵，2020：《审计师知识资本、进入权激励与审计质量》，《财贸研究》，第 4 期。

唐璎璋、刘芬美、黄宝慧，2007：《轻资产战略与运营绩效关系之研究—以台湾企业为例》，《管理学报》，第 1 期。

田轩、孟清扬，2018：《股权激励计划能促进企业创新吗》，《南开管理评论》，第 3 期。

田原、王宗军，2011：《“系列契约”理论背景的企业经营者激励要素判别》，《改革》，第 6 期。

佟岩、刘第文，2016：《整体上市动机、机构投资者与非效率投资》，《中央财经大学学报》，第 3 期。
万丛颖、张楠楠，2013：《大股东的治理与掏空——基于股权结构调节效应的分析》，《财经问题研究》，第 7 期。
万良勇、梁婵娟、饶静，2016：《上市公司并购决策的行业同群效应研究》，《南开管理评论》，第 3 期。
汪淼军、张维迎、周黎安，2006：《信息技术、组织变革与生产绩效——关于企业信息化阶段性互补机制的实证研究》，《经济研究》，第 1 期。
王博森、吕元稹、叶永新，2016：《政府隐性担保风险定价：基于我国债券交易市场的探讨》，《经济研究》，第 10 期。
王放、李哲、董小红，2015：《职业生涯关注激励与高管在职消费的替代关系研究》，《管理科学》，第 4 期。
王芬，2020：《外商直接投资对企业融资成本的影响——基于企业异质性视角》，《商业经济研究》，第 21 期。
王海兵、杨蕙馨，2016：《创新驱动与现代产业发展体系——基于我国省际面板数据的实证分析》，《经济学（季刊）》，第 4 期。
王红建、曹瑜强、杨庆等，2017：《实体企业金融化促进还是抑制了企业创新——基于中国制造业上市公司的经验研究》，《南开管理评论》，第 1 期。
王红建、李茫茫、汤泰劼，2016：《实体企业跨行业套利的驱动因素及其对创新的影响》，《中国工业经济》，第 11 期。
王化成、高鹏、张修平，2019：《企业战略影响超额在职消费吗？》，《会计研究》，第 3 期。
王京、罗福凯，2017：《技术-知识投资、要素资本配置与企业成长——来自我国资本市场的经验证据》，《南开管理评论》，第 3 期。
王乐、田高良、封华，2020：《机构投资者实地调研与上市公司融资约束——基于信息效应和治理效应双维视角的实证研究》，《财务研究》，第 5 期。
王小鲁、樊纲、余静文，2017：《中国分省份市场化指数报告（2016）》，中国社会科学文献出版社。
王旭，2016：《技术创新导向下高管激励契约最优整合策略研究——企业生命周期视角》，《科学学与科学技术管理》，第 9 期。
王旭、徐向艺，2015：《基于企业生命周期的高管激励契约最优动态配置——价值分配的视角》，《经济理论与经济管理》，第 6 期。
王亚男、戴文涛，2019：《内部控制抑制还是促进企业创新？——中国的逻辑》，《审计与经济研究》，第 6 期。
王勇、张耀辉，2018：《内部治理与外源融资协同对企业生产率影响分析》，《产经评论》，第 5 期。
王雨磊、苏杨，2020：《中国的脱贫奇迹何以造就？——中国扶贫的精准行政模式及其国家治理体制基础》，《管理世界》，第 4 期。
王钺、刘秉镰，2017：《创新要素的流动为何如此重要？——基于全要素生产率的视角》，《中国软科学》，第 8 期。
王争、郑京海、史晋川，2006：《中国地区工业生产绩效：结构差异、制度冲击及动态表现》，《经济研究》，第 11 期。
王智波、李长洪，2015：《轻资产运营对企业利润率的影响——基于中国工业企业数据的实证研究》，《中国工业经济》，第 6 期。
韦浪、宋浩，2020：《国有股权参股对民营企业现金持有的影响研究》，《财经科学》，第 9 期。
魏汉泽、许浩然，2016：《职工薪酬分配比例、产权性质与企业价值》，《管理科学》，第 1 期。
魏敏、李书昊，2018：《新时代中国经济高质量发展水平的测度研究》，《数量经济技术经济研究》，第 11 期。
温忠麟、张雷、侯杰泰等，2004：《中介效应检验程序及其应用》，《心理学报》，第 5 期。
吴炳德，2016：《意愿与能力：家族控制对研发投资的影响》，《研究与发展管理》，第 2 期。
吴育辉、吴世农，2010：《高管薪酬：激励还是自利？——来自中国上市公司的证据》，《会计研究》，第 11 期。
项松林、魏浩，2014：《流动性约束对企业生产率的影响》，《统计研究》，第 3 期。
肖曙光，2009：《人力资本主导范式下的两权融合与分离》，《中国工业经济》，第 3 期。
谢呈阳、周海波、胡汉辉，2014：《产业转移中要素资源的空间错配与经济效率损失：基于江苏传统企业调查数据的研究》，《中国工业经济》，第 12 期。
谢德仁、陈运森，2009：《金融生态环境、产权性质与负债的治理效应》，《经济研究》，第 5 期。
谢绚丽、沈艳、张皓星等，2018：《数字金融能促进创业吗？——来自中国的证据》，《经济学（季刊）》，第 4 期。
解维敏，2019：《锦标赛激励促进还是抑制企业创新？》，《中国软科学》，第 10 期。
辛清泉、黄曼丽、易浩然，2013：《上市公司虚假陈述与独立董事监管处罚——基于独立董事个体视角的分析》，《管理世界》，第 5 期。
徐菁、黄珺，2009：《大股东控制权收益的分享与控制机制研究》，《会计研究》，第 8 期。
徐茗丽、庞立让、王砾等，2016：《治理成本、市场竞争与企业生产率》，《中南财经政法大学学报》，第 2 期。
徐宁，2013：《高科技公司高管股权激励对 R&D 投入的促进效应——一个非线性视角的实证研究》，《科学学与科学技术管理》，第 2 期。
徐宁、徐向艺，2013：《技术创新导向的高管激励整合效应：基于高科技上市公司的实证研究》，《科研管理》，第 9 期。

徐倩，2014：《不确定性、股权激励与非效率投资》，《会计研究》，第3期。
徐向艺、陆淑婧、方政，2016：《高管显性激励与代理成本关系研究述评与未来展望》，《外国经济与管理》，第1期。
徐鑫、朱雯君，2016：《产品市场竞争、公司治理与分析师盈利预测质量》，《山西财经大学学报》，第3期。
许家云，2018：《海归与企业出口行为：来自中国的微观证据》，《金融研究》，第2期。
许庆瑞、徐金发、邢以群，1987：《关于技术引进的若干问题》，《管理工程学报》，第1期。
严兵，2008：《效率增进、技术进步与全要素生产率增长——制造业内外资企业生产率比较》，《数量经济技术经济研究》，第11期。
杨德明、赵璨，2012：《媒体监督、媒体治理与高管薪酬》，《经济研究》，第6期。
杨建君、梅晓芳、石立江，2010：《股权集中度、创新承诺与创新方式选择关系研究》，《科学学与科学技术管理》，第1期。
杨汝岱，2015：《中国制造业企业全要素生产率研究》，《经济研究》，第2期。
杨向阳、童馨乐，2015：《财政支持、企业家社会资本与文化企业融资——基于信号传递分析视角》，《金融研究》，第1期。
杨兴全、尹兴强，2018：《国企混改如何影响公司现金持有？》，《管理世界》，第11期。
杨兴全、尹兴强、孟庆玺，2018：《谁更趋多元化经营：产业政策扶持企业抑或非扶持企业？》，《经济研究》，第9期。
杨玉萍、郭小东，2017：《营改增如何影响居民间接税负担和收入再分配》，《财贸经济》，第8期。
杨志强、石水平、石本仁等，2016：《混合所有制、股权激励与融资决策中的防御行为——基于动态权衡理论的证据》，《财经研究》，第8期。
杨志强、王华，2014：《公司内部薪酬差距、股权集中度与盈余管理行为——基于高管团队内和高管与员工之间薪酬的比较分析》，《会计研究》，第6期。
姚立杰、陈雪颖、周颖等，2020：《管理层能力与投资效率》，《会计研究》，第4期。
叶祥松、刘敬，2018：《异质性研发、政府支持与中国科技创新困境》，《经济研究》，第9期。
伊志宏、姜付秀、秦义虎，2010：《产品市场竞争、公司治理与信息披露质量》，《管理世界》，第1期。
尹恒、李世刚，2019：《资源配置效率改善的空间有多大？——基于中国制造业的结构估计》，《管理世界》，第12期。
应千伟、蒋天骄，2012，《市场竞争力、国有股权与商业信用融资》，《山西财经大学学报》，第9期。
于蔚、汪淼军、金祥荣，2012：《政治关联和融资约束：信息效应与资源效应》，《经济研究》，第9期。

余汉、杨中仑、宋增基，2017：《国有股权、政治关联与公司绩效——基于中国民营控股上市公司的实证研究》，《管理评论》，第 4 期。
余明桂、李文贵、潘红波，2013：《管理者过度自信与企业风险承担》，《金融研究》，第 1 期。
余明桂、钟慧洁、范蕊，2017：《分析师关注与企业创新——来自中国资本市场的经验证据》，《经济管理》，第 3 期。
虞义华、赵奇锋、鞠晓生，2018：《发明家高管与企业创新》，《中国工业经济》，第 3 期。
喻平、豆俊霞，2020：《数字普惠金融、企业异质性与中小微企业创新》，《当代经济管理》，第 7 期。
曾蔚、周光琪，2016：《公司治理、内部控制与智力资本价值创造效率》，《中南大学学报（社会科学版）》，第 6 期。
翟胜宝、许浩然、唐玮等，2014：《银行关联与企业风险——基于我国上市公司的经验证据》，《管理世界》，第 4 期。
张斌、李宏兵、陈岩，2019：《所有制混合能促进企业创新吗？——基于委托代理冲突与股东间冲突的整合视角》，《管理评论》，第 4 期。
张会丽、吴有红，2014：《内部控制、现金持有及经济后果》，《会计研究》，第 3 期。
张慧、彭璧玉，2017：《创新行为与企业生存：创新环境、员工教育重要吗》，《产业经济研究》，第 4 期。
张杰，2019：《负债率如何影响生产率——基于中国工业部门 U 型关系的一个解释》，《财贸经济》，第 3 期。
张杰、周晓艳、李勇，2011：《要素市场扭曲抑制了中国企业 R&D？》，《经济研究》，第 8 期。
张莉芳，2013：《融资约束、高额现金持有和投资效率》，《山西财经大学学报》，第 4 期。
张龙、刘金全，2019：《我国财政政策对经济增长的动态效应——基于“总量调控+结构优化”双轮驱动的检验》，《经济经纬》，第 4 期。
张蕊、王洋洋、廖佳，2020：《关键下属高管晋升锦标赛的创新激励效应研究》，《会计研究》，第 2 期。
张睿、张勋、戴若尘，2018：《基础设施与企业生产率：市场扩张与外资竞争的视角》，《管理世界》，第 1 期。
张涛、郭潇，2018：《高管薪酬契约与融资约束研究——基于我国沪深 A 股上市公司的经验数据》，《经济与管理评论》，第 1 期。
张巍，2006：《激励为什么失效——理论、实践及启示》，《管理科学》，第 4 期。
张伟华、郭盈良、王春燕，2017：《国有企业高管薪酬、产品市场竞争与费用粘性》，《科学决策》，第 4 期。
张先锋、丁亚娟、王红，2010：《中国区域全要素生产率的影响因素分析——基于地理溢出效应的视角》，《经济地理》，第 12 期。
张雄、张安录、邓超，2017：《土地资源错配及经济效率损失研究》，《中国人口·资源与环境》，第 3 期。
张璇、刘贝贝、汪婷等，2017：《信贷寻租、融资约束与企业创新》，《经济研究》，第 5 期。
张玉娟、汤湘希，2018：《股权结构、高管激励与企业创新——基于不同产权性质 A 股上市公司的数据》，《山西财经大学学报》，第 9 期。
赵放、刘雅君，2016：《混合所有制改革对国有企业创新效率影响的政策效果分析——基于双重差分法的实证研究》，《山东大学学报（哲学社会科学版）》，第 6 期。
赵健梅、王晶、张雪，2017：《非执行董事对超额薪酬影响研究——来自中国民营上市公司的证据》，《证券市场导报》，第 10 期。
赵颖、王亚丽，2013：《增值税"扩围"对城镇居民收入分配影响分析》，《财贸研究》，第 1 期。
甄红线、王谨乐，2016：《机构投资者能够缓解融资约束吗？——基于现金价值的视角》，《会计研究》，第 12 期。
郑毓盛、李崇高，2003：《中国地方分割的效率损失》，《中国社会科学》，第 1 期。
郑振雄、刘艳彬，2013：《要素价格扭曲的 R&D 支出效应实证分析——基于大中型工业企业面板》，《社会科学家》，第 7 期。
郑志刚、胡晓霁、黄继承，2019：《超额委派董事、大股东机会主义与董事投票行为》，《中国工业经济》，第 10 期。
郑志刚、孙娟娟、Oliver R，2012：《任人唯亲的董事会文化和经理人超额薪酬问题》，《经济研究》，第 12 期。
钟凯、程小可、张伟华，2016：《货币政策适度水平与企业"短贷长投"之谜》，《管理世界》，第 3 期。
周冬华、黄佳、赵玉洁，2019：《员工持股计划与企业创新》，《会计研究》，第 3 期。
周开国、应千伟、钟畅，2016：《媒体监督能够起到外部治理的作用吗？——来自中国上市公司违规的证据》，《金融研究》，第 6 期。
周黎安，2007：《中国地方官员的晋升锦标赛模式研究》，《经济研究》，第 7 期。
周其仁，1996：《市场里的企业：一个人力资本与非人力资本的特别合约》，《经济研究》，第 6 期。
周仁俊、高开娟，2012：《大股东控制权对股权激励效果的影响》，《会计研究》，第 5 期。
周雯雯、李小平、李菁，2020：《基础设施建设对全要素生产率的空间溢出效应——基于"一带一路"背景下 271 个地级市面板数据的研究》，《经济问题探索》，第 6 期。
周泽将、李鼎，2019：《轻资产运营对企业 R&D 投入的影响研究：以中国上市公司为例》，《管理评论》，第 6 期。
周泽将、邹冰清、李鼎，2020：《轻资产运营与企业价值：竞争力的角色》，《中央财经大学学报》，第 3 期。

周中胜，2011：《公司治理改善与资源配置效率优化——来自中国上市公司的经验证据》，《山西财经大学学报》，第 2 期。

朱冰、张晓亮、郑晓佳，2018：《多个大股东与企业创新》，《管理世界》，第 7 期。

朱德胜、周晓珮，2016：《股权制衡、高管持股与企业创新效率》，《南开管理评论》，第 3 期。

朱沆、Kushins，E.、周影辉，2016：《社会情感财富抑制了中国家族企业的创新投入吗？》，《管理世界》，第 3 期。

朱红军、汪辉，2004：《“股权制衡”可以改善公司治理吗？——宏智科技股份有限公司控制权之争的案例研究》，《管理世界》，第 10 期。

朱兰亭、杨蓉，2019：《研发投入、技术创新产出与企业国际竞争力——基于我国高新技术企业的实证研究》，《云南财经大学学报》，第 7 期。

朱顺林，2005：《中国区际分割的产业效率损失实证分析》，《经济地理》，第 1 期。

左晶晶、唐跃军，2010：《过度激励与企业业绩——基于边际递减效应和中国上市公司高管团队的研究》，《产业经济研究》，第 1 期。

Acemoglu，D.，1998，“Why do new technologies complement skills? Directed technical change and wage inequality”，Quarterly Journal of Economics，113（4）：1055-1089.

Acemoglu，D.，2002，“Directed technical change”，The Review of Economic Studies，69（4）：781-809.

Acemoglu，D. and Johnson，S.，2005，“Unbundling institutions”，Journal of Political Economy，113（5）：949-995.

Adams，D.，1990，“Fundamental stocks of knowledge and productivity growth”，Journal of Political Economy，98（4）：673-702.

Agénor，P. R. and Aizenman，J.，1999，“Macroeconomic adjustment with segmented labor markets”. Journal of Development Economics，58（2）：277-296.

Aghion，P.，Cai，J.，Dewatripont，M.，et al.，2015，“Industrial policy and competition”，American Economic Journal：Macroeconomics，7（4）：1-32.

Aghion，P. and Howitt，P.，1992，“A model of growth through creative destruction”，Econometrica，60（2）：323-351.

Aghion，P. and Howitt，P.，2006，“Joseph Schumpeter lecture appropriate growth policy：a unifying framework”，Journal of the European Economic Association，4（2/3）：269-314.

Agrawal，A. and Knoeber，C. R.，1996，“Firm performance and mechanisms to control agency problems between managers and shareholders”，Journal of Financial and Quantitative Analysis，31（3）：377-397.

Aissia，D. B.，2014，“IPO first-day returns：skewness preference，investor sentiment and uncertainty underlying factors”, Review of Financial Economics, 23（3）: 148-154.

Alberto, A., 2002, “Fiscal policy, profits and investment”, The American Economic Review, 92（3）: 571-589.

Ali, A., Chen, T.Y. and Radhakrishnan, S., 2007, “Corporate disclosures by family firms”, Journal of Accounting and Economics, 44（1）: 238-286.

Allen, F. and Gale, D., 2000, “Bubbles and crises”, Economic Journal, 110（460）: 236-255.

Altamuro, J. and Beatty, A., 2009, “How does internal control regulation affect financial reporting?”, Journal of Accounting & Economics, 49（1/2）: 58-74.

Amable, B., Ledezma, I. and Robin, S., 2016, “Product market regulation, innovation, and productivity”, Research Policy, 45（10）: 2087-2104.

Ang, J. S., Cole, R. A. and Lin, J. W., 2000, “Agency costs and ownership structure”, The Journal of Finance, 55（1）: 81-106.

Atkinson, S. E. and Halvorsen, R., 1984, “Parametric efficiency tests, economic of scale, and input in U.S. electric power generation”, Review of Economics and Statistics, 25（3）: 647-662.

Ayyagari, M., Demirgü-Kunt, A. and Maksimovic, V., 2010, “Formal versus informal finance: evidence from China”, Review of Financial Studies, 23（8）: 3048-3097.

Balsam, S. and Harris, E. E., 2014, “The impact of CEO compensation on nonprofit donations”, Accounting Review, 89（2）: 425-450.

Banerjee, A. V. and Moll, B., 2010, “Why does misallocation persist?”, American Economic Journal Macroeconomics, 2（1）: 189-206.

Baumann, J. and Kritikos, A. S., 2016, “The link between R&D, innovation and productivity: are micro firms different?”, Research Policy, 45（6）: 1263-1274.

Bebchuk, L. A. and Fried, J. M., 2003, “Executive compensation as an agency problem”, Journal of Economic Perspectives, 17（3）: 71-92.

Bebchuk, L. A., Grinstein, Y. and Peyer, U., 2010, “Lucky CEOs and lucky directors”, Journal of Finance, 65（6）: 2363-2401.

Beiner, S., Schmid, M. M. and Wanzenried, G., 2011, “Product market competition, managerial incentives and firm valuation”, European Financial Management, 17（2）: 331-336.

Belloc, F., 2011, “Corporate governance and innovation: a survey”, Journal of Economic Surveys, 26（5）: 835-864.

Benmelech, E., Kandle, E. and Veronesi, P., 2010, “Stock-based compensation and CEO（dis）incentives”, Quarterly Journal of Economics, 125（4）: 1769-1820.

Bennedsen, M. and Wolfenzon, D., 2000, "The balance of power in closely held corporations", Journal of Financial Economics, 58 (1): 113-139.

Block, J H., 2012, "R&D Investment in family and founder firms: an agency perspective", Journal of Business Venturing, 27 (2): 248-265.

Bloom, N. and van Reenen, J., 2007, "Measuring and explaining management practices across firms and countries", Quarterly Journal of Economics, 122 (4): 1351-1408.

Boateng, A. and Huang, W., 2017, "Multiple large shareholders, excess leverage and tunneling: evidence from an emerging market", Corporate Governance: An International Review, 24 (2): 105-109.

Brandt, L., Biesebroeck, J. V. and Zhang, Y. F., 2011, "Creative accounting or creative destruction? Firm-level productivity growth in Chinese manufacturing", Journal of Development Economics, 97 (2): 339-351.

Brealey, R., Leland, H. E. and Pyle, D. H., 1977 "Informational asymmetries, financial structure, and financial intermediation", The Journal of Finance, 32 (2): 371-387.

Brown, C., Gilroy, C. and Kohen, A., 1982, "The effect of the minimum wage on employment and unemployment", Journal of Economic Literature, 20 (2): 487-528.

Charness, G. and Kuhn, P., 2011, "Lab labor: what can labor economists learn from the lab?", Handbook of Labor Economics, 4: 229-330.

Cho, C. H., Jung, J. H. and Kwak, B., 2017, "Professors on the board: do they contribute to society outside the classroom?", Journal of Business Ethics, 141 (2): 393-409.

Claessens, S. and Laeven, L., 2003, "Financial development property rights and growth", Journal of Finance, 58 (6): 2401-2436.

Coe, D. T. and Helpman, E., 1993, "International R&D spillovers", European Economic Review, 39 (5): 859-887.

Cohen, W. M. and Levinthal, D. A., 1990, "Absorptive capacity: a new perspective on learning and innovation", Administrative Science Quarterly, 35 (1): 128-152.

Comin, D. and Hobijn, B., 2010, "An exploration of technology diffusion", The American Economic Review, 100 (5): 2031-2059.

Cowherd, D. M. and Levine, D. I., 1992, "Product quality and pay equity between lower-level employees and top management: an investigation of distributive justice theory", Administrative Science Quarterly, 37 (3): 524.

Custodio, C., Ferreira, M. A. and Laureano, L., 2013, "Why are US firms using more short-term debt?", Journal of Financial Economics, 108 (1): 182-212.

DeFond, M. L. and Park, C. W., 1999, "The effect of competition on CEO turnover", Journal of Accounting and Economics, 27 (1): 35-36.

DeMarzo，P. M. and Fishman，M. J.，2007，“Optimal long-term financial contracting”，The Review of Financial Studies，20（6）：2079-2128.

Demir，F.，2009，“Financial liberalization，private investment and portfolio choice：financialization of real sectors in emerging markets”，Journal of Development Economics，88（2）：314-324.

Demsetz，H. and Lehn，K.，1985，“The structure of corporate ownership：causes and consequence”，Journal of Political of Economy，93（6）：1155-1177.

Desbordes，M.，1997，“La gestion urbaine du risque d'inondation：problématique et enjeux”，La Houille Blanche，83（7）：163-169.

Dilling-Hansen，M.，Eriksson，T. and Madsen，E. S.，2000，“Research and development and productivity：evidence from Danish firm-level data”，International Advances in Economic Research，6（2）：366-367.

Doyle，J.，Ge，W. and McVay，S.，2007，“Accruals quality and internal control over financial reporting”，The Accounting Review，82（5）：1141-1170.

Dunlop，E. M. C.，Philipp，E. and Watt，J.，1958，“Oral treatment of trichomonal vaginitis with2-acetylamino-5-nitrothiazole”，The British Journal of Venereal Diseases，34（1）：57.

Dunlop，J. T.，1958，“Industrial Relations Systems”，New York：Henry Holt.

Everaert，G.，Heylen，F. and Schoonackers，R.，2015，“Fiscal policy and TFP in the OECD：measuring direct and indirect effects”，Empirical Economics，49（2）：605-640.

Fan，J. P. H.，Wong，T. J. and Zhang，T.，2014，“Politically connected CEOs，corporate governance，and post-IPO performance of China's newly partially privatized firms”，Journal of Applied Corporate Finance，26（3）：85-95.

Farrell，M. J.，1957，“The measurement of productive efficiency”，Journal of the Royal Statistical Society，120（3）：253-290.

Fee，C. E. and Hadlock，C. J.，2000，“Management turnover and product market competition：empirical evidence from the U.S，Newspaper Industry”，Journal of Business，73（2）：205-243.

Fee，C. E.，Hadlock，C. J. and Pierce，J. R.，2018，“New evidence on managerial labor markets：an analysis of CEO retreads”，Journal of Corporate Finance，48：428-441.

Fosberg，R.，1989，“Outside directors and managerial monitoring”，Akron Business & Economic Review，20（2）：24-32.

Francis，J. and Smith，A.，1995，“Agency costs and innovation some empirical evidence”，Journal of Accounting and Economics，19（2）：383-409.

Frankel，R. and Li，X.，2004，“Characteristics of a firm's information environment and the information asymmetry between insiders and outsiders”，Journal of Accounting and

Economics, 37（2）: 229-259.

Frishammar, J. and Hrte, S. K., 2005, "Managing external information in manufacturing firms: the impact on innovation performance", Journal of Product Innovation Management, 22（3）: 253-262.

Fuster, A., Plosser, M., Schnabll, P., et al., 2019, "The role of technology in mortgage lending", The Review of Financial Studies, 32（5）: 1854-1899.

Gentry, R. J. and Shen, W., 2013, "The impacts of performance relative to analyst forecasts and analyst coverage on firm R&D intensity", Strategic Management Journal, 34（1）: 121-130.

Gerhart, B. and Rynes, S. L., 2003, "Compensation: Theory, Evidence and Strategic Implications", Thousand Oak: Sage Publications.

Giannetti, M., Liao, G. and Yu, X., 2015, "The brain gain of corporate boards: evidence from China", The Journal of Finance, 70（4）: 1629-1682.

Gomez-Mejia, L. R., Cruz, C., Berrone, P., et al., 2011, "The bind that ties: socioemotional wealth preservation in family firms", The Academy of Management Annals, 5（1）: 653-707.

Gopalan, R., Song, F. and Yerramilli, V., 2014, "Debt maturity structure and credit quality", Journal of Financial and Quantitative Analysis, 49（4）: 817-842.

Graham, J. R., and Harvey, C. R., 2001, "The theory and practice of corporate finance: evidence from the field", Journal of Financial Economics, 60（2）: 187-243.

Griliches, Z., 1980, "R&D and the productivity slowdown", The American Economic Review, 70（2）: 343-348.

Griliches, Z., 1986, "Productivity, R&D and basic research at firm level in the 1970s", The American Economic Review, 76（1）: 141-154.

Grossman, S. J. and Hart, O., 2004, "Corporate financial structure and managerial incentives", Social Science Electronic Publishing, 49: 107-140.

Grundy, B. D. and Li, H., 2010, "Investor sentiment, executive compensation, and corporate investment", Journal of Banking and Finance, 34（10）: 2439-2449.

Hart, O. D., 1983, "The market mechanism as an incentive scheme", The Bell Journal of Economics, 14（2）: 366-382.

Hart, O. D., 2001, "Financial contracting", Journal of Economic Literature, 39（4）: 1079- 1100.

He, Z. and Wintoki, M. B., 2016, "The cost of innovation: R&D and high cash holdings in U.S. firms", Journal of Corporate Finance, 41: 280-303.

Herzberg, F., 1968, "One more time: how do you motivate employee? ", Harvard Business

Review, 81（1）: 87-96.

Ho, J. L.Y., Wu, A. and Xu, S. X., 2011, “Corporate governance and returns on information technology investment: evidence from an emerging market”, Strategic Management Journal, 32（6）: 595-623.

Holderness, C., Kroszner, R. S. and Sheehan, D. P., 1999, “Were the good old days that good? Changes in managerial stock ownership since the great depression”, Journal of Finance, 54（2）: 435-469.

Hsieh, C. T. and Klenow, P. J., 2009, “Misallocation and manufacturing TFP in China and India”, Quarterly Journal of Economics, 124（4）: 1403-1448.

Hsu, P. H., Tian, X. and Xu, Y., 2014, “Financial development and innovation: cross-country evidence”, Journal of Financial Economics, 112（1）: 116-135.

Huergo, E. and Jaumandreu, J., 2004, “Firms’ age, process innovation and productivity growth”, International Journal of Industrial Organization, 22: 541-559.

Hussain, S. M., 2015, “The contractionary effects of tax shocks on productivity: an empirical and theoretical analysis”, Journal of Macroeconomics, 43: 93-107.

Hwang, B. H. and Kim, S., 2009, “It pays to have friends”, Journal of Financial Economics, 93: 138-158.

Jensen, M. C., 1986, “Agency cost of free cash flow, corporate finance, and takeovers. corporate finance, and takeovers”, The American Economic Review, 76（2）: 323-329.

Jensen, M. C. and Meckling, W. H., 1976, “Theory of the firm: managerial behavior, agency costs and ownership structure”, Journal of Financial Economics, 3（4）: 305-360.

Kahl, M., Shivdasani, A. and Wang, Y., 2015, “Short term debt as bridge financing: evidence from the commercial paper market”, The Journal of Finance, 70（1）: 211-255.

Kaplan, S. N. and Zingales, L. 1997, “Do investment cash flow sensitivities provide useful measures of financing constraints”, Quarterly Journal of Economics, 112（1）: 169-215.

Kerr, S., 1975, “On the folly of rewarding for A, while hoping for B”, Academy of Management Journal, 18（4）: 769-783.

Kim, S. W. and Fishback, P. V., 1999, “The impact of institutional change on compensating wage differentials for accident risk: South Korea, 1984-1990”, Journal of Risk and Uncertainty, 18（3）: 231-248.

King, T. H. D. and Wen, M. M., 2011, “Shareholder governance, bondholder governance, and managerial risk-taking”, Journal of Banking and Finance, 35（3）: 512-531.

Kumbhakar, S. C., 1992, “Allocative distortion, technical progress, and input demand in U.S. airlines: 1970-1984”, International Economic Review, 33（3）: 723-737.

Lambert, R. and Larcker, D., 1987, “An analysis of the use of accounting and market measures of performance in executive compensation contracts", Journal of Accounting Research, 25（3）: 85-125.

Lazear, E. P. and Rosen, S., 1981, "Rank-order tournaments as optimum labor contracts", Journal of Political Economy, 89（5）: 841-864.

Le, N., and Ngo, P., 2018, "Intra-industry spillover effects: evidence from bankruptcy filings", SSRN Working Paper.

Leary, M. T. and Roberts, M. R., 2004, "Do peer firms affect corporate financial policy? ", The Journal of Finance, 69（1）: 139-178.

Leibenstein, H., 1966, "Allocative efficiency vs. 'X-Efficiency' ", The American Economic Review, 56（3）: 392-415.

Leitner, Y., 2005, "Financial networks: contagion, commitment, and private sector bailouts", The Journal of Finance, 60（6）: 2925-2953.

Leonard, J. S., 1990, "Executive pay and firm performance", Industrial and Labor Relations Review, 43（3）: 13-29.

Leone, A. J., Wu, J. S. and Zimmerman, J. L., 2006, "Asymmetric sensitivity of CEO cash compensation to stock returns", Journal of Accounting and Economics, 42（1/2）: 167-192.

Levinsohn, J. and Petrin, A., 2003, "Estimating production functions using inputs to control for unobservables", The Review of Economic Studies, 70（2）: 317-341.

Li, H., Loyalka, P., Rozelle, S., et al., 2017, "Human capital and China's future growth", Journal of Economic Perspectives, 31（1）: 25-48.

Lin, C., Ma, Y. and Xuan, Y. H., 2011, "Ownership structure and financial constraints: evidence from a structural estimation", Journal of Financial Economics, 102（2）: 416-431.

Love, I., 2003, "Financial development and financial constraints: international evidence from the structural investment model", Review of Financial Studies, 16（3）: 765-791.

Malmendier, U. and Tate, G., 2007, "Who makes acquisitions? CEO overconfidence and the market's reaction", Journal of Financial Economics, 89（1）: 20-43.

Manso, G., 2011, "Motivating innovation", Journal of Finance, 66（5）: 1823-1860.

Mizobuchi, H., 2015, "Multiple directions for measuring biased technical change", Working Papers.

Modigliani, F. and Miller, M. H., 1959, "The cost of capital corporation finance and the theory of investment", The American Economic Review, 48（4）: 443-453.

Mohnen, P. and Hall, B. H., 2013, "Innovation and productivity: an update", Eurasian Business Review, 3（1）: 47-65.

Morrison, C. J. and Schwartz, A. E., 1996, "State infrastructure and productive performance”, The American Economic Review, 86（5）: 1095-1111.

Myers, S. C. and Majluf, N. S., 1984, “Corporate financing and investment decisions when firms have information that investors do not have”, Journal of Financial Economics, 13（2）: 187-221.

Nelson L., 2011, “Labour, liberalism, and the democratic party: a vexed alliance”, Relations Industrielles, Industrial Relations, 66（4）: 512.

Ngo, A. D., Duong, H. K. and McGowan, C. B., 2015, “Industry peer effect and the maturity structure of corporate debt”, Managerial Finance, 41（7）: 714-733.

Ngwenya, S., 2016, “CEO compensation, corporate governance, and performance of listed platinum mines in South Africa”, Corporate Ownership & Control, 13（2）: 408-416.

O’sullivan, M., 2000, “The innovative enterprise and corporate governance”, Cambridge Journal of Economics, 24（4）: 393-416.

Olley, G. S. and Pakes, A., 1996, “The dynamics of productivity in the telecommunications equipment industry”, Econometrica, 64（6）: 1263-1297.

Orhangazi, Ö., 2008, “Financialisation and capital accumulation in the non-financial corporate sector: a theoretical and empirical investigation on the US economy: 1973-2003”, Cambridge Journal of Economics, 32（6）: 863-886.

Paletta, A. and Alimehmet, G., 2016, “SOX disclosure and the effect of internal controls on executive compensation”, Journal of Accounting Auditing & Finance, 32（2）: 277-295.

Palia, D., 2001, “The endogeneity of managerial compensation in firm valuation: a solution”, Review of Financial Studies, 14（3）: 735-764.

Park, S. R. and Kwon, J. K., 1995, “Rapid economic growth with increasing returns to scale with little or no productivity growth”, The Review of Economics and Statistics, 77（2）: 332-351.

Patel, P. C. and Chrisman, J. J., 2014, “Risk abatement as a strategy for R&D investments in family firms”, Strategic Management Journal, 35（4）: 617-627.

Raymond, W., Mairesse, J., Mohnen, P., et al., 2015, “Dynamic models of R&D, innovation and productivity: panel data evidence for Dutch and French manufacturing”, European Economic Review, 78（7）: 285-306.

Restuccia, D. and Rogerson, R., 2008, “Policy distortions and aggregate productivity with heterogeneous establishments”, Review of Economic Dynamics, 11（4）: 707-720.

Richardson, S., 2006, “Over-investment of free cash flow”, Review of Accounting Studies, 11（2/3）: 159-189.

Roberts, M. R. and Whited, T. M., 2013, “Endogeneity in empirical corporate financial”, Handbook of the Economics of Finance, 2: 493-572.

Rojas, E. M. and Aramvareekul, P., 2003, "Is construction labor productivity really declining?", Journal of Construction Engineering and Management, 129 (1): 41-46.

Romer, P. M., 1986, "Increasing returns and long-run growth", The Journal of Political Economy, 94 (5): 1002-1037.

Rosen, S., 1974, "Hedonic prices and implicit markets: product differentiation in pure competition", Journal of Political Economy, 82 (1): 34-55.

Ross, S. A., 2004, "Compensation, incentives and the duality of risk aversion and riskiness", Journal of Finance, 59 (1): 207-225.

Shleifer, A. and Vishny, R. W., 1986, "Large shareholders and corporate control", Journal of Political Economy, 94 (3): 461-488.

Simon, M. and Houghton, S. M., 2003, "The relationship between overconfidence and the introduction of risky product: evidence from a field study", Academy of Management Journal, 46 (2): 139-149.

Sloan, R. G., 1993, "Accounting earnings and top executive compensation", Journal of Accounting & Economics, 16 (1/3): 55-100.

Solow, R. M., 1979, "Another possible source of wage stickiness", Journal of Macroeconomics, 1 (1): 79-82.

Stevenson, W. B. and Radin, R. F., 2009, "Social capital and social influence on the board of directors", Journal of Management Studies, 46 (1): 16-44.

Stigler, G. J., 1946, "Labor productivity and size of farm: a statistical pitfall", Journal of Farm Economics, 28 (3): 821-825.

Stulz, R. M., 1988, "Managerial control of voting rights: financing policies and the market for corporate control", Journal of Financial Economics, 20: 25-54.

Tang, D., Tian, F. and Yan, H., 2015, "Internal control quality and credit default swap spreads", Accounting Horizons, 29 (3): 603-629.

Tien, C. L. and Chen, C. N., 2012, "Myth or reality? Assessing the moderating role of CEO compensation on the momentum of innovation in R&D", International Journal of Human Resource Management, 23 (13): 2763-2784.

Trond, R. and Jim, N., 2002, "Company performance, corporate governance, and CEO compensation in Norway and Sweden", Journal of Management and Governance, 6 (1): 57-81.

Ward, A. J., Brown, J. A. and Rodriguez, D., 2009, "Governance bundles, firm performance, and the substitutability and complementarity of governance mechanisms", Corporate Governance: An International Review, 17 (5): 646-660.

Yeaple, S. R. and Golub, S. S., 2007, "International productivity differences, infrastructure and comparative advantage”，Review of International Economics，15（2）：223-242.

Young，A.，1995，“The tyranny of numbers：confronting the statistical realities of the East Asian growth experience”，Quarterly Journal of Economics，110（3）：641-680.

Zimmerman，M. A. and Zeitz，G. J.，2002，“Beyond survival：achieving new venture growth by building legitimacy”，Academy of Management Review，27（3）：414-431.

已发表论文合集

一、关于激励机制错位生产率效应的研究成果

1. 盛明泉、任侨、鲍群，《企业激励机制错位指数构建及应用研究》，《改革》，2020 年第 1 期，146-158 页。

2. 盛明泉、蒋世战，《高管货币薪酬激励、内部控制质量与企业全要素生产率——基于制造业企业的实证分析》，《会计之友》，2019 年第 9 期，5-11 页。

3. 盛明泉、蒋世战，《高管股权激励、技术创新与企业全要素生产率——基于制造业企业的实证分析》，《贵州财经大学学报》，2019 年第 2 期，70-76 页。

4. 盛明泉、张娅楠、蒋世战，《高管薪酬差距与企业全要素生产率》，《河北经贸大学学报》，2019 年第 2 期，81-89 页。

5. 盛明泉、汪顺、鲍群，《国有企业高层管理人员职业生涯预期与企业风险关系研究》，《管理学报》，2018 年第 11 期，1547-1654 页。

6. 盛明泉、任侨、王文兵，《激励机制错位矫正与企业全要素生产率提升研究》，《管理学报》，2021 年第 6 期，843-852 页。

二、探究传导机制的研究成果

7. 盛明泉、吴少敏、张娅楠，《探索式创新与企业全要素生产率》，《产业经济研究》，2020 年第 1 期，28-41 页。

8. 盛明泉、汪顺、商玉萍，《金融资产配置与实体企业全要素生产率："产融相长"还是"脱实向虚"》，《财贸研究》，2018 年第 10 期，87-97 页。

9. 盛明泉、冯天宇、谢睿，《企业轻资产运营与全要素生产率》，《云南财经大学学报》，2020 年第 10 期，101-112 页。

10. 王烨、盛明泉、孙慧倩，《大股东监督与员工持股计划的替代效应研究——基于 2014 年员工持股制度改革的经验数据》，《财贸研究》，2019 年第

11 期，87-97 页。

三、其他视域下提升企业全要素生产率的研究成果

11. 盛明泉、蒋世战、盛安琪，《高管海外经历与企业全要素生产率》，《财经理论与实践》，2019 年第 6 期，141-147 页。

12. 盛明泉、张悦、汪顺，《高管学术经历与企业创新》，《合肥工业大学学报（社会科学版）》，2021 年第 3 期，11-20 页。

13. 盛明泉、陈一玲、谢睿，《非执行董事与企业全要素生产率》，《会计之友》，2020 年第 10 期，43-49 页。

14. 盛明泉、任侨、鲍群，《“短贷长投”与企业全要素生产率关系研究》，《亚太经济》，2020 年第 1 期，116-126 页。

15. 盛明泉、张娅楠、胡之逊，《企业杠杆率与全要素生产率关系研究》，《哈尔滨商业大学学报》，2019 年第 5 期，68-80 页。

16. 盛明泉、周洁、汪顺，《产权性质、企业战略差异与企业资本结构动态调整》，《财经问题研究》，2018 年第 11 期，98-103 页。

17. 张春强、鲍群、盛明泉，《公司债券违约的信用风险传染效应研究——来自同行业公司发债定价的经验证据》，《经济管理》，2019 年第 1 期，174-190 页。

18. 盛明泉、刘悦，《外商直接投资如何影响企业全要素生产率》，《现代经济探讨》，2021 年第 6 期，84-93 页。

19. 盛明泉、张悦，《要素价格扭曲对全要素生产率的影响研究述评》，《天津商业大学学报》，2019 年第 4 期，8-13 页。

20. 盛明泉、吴少敏、汪顺，《精准扶贫响应与企业融资约束》，中国会计学会 2020 学术年会参会报告论文。

21. 盛明泉、吴少敏、盛安琪，《“营改增”对生产性服务业企业全要素生产率的影响研究》，《经济经纬》，2020 年第 2 期，150-158 页。

22. 盛明泉、陈一玲、鲍群，《国企混合所有制改革对全要素生产率的影响、作用机制与异质性研究》，《经济纵横》，2021 年第 7 期，47-56 页。

23. 盛明泉、陈一玲、鲍群，《国有股权参股与家族企业全要素生产率》，《财务研究》，2021 年第 1 期，68-79 页。

24. 盛明泉、李永文，《僵尸企业并购重组绩效研究——以宝钢并购武钢为例》，《财会月刊》，2020 年第 11 期，13-20 页。

25. 施文婧、盛明泉，《民营汽车产业发展绩效分析——以吉利汽车为例》，《西部财会》，2020 年第 6 期，62-65 页。

26. 孙欣、曾菊芬，《中国区域绿色技术创新效率的空间分布及影响因素分析》，《长安大学学报（社会科学版）》，2019 年第 6 期，29-44 页。
27. 段东、孙欣，《金砖国家外商投资与经济增长关系研究》，《牡丹江师范学院学报（自然科学版）》，2020 年第 2 期，1-7 页。
28. 孙欣、段东，《长江经济带高质量发展测度及协调性研究》，《安徽工业大学学报（社会科学版）》，2020 年第 1 期，3-7 页。
29. 孙欣、段东，《长江经济带工业企业绿色创新绩效空间分布及影响因素研究》，《合肥工业大学学报（社会科学版）》，2020 年第 3 期，1-7 页。

后　　记

本书是我主持的国家社会科学基金重点项目“激励机制错位与企业全要素生产率研究”（18AJY014）成果的进一步提炼和总结，其中部分内容已在近三十家学术期刊上公开发表。2020 年底，该项目提交研究报告并交付全国哲学社会科学工作办公室组织结项鉴定后，课题组继续围绕激励机制错位与企业全要素生产率问题深入研究，进一步优化研究框架和成果展示方式，同时更新了部分章节的调研数据。最终，结项研究报告得到了匿名评审专家的高度肯定，2021 年 4 月，在全国哲学社会科学工作办公室公布的鉴定结论中获得“优秀”等级。在此，我谨代表课题组对各位同行专家的认可表示衷心的感谢！

本书包括七章内容，具体分工如下：第一章“绪论”，由盛明泉和汪顺主笔；第二章“理论基础”，由盛明泉和李小胜主笔；第三章“激励机制错位生产率效应的现象测度”，由李小胜和孙欣主笔；第四章“激励机制错位生产率效应的传导路径”，由鲍群、盛安琪和盛明泉主笔；第五章“激励机制错位与企业全要素生产率的治理思路”，由鲍群、廖信林和盛明泉主笔；第六章“其他视域下全要素生产率提升思路拓展”，由孙欣、安广实和杨烨军主笔；第七章“研究结论与启示”，由盛明泉和鲍群主笔。此外，博士生周洁，硕士生任侨、张悦、吴少敏、陈一玲、冯天宇和刘悦参与了大量的调研、数据整理和校对等工作。在研究过程中，相关高校的专家教授同行们也给予了宝贵的指导意见。书稿完成后，北京大学光华学院管理学院陆正飞教授第一个阅读了全部文本，并欣然为本书作序，在此一并感谢！

盛明泉
于安徽财经大学
2021 年 7 月